Fabian Fritz & Gregor Backes

FC Sankt Pauli

Fußballfibel

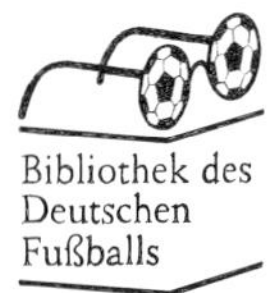

Herausgegeben von Frank Willmann

Autoren:
Fabian Fritz ist Erziehungs- und Bildungswissenschaftler, lehrt an verschiedenen Hamburger Hochschulen und beschäftigt sich mit Demokratiebildung in Sportvereinen. Er ist seit langer Zeit aktiver Sankt Pauli Fan und arbeitete als Honorarkraft im Rassismus-Präventionsprojekt des Nachwuchsleistungszentrums des Vereins. Er ist Mitglied der Abteilung Fördernde Mitglieder (AFM) im FCSP und im Vereinsrat von BallKult e.V. aktiv.

Gregor Backes ist seit 1988 Fan des FC St. Pauli, in verschiedenen Bereichen des Vereins ehrenamtlich aktiv und Autor einer Studie über die Geschichte des FC St. Pauli im Nationalsozialismus.

Bildnachweis:
1910 – Museum für den FC St. Pauli e.V.: S.11, 15; Ben/Kiezkieker: S. 193, 201, 202; Matthias (Bodo) Bodeit: S. 63, 99; Peter Boehmer: S. 130; Maxime E.: S. 7; Fanräume e.V.: S. 72; Fabian Fritz: S. 35, 45, 50, 190, 192, 222, 227, 228; Filmstadt Inferno 1999/kiezblick-fotos.de: S. 234; Archiv Ronny Galczynski: S. 154, 157; Stefan Groenveld: S. 83, 117, 119; FC Lampedusa: S. 137; Paupi & Deern: S. 216, 224, 256; St. Pauli Skinheads: S. 181; Ultrà Sankt Pauli: S. 4, 176, 243, 249, 250; privat: S. 37, 81, 142, 169, 173, 213, 237.

ISBN: 978-3-944068-62-2
Die Deutsche Nationalbibliothek verzeichnet diese Publikation in der Deutschen Nationalbibliografie; detaillierte bibliografische Daten sind im Internet über http://dnb.d-nb.de abrufbar.

Verlag:
CULTURCON medien
Inh. Bernd Oeljeschläger
Melanchthonstraße 13 · 10557 Berlin
Telefon 030 / 3439 8440 · Telefax 030 / 3439 8442
www.culturcon.de
Redaktion und Lektorat: Nelly Möller
Gestaltung und Satz: Burkhard Kehl, Berlin
Coverentwicklung: Marcus Gruber, Berlin
Druck: Florian Isensee GmbH, Oldenburg

Hamburg im Frühjahr – Der Beziehungsverein

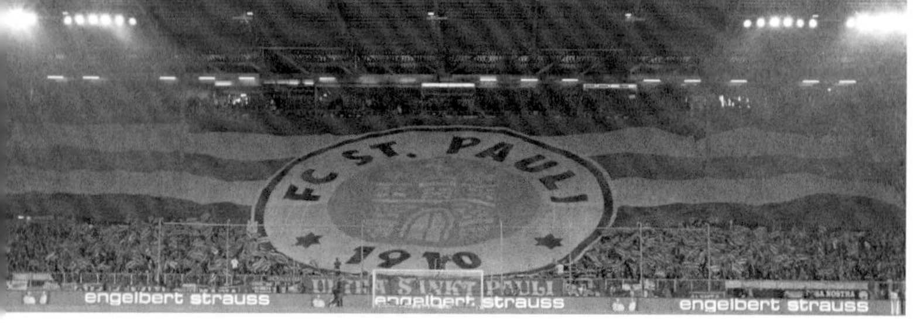

Vorwort

Als der Verlag Ende 2015 mit der Bitte an uns herantrat, in dieser Buchreihe ein Buch über den FC Sankt Pauli zu schreiben, waren wir uns sicher, dass das nicht so schwer werden sollte und wir wohl noch 2016 etwas vorlegen könnten.

Das war ein bisschen zu kurz gedacht, denn schon die Sichtung aller bereits veröffentlichten Bücher dauerte lange. Die Recherche über die zum Verein verfassten Werke ergab, dass man in der Hamburger Staatsbibliothek mehr als 70 verschiedene Titel entleihen konnte. Wir selber hatten nur einen Bruchteil davon gelesen und mussten uns also ordentlich reinarbeiten. Schnell wurde uns klar, dass wir mit unserer Planung Gefahr liefen, die 71. Kopie zu verfassen – und das wollten wir auf keinen Fall. Wir gingen also auf die Suche nach dem, was die Veröffentlichungen bisher noch nicht abdeckten und entwickelten so eine Liste (aktueller) Themen, denen wir uns zuwenden wollten. Eine Gemeinsamkeit aller vorliegenden Bücher fiel uns auch schnell auf: sie waren alle von nur einer Person oder einem kleinen Kollektiv verfasst. Da wir aber nun das Motto der Buchreihe, nämlich dass „Fans die Seele ihres Clubs" ergründen, umsetzen wollten, war schnell klar, dass wir so ein Buch nicht alleine schreiben konnten. Wie sollen denn einzelne Personen sagen können, was ihren gesamten Verein und seine Fans ausmacht?

Der Verlag schrieb weiter, dass das Buch „immer nah am Geschehen" sein solle und „Legenden, Leidens- und Heldengeschichten" beinhalten könne. Das taten die meisten anderen Bücher auch bereits, aber viele hatten dabei nicht in den Blick genommen, dass bei einem Verein wie unserem vor allem die Fans die Held*innen sind und sie die Legenden spinnen und vor allem auch die Leidensgeschichten durchleben.

Wir entschieden uns also, mal was anderes zu probieren. Wir setzten uns mit unserer Liste der fehlenden Themen in den Fanladen, in unsere Fankneipe Jolly Roger oder in andere, wichtige Lokalitäten und fragten herum, was auf dieser Liste wohl noch fehlte und was für die Fans wichtige Themen wären. Schließlich wirbt auch der Verlag für die Buchreihe mit der Aussage, dass jeder Verein besonders sei, „und wer wüsste das besser als seine Fans!" Dem stimmen wir vollkommen zu. Für uns ist klar, dass, wer von etwas betroffen ist oder sogar Teil einer Sache, auch Expert*in dafür ist.

Das ist genau der DIY-Gedanke, der unsere Fanszenen seit Jahren trägt. Er sollte nun auch das Buch bestimmen. Also fragten wir die Fans nicht nur nach ihren persönlichen Themen, sondern gleich, ob sie nicht Lust hätten, selbst darüber zu schreiben oder mit uns zusammen Artikel zu verfassen. Wir trafen an vielen Stellen auf Skepsis, wie so ein Buch denn aussehen würde. Einigen war die Idee nicht sofort klar und andere äußerten die nachvollziehbare Besorgnis, dass hier interne Geschichten auf den Tisch gepackt werden könnten. Aber als wir alle Gerüchte und Missverständnisse beseitigt hatten und eine Menge motivierender, aber auch – was den Umfang der Artikel anging – bremsender Gespräche geführt hatten, ging es endlich los. Die ersten Artikel trafen keine zwei Wochen nach der Anfrage ein und die letzten kurz vor der Drucklegung. So wurde aus dem Vorschlag des Verlags etwas, das man gut und gerne als Fanzine bezeichnen kann und was sich damit wunderbar in den Sankt-Pauli-Kosmos einfügt. Dieses Buch ist also als Ergänzung zu den existierenden Veröffentlichungen zu verstehen und stellt eine Dokumentation von Beiträgen aus der Fanszene dar, die Themen behandeln, die den Fans wichtig sind.

Wie zu erwarten, verlief die Textzulieferung nicht immer zügig, und wir sind uns heute einig, dass es schneller gegangen wäre, dass Buch zu 100 Prozent selbst zu schreiben. Aber damit wären wir hinter unseren Ansprüchen geblieben und hätten nur kopiert, was es beim FC Sankt Pauli schon oft genug gibt. Und wir wollten das Buch ja auch nutzen, um die zahlreichen Gespräche und Diskussionen widerzugeben, die wir im Zuge der Autorenakquise und des Zusammentragens von Texten geführt hatten. Dazu haben wir zwei Akteur*innen erfunden, in denen sich wahrscheinlich die meisten unserer Co-Autor*innen wiederfinden können. Diese werden im Laufe des Buches auf die eine oder andere Weise mit unseren Mitschreiber*innen in Kontakt kommen. Manchmal werden sie sogar in Diskussionen verwickelt, die sich stark an die Gespräche aus unserer Recherche-Zeit anlehnen. Manchmal kommentieren sie nur und manchmal sagen sie auch gar nichts, denn wir müssen unseren Senf nicht überall dazugeben. Das wäre außerdem an manchen Stellen unfair, denn so hätten wir ja immer das letzte Wort! Gleichzeitig fungiert die Geschichte auch als Verbindung zwischen den einzelnen Themen. Wenn man gefühlt hundert Leute anfragt, ist es nicht verwunderlich, dass man am Ende über 30 verschiedene

Artikel vorliegen hat, die sich manchmal zwar ähneln aber eben größtenteils thematisch und stilistisch weit auseinanderliegen.

So werden die beiden Akteur*innen über ein Jahr hinweg verschiedenste Bereiche des Vereins erkunden, angefangen bei seiner Struktur über das Sportliche bis hin zu den Fans und ihren Beziehungen in die ganze Welt.

Im Sinn dieses Vorhabens bleibt uns nur noch zu sagen: Danke an alle, die jemals etwas zum Verein geschrieben haben. Wir möchten mit diesem vorliegenden Büchlein unseren Beitrag leisten und sagen deshalb: Sankt Pauli selber machen … und dabei Spaß haben!

Fabian Fritz & Gregor Backes, Hamburg im Frühjahr 2017

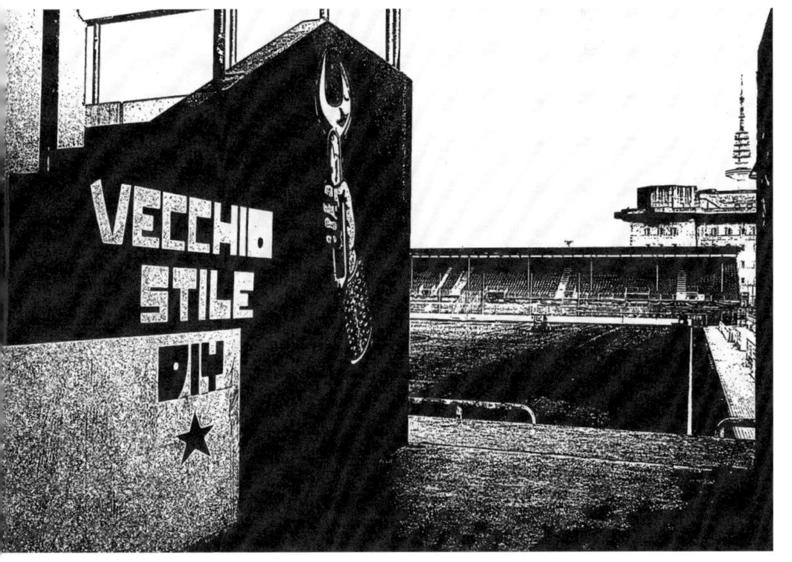

Hamburg im Sommer
–
Der politische Verein

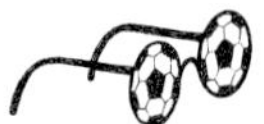

Freddy hetzte durch die Unterführung am Dammtor-Bahnhof und war genervt, dass ihr wieder einmal gefühlte tausend Studenten in den Weg liefen. Wenn man es einmal eilig hatte. Was wollten die eigentlich alle hier an einem Donnerstagabend? Ist die Uni nicht immer nachmittags schon zu Ende? Freddy kannte sich damit nicht wirklich aus, hatte sie doch bislang nie den Drang verspürt, sich mit dieser Welt näher auseinanderzusetzen.

Sie hetzte die Treppe hoch zum Gleis und hoffte, dass sich die Rennerei wenigstens lohnte. Immerhin hatte sie Karlo erst einmal gesehen, und das war nun auch schon ein gutes Jahr her. Der damalige Alkoholpegel hatte ihr Gedächtnis nicht gerade geschärft. Soweit sie sich erinnern konnte, war Karlo ein netter Typ, aber noch sehr jung und etwas anstrengend. Doch wer ist das nicht mit achtzehn Jahren?

Sie lief zeitgleich mit dem ICE 70 in den Bahnhof ein. Zum Glück hatte die Bahn wie üblich Verspätung. Wer weiß, was der „Junge vom Land" ohne sie in der Großstadt gemacht hätte. Wahrscheinlich wäre er schon vom Dammtor überfordert gewesen. Freddy schob diesen Gedanken schnell zur Seite – sie wollte doch ohne Vorurteile an die Sache ran gehen.

Nachdem die erste Flut von Passagieren die Treppen heruntergeströmt war, sah sie am anderen Ende des Bahnsteigs Karlo stehen, der sich suchend umguckte. Sie lief zu ihm hinüber. „Moin, wie war die Fahrt?" Karlo freute sich sichtlich: „Hallo! War total entspannt. Ab Mannheim musste ich ja endlich keine S-Bahn mehr fahren. Danke, dass du mich abholen kommst." „Dafür nicht. Wollen wir direkt los? Die S-Bahn zur Schanze kommt in fünf Minuten." Karlo überlegte kurz: „Ich habe fast sieben Stunden gesessen. Wo müssen wir denn hin? Kann man auch laufen?" Freddy nickte: „Können wir machen. Willst du dein Gepäck erst einmal bei mir ablegen? Dann können wir danach ins Miller, was trinken. Ist aber ziemlich heiß heute. Willst du echt laufen?" „Klar, außerdem muss man sich doch fit halten, klingt also nach einem Plan. Dann lade ich dich unterwegs auf ein Eis ein, zur Abkühlung." Freddy nickte zustimmend und die beiden machten sich auf den Weg Richtung Eisdiele.

Karlo begann zu erzählen, dass er im Zug jemand getroffen hatte, der sich als Jörn vorgestellt hatte. Der hatte ihm ziemlich viel über St. Pauli erzählt, da er dort mal Praktikant gewesen war und ein Projekt zur Geschichte des Vereins durchgeführt hatte. Karlo begann Freddy davon zu berichten.

Mein Leben als braun-weißes Trüffelschwein

von Jörn Kreuzer

Ein vergilbter Haufen Papier, vollgeschrieben mit einer Schrift, die kaum zu entziffern war. So lag die Geschichte des FC St. Pauli im Frühjahr 2008 vor mir – oder vielmehr deren Anfang. Ich hatte gerade als „Jubiläumspraktikant" bei Michael Pahl und Christoph Nagel angeheuert. Beide arbeiteten an ihrem Opus Magnum, das pünktlich zum 100. Geburtstag des magischen FC als „FC St. Pauli. Das Buch. Der Verein und sein Viertel" in die Buchhandlungen kommen sollte. Dafür waren noch einige Recherchearbeiten zu erledigen.

Als ich den Aushang mit der Überschrift „Praktikant für den FC St. Pauli gesucht" am Schwarzen Brett der Universität gesehen hatte, träumte ich natürlich von etwas anderem: Kultclub! Freudenhaus der Liga! Weltpokalsiegerbesieger! Kiezkicker! Holger Stanislawski! Die ganz große Welt! Das war der FC St. Pauli. Oder doch nicht?

Nun saß ich da in meinem Kämmerlein im Studentenwohnheim. Ich tauchte nicht in eine braun-weiße Glitzerwelt ein, sondern in das müffelnde Protokollbuch des Hamburg-St. Pauli Turnvereins von 1862, der die Keimzelle des späteren FC St. Pauli war. So viel war schon bekannt. Mein erster Auftrag: Herausfinden, wann genau die schnurrbärtigen Männer den Barren gegen den Ball getauscht hatten.

Am 14. April 1896 wurde die erste Sitzung des offensichtlich neu gegründeten Spielausschusses protokolliert. Schon zwei Wochen später wünschte sich Mitglied Hermann Wulff „Fußball mehr in Aufnahme zu bringen". Aha! Der erste Hinweis. Mehr Fußball. Das bedeutete: Es wurde auf dem Heiligengeistfeld frühzeitig gebolzt. Allerdings scheint der Spielausschuss nicht lange bestanden zu haben. Nur wenige Monate später wurde das gemeinsame Spielen wieder eingestellt. Am Ende waren nur noch sechs Vereinsmitglieder zusammengekommen, um Schleuder-, Faust- oder Schlagball zu spielen. Von Fußball war keine Rede mehr. Der aus England kommende Sport scheint den Herren noch nicht ganz geheuer gewesen zu sein. Im Deutschen Kaiserreich hatte die Bolzerei im späten 19. Jahrhundert einen denkbar schweren Stand. Karl Planck aus Stuttgart verfasste sogar eine Streitschrift unter dem Titel „Fusslümmelei – Über Stauchballspiel und englische Krankheit". Auf 80 Seiten wetterte der Professor und Turnlehrer aus Stuttgart

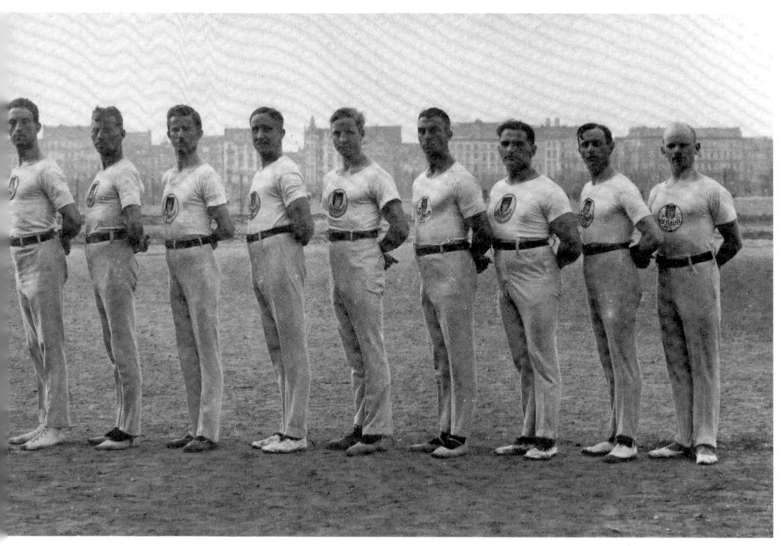

Turnriege des Hamburg-St. Pauli-Turnvereins auf dem Heiligengeistfeld, ca. 1913.

los. Die Spieler würden beim Kicken unter anderem „Hundstritte" austeilen und sich dadurch zum Affen erniedrigen. Das waren nur zwei der vielen steilen Thesen des Buches. Turnen hingegen: ästhetisch und harmonisch oder besser gesagt: typisch deutsch. Diese Feststellung war Herrn Planck natürlich besonders wichtig. Also schlüpften die Vereinsmitglieder frisch, fromm, fröhlich, frei wieder in ihre weißen Hosen und übten fleißig den Reckaufschwung.

Elbschloss-Märzen

Doch der Glaube an Turnvater Jahns Bart war schnell wieder erschüttert. Die ständige Turnerei langweilte die Vereinsmitglieder auf Dauer, und das Protokollbuch hatte seinen Dienst noch lange nicht getan – im Gegenteil. Schon 1899 kam die neue „Spiel-Abtheilung" zu ihrer ersten Sitzung zusammen. Protokollant Franz Reese, ein begeisterter Fußballer der ersten Stunde, hielt in seiner verdammt krakeligen Sütterlinschrift fest, dass bis zum Spätsommer 1899 immerhin elf Mal Fußball gespielt worden war. Weiterhin beliebt neben Faust- und Schlagball war auch der Exot Tamburinball – eine Art Tennis, die mit einem Schlagwerkzeug gespielt wurde, das an ein Tamburin erinnerte. Was man bei einem Praktikum nicht alles lernt!

Die Ballspielerei war im Hamburg-St. Pauli jedenfalls nicht mehr aufzuhalten. Das zeigte sich bei jedem entzifferten Protokoll aufs Neue. Die Turner maßen sich am Rande von Turnfesten vor allem in Schlag- und Faustballwettkämpfen mit anderen Vereinen. Mit dem Ergebnissen waren die Sportler aber nicht ganz zufrieden: „Von 24 Wettspielen […] wurden nur 8 gewonnen […] Es gilt also […] rüstig weiter zu streben", hieß es beispielsweise am 17. November 1905.

Auch sonst wurden natürlich nur die wichtigsten Themen protokolliert. Geselligkeit stand in der Spielabteilung weit oben auf der Agenda. Leidenschaftlich wurde beispielsweise eine gemeinsame Kneipe diskutiert und minutiös geplant: „Man beschließt die Kneipe nach einem der ersten Turnabende im April bei Franzel abzuhalten. Das Bier, möglichst Elbschloss-Märzen, soll durch Bierfüchse herumgetragen werden. Der Preis wird 15 Pfennige sein – 7 Biermarken für 1 Mark." Bier trinken kam auf St. Pauli schon im Jahr 1906 sehr gut an.

Hamburg ist braun-weiß – aber warum bloß?

Je mehr Seiten ich transkribierte und in der Zeit fortschritt, desto näher kam ich der Antwort auf die nächste Frage, die mir Michael und Christoph mitgegeben hatten: Warum läuft der FC St. Pauli bis heute ausgerechnet in braun-weißer Spielkleidung auf?

1907 bestritt eine Fußballmannschaft des Hamburg-St. Pauli Turnvereins erstmals ein Spiel. Gegner war eine Auswahl des Schwimmvereins Aegir. Das Ergebnis lautete 1:1. Solche „Wettspiele" waren damals durchaus Usus. Doch die kickenden Turner wollten mehr. Schnell stand wohl der Beitritt in den Norddeutschen Fußballverband zur Debatte, um an einem organisierten Spielbetrieb teilnehmen zu können. Dafür musste natürlich unter anderem die Farbe der Spielkleidung geklärt sein. In diesem Punkt machte sich besonders Vereinsmitglied Amandus Vierth stark, dessen Antrag auf einheitliche Spielkleidung am 21. Mai 1909 angenommen wurde. Sein Vorschlag waren braune Trikots und weiße Hosen, in denen die Fußballer fortan aufliefen. Das war allgemein bekannt. Aber es bestand die große Hoffnung, das Protokollbuch der Spielabteilung würde vielleicht weitere Details bereithalten würde. Wenn die Herren so ausdauernd über Bier diskutierten, dann sollten doch wohl auch modische Aspekte nicht zu kurz gekommen sein. „Diese Frage soll mit den 2 bekannten Vorschlägen der Versammlung nochmals vorgelegt werden, bevor definitives an den Bund *[gemeint ist der Deutsche Turnerbund]* gemeldet wird“, wurde am 21. April 1909 zum Thema „Kleidung der Fußballspieler“ geflissentlich notiert. Und das war's leider auch schon. Da half kein Vor- und Zurückblättern. Nirgendwo stand, wer den zweiten Vorschlag eingebracht und vor allem wie dieser ausgesehen hatte. Das von Amandus Vierth vorgeschlagene Braun-Weiß setzte sich durch. Eine Begründung für diese Farbkombination ist nicht überliefert. Von daher darf munter spekuliert werden. Politisch spielte die Farbe Braun im Kaiserreich jedenfalls noch keine Rolle.

Mochte Amandus vielleicht die Kombination einfach nur? War Braun-Weiß vielleicht die einzige verbliebene Möglichkeit, weil die anderen Mannschaften innerhalb des Turnvereins ihre Farben schon gewählt hatten? Oder ging es auch um finanzielle Überlegungen, weil brauner Stoff günstig zu haben war und die Spielabteilung ohnehin ständig vor Geldproblemen stand? Nichts Genaues weiß man nicht. In Hamburg gibt es mit Komet Blankenese und der SV Billstedt-Horn zwei weitere Vereine, die sich für Braun-Weiß als Vereinsfarben entschlossen haben.

Zu Gast bei Jeff Albertson in Mordor

Die „Mission Protokollbuch“ ging also etwas unbefriedigend zu Ende, so ist das manchmal mit historischen Quellen. Apropos Quellen: Die nächste Aufgabe wartete schon. Michael hatte eine Liste mit Archiven zusammengestellt, in denen wertvolle Schätze zur Geschichte des FC St. Pauli verborgen waren. Ganz oben stand mit dem HSV-Archiv ein ganz besonderes Bonbon. Was zur Hölle sollte man dort finden außer der Replik des Landesmeisterpokals von 1983? Eine besondere Erinnerung an die Derbyniederlage 1977 werden die Rothosen ja kaum aufbewahrt haben …

Ich hatte zugegebenermaßen das Archiv des Hamburger SV etwas unterschätzt. Was dort alles gesammelt wurde, ist wirklich bemerkenswert. Vor allem die alten Sportzeitungen und -zeitschriften sind unschätzbare Quellen. *Der Rasensport* oder *Turnen, Spiel und Sport* lagern in diversen Jahrgängen im Volkspark. Ob ich beim Sichten dieser alten Schinken helfen könne? Natürlich konnte ich. Ich war schließlich der Praktikant. Und so machte ich mich auf nach Mordor, wie das Volksparkstadion von St. Pauli-Fans auch liebevoll genannt wird. Der Weg dorthin ist an einem Nachmittag unter der Woche auch durchaus kompliziert. Mit der S-Bahn kommt man noch nach Stellingen, nur stehen weit und breit keine Shuttlebusse bereit, hätte man mal dran denken können. Nach einem kleinen Spaziergang schlug ich mit nur einer halben Stunde Verspätung in der HSV-Geschäftsstelle auf. Ich meldete mich an der Rezeption an und wurde kurz darauf von Jeff Albertson persönlich abgeholt. Zumindest erinnerte mich HSV-Archivar Walter Rehmer stark an den nerdigen Comicheft-Verkäufer aus Die Simpsons und das meine ich durchaus positiv. Sein Stolz auf die umfangreiche Sammlung war ihm auf jeden Fall anzumerken und der kleine Seitenhieb, wo denn das St. Pauli-Archiv abgeblieben sei, sei ihm gegönnt. In einem fensterlosen Raum voller üppig gefüllter Bücherregale lagen die gewünschten Zeitschriften schon bereit. Falls ich noch etwas brauchte, solle ich mich einfach melden. Viel Spaß und so. Ja, Danke. Weg war er und ich begann zu blättern. Spielberichte, Ergebnisse, Tabellen – alles aus den 1920er Jahren bekam ich hauptsächlich geboten. Die Fußballmannschaft des Hamburg-St. Pauli Turnvereins schlug sich in dieser Zeit eher schlecht als recht. Während der spätere Stadtrivale HSV meistens in der Endrunde zur Deutschen Meisterschaft mitmischte, pendelte der TV als Fahrstuhlmannschaft zwischen der höchsten und zweithöchsten Spielklasse in Hamburg. Mit St. Pauli Sport und dem St. Pauli SV gab es sogar im Viertel sportlich teils stärkere Konkurrenz. An ein ernsthaftes Herausfordern von Victoria, Altona oder dem Eimsbütteler TV, den anderen Platzhirschen an der Elbe, war noch gar nicht zu denken.

Zur Saison 1924/25 war der Name St. Pauli TV aus den Ergebnislisten und Tabellen verschwunden. Fortan tauchte dort der FC St. Pauli auf. Was war geschehen? Die Deutsche Turnerschaft (DT) wollte ihre seit dem 19. Jahrhundert bestehende Vorherrschaft in Deutschland behaupten. Als sich nach dem Ersten Weltkrieg immer stärker abzeichnete, dass die Turner nur zu einem Fachverband unter vielen werden würden, ging die DT in die Offensive und verkündete einseitig eine „reinliche Scheidung“. Die Mitglieder der Turnvereine sollten entscheiden, ob sie nun Turner oder Fußballer waren. Beide Möglichkeiten gab es aus der Sicht des Verbandes nicht. Die Deutsche Turnerschaft hatte die Zeichen der Zeit wohl verkannt. Vor die Wahl gestellt, verließen rund 25.000 Fußballer

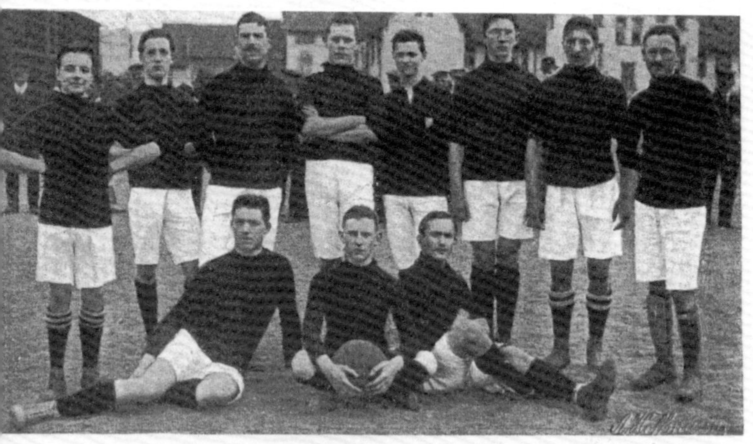

1. Mannschaft 1910

stehend von links nach rechts: Chr. Schmelzkopf †, Peters, A. Meyer, H. Rehder, Heini Knoop†, Meier, H. Schwalbe†, Czechura, liegend v. l. n. r.: Minulla, Zabel†, W. Hünninger

ihre Turnvereine und gründeten unabhängige Fußballvereine, die weiterhin am Spielbetrieb des DFB bzw. des NFV teilnahmen. Auch im Hamburg-St. Pauli TV war seit Gründung der Spielabteilung das Verhältnis zum Turnrat immer wieder von Argwohn und Misstönen geprägt. Deshalb kann es kaum verwundern, dass schließlich auch auf dem Heiligengeistfeld die Fußballer ihr eigenes Ding machten. Am 5. Mai 1924 wurde im Hotel Mau der FC St. Pauli aus der Taufe gehoben. Als Gründungsjahr legten die Mitglieder 1910 fest. Es war das Jahr, in dem der Spielbetrieb im NFV aufgenommen worden war. Sportlich gab die Neugründung allerdings keinen nennenswerten Schub. Der FC St. Pauli blieb eine eher graue Maus im Hamburger Fußball. Tabellen lügen schließlich nicht. Ich kann mir gut vorstellen, dass Jeff Albertson damit ganz gut leben konnte.

Kaserne oder Mopo – Hauptsache Archiv

Als nächstes stand das Bundesarchiv in Berlin-Lichterfelde auf der Liste, das auf einem weitläufigen ehemaligen Kasernengelände untergebracht ist. Ich hatte Einsicht in eine Karteikarte beantragt, auf der die Posten und Ämter eingetragen waren, die Vereinsmitglied Dr. Otto Wolff (1907–1991) während des Nationalsozialismus innehatte. Die Karte war dicht beschrieben. Unter anderem war der ehemalige Spieler der ersten Mannschaft (aktiv 1925–1935) neben seiner Mitgliedschaft in der NSDAP und SS Gauwirtschaftsberater und somit an zentraler Stelle mit der „Arisierung" in Hamburg betraut. Wolff war wohl das St. Pauli-Mitglied, das im „Dritten Reich" die steilste Karriere als Schreibtischtäter hingelegt hat. Aufgearbeitet wurde dieser Sachverhalt allerdings lange Zeit nicht. Noch 1992 hieß es in einem Nachruf, der in der offiziellen Vereinszeitung erschien: „Während des Krieges hat unser Senior in exponierter Stellung für unser Land, für unsere braun-weißen Farben segensreich gewirkt, und zwar in der Stille." „Verharmlosend" wäre als Umschreibung für diese Sichtweise wohl noch verharmlosend. Insgesamt bewegte sich der FC St. Pauli während der NS-Zeit aber zwischen einem „Einerseits" und „Andererseits". Zu diesem Ergebnis kommt Gregor Backes in seiner Studie „Mit deutschem Sportgruß. Der FC St. Pauli im Nationalsozialismus". Während der Verein also einerseits Personen wie Otto Wolff in seinen Reihen duldete, bot er anderseits dem jüdischen Brüderpaar Otto und Paul Lang die Möglichkeit, nach der Machtübernahme der Nationalsozialisten die Rugby-Abteilung zu gründen.

Mit dem Besuch im Hamburger Staatsarchiv war auch ein Zeitsprung in der Geschichte des FC St. Pauli verbunden. Unvermittelt fand ich mich quasi in einem Büro der Hamburger Baubehörde anno 1950 wieder. In der Hansestadt wurde damals viel über Sportstätten diskutiert, unter anderem war von einem großen Stadion nördlich des Stadtparks die Rede. Braun-Weiß war in der unmittelbaren Nachkriegszeit zur zweiten Fußballkraft in Hamburg aufgestiegen und hatte den HSV, der damals noch im Stadtteil Rotherbaum beheimatet war, phasenweise sogar überholt. Außerdem machte sich die Stadt Gedanken über eine Umgestaltung des Heiligengeistfeldes und der Platz des FC St. Pauli, der damals am heutigen Ausgang der U-Bahnstation lag, störte in den Planungen. Deswegen hätte man es im Rathaus am liebsten gesehen, wenn der Verein Richtung Stadtpark ausgewichen wäre.

Vereinspräsident Wilhelm Koch bekam Wind von der Sache und legte in der Baubehörde einen legendären Auftritt hin. Mit wohl deutlichen Worten machte Koch klar, dass der Verein keinesfalls aus dem Viertel gehen würde. Sein lautstarker Monolog ließ einen völlig verängstigten Beamten zurück, der in einer Aktennotiz darauf hinwies, dass Wilhelm Koch möglichst nicht mehr in der Baubehörde erscheinen solle. Offensichtlich hatte der Vereinspräsident Erfolg. Nach zähen Verhandlungen gab der Verein seinen alten Platz auf und stimmte einem Vorschlag zu, der schon zuvor im Raum gestanden hatte: Ein neues Stadion wurde zwischen die beiden Bunker gebaut, von denen heute einer nicht mehr existiert. Koch und der Verein wurden darüber hinaus mit einem modernen, neuen Clubhaus geködert, das noch vor dem Bau des Stadions fertiggestellt wurde. Es war jenes Clubhaus, das 40 Jahre später mit seinem urigen Charme ein ganz anderes Image genoss.

Das Mopo-Archiv belegte, dass das 1961 neu eröffnete Stadion ein großes Thema war. Die Planer hatten beim Bau eine Drainage vergessen – ein gefundenes Fressen für die Presse in Hamburg. Schnell war der Platz eine „Schlammwüste", über die es natürlich viel zu berichten gab, auch weil die Baubehörde ein denkbar schlechtes Bild abgab. Statt den Fehler einzugestehen, wurschtelte die Stadt monatelang am Millerntor herum. Die Mopo unkte über die „Korkenzieher", mit denen Löcher in den Platz gebohrt und mit Sand wieder zugeschüttet wurden. Diese Maßnahme würde das Stadion schon trockenlegen, so das Bezirksamt. Der FC St. Pauli machte einige Monate gute Miene zum bösen Spiel. Als sich Spieler Heinz Deininger jedoch den Knöchel brach, war das Maß voll. Der Verein weigerte sich weiterzuspielen. Im Mai 1962 lenkte die Stadt schließlich ein und das Versäumte wurde nachgeholt.

Kochen mit Gino und Walter oder Wolfgangs Stutenhof

Im Mopo-Archiv schlummern nicht nur Artikel, sondern auch tausende Fotos, die den Werdegang unseres Vereins illustrierten. Mitte der 1970er Jahre hatte der FC St. Pauli unter Präsident Ernst Schacht alles auf eine Karte gesetzt, um in die 1. Bundesliga aufzusteigen. Rein wirtschaftlich war die 2. Bundesliga dauerhaft nicht zu stemmen, weil der Zuschauerzuspruch zu gering war. Der Vereinspräsident und sein Vize Werner Velbinger plünderten also ihre Konten, pumpten das Geld in die Mannschaft und versuchten frühe Formen der Eventisierung. Ein Spielball wurde in dieser Zeit schon mal von einem Fallschirmspringer gebracht. Und kostenlose Spielkartenets mit St. Pauli-Profis und Pin-Up Girls waren damals auch kein Problem. Die Hauptsache war, dass Zuschauer kamen. Die Spieler stellten sich für Homestories zur Verfügung. Im

Mopo-Archiv befindet sich unter anderem eine ganze Fotostrecke mit Gino Ferrin und Walter Frosch, die in ihrer Wohnung besucht wurden und zusammen Gulasch kochten. Solche Geschichten schmälerten den sportlichen Erfolg nicht. Im Gegenteil: 1977 stieg der FC St. Pauli in die Bundesliga auf.

Es blieb ein kurzes Gastspiel. Nach nur einem Jahr stieg der Verein wieder ab und bekam wenig später die Quittung für die finanziellen Kapriolen der vergangenen Jahre. 1979 wurde die Lizenz entzogen, der FC St. Pauli war pleite und musste in die 3. Liga zwangsabsteigen. Unter dem neuen Präsidenten Wolfgang Kreikenbohm gelang eine mühevolle Sanierung, die teilweise nur durch große Kreativität bewerkstelligt wurde. Kreikenbohms Stutenhof in Schleswig-Holstein, der heute nur noch als jährliches Ausflugsziel für den Alten Stamm (ein Gremium im FCSP, bestehend aus langjährigen Mitgliedern) dient, war 1980 Schauplatz des braun-weißen Trainingslagers. Die konditionellen Einheiten wurden kurzerhand in der Ponyhalle durchgezogen. Mitte der 1980er Jahre ging es für Braun-Weiß sportlich wieder nach oben. Der Aufstieg in die 2. Bundesliga 1986 markierte so etwas wie das Ende des FC St. Pauli als „normalen" Verein, denn die sich etablierende antirassistische Fanszene schickte sich an, nicht nur die Tribünen zu verändern, sondern letztlich auch den Verein, der im Kampf gegen Rassismus eine Vorreiterrolle einnehmen sollte.

Der schönste Moment: Harald Stender treffen

Meine Rechercheaufgaben waren mit dem Besuch des Mopo-Archivs abgeschlossen. Nachdem „FC St. Pauli. Das Buch" fertig war, überreichten mir Christoph und Michael noch eine Urkunde, die mich höchstoffiziell zum braun-weißen Trüffelschwein ernannte. Ob und wie viele Trüffel ich aufgetrieben habe, müssen andere entscheiden. Für mich war der schönste Moment während des Praktikums keine bestimmte Quelle oder irgendein verrücktes Foto, sondern eine Autogrammstunde mit Harald Stender (1924 – 2011).

Harald war als gebürtiger Hamburger Teil der „Wundermannschaft", die in der unmittelbaren Nachkriegszeit dem HSV den Rang ablief und eine realistische Chance auf die Deutsche Meisterschaft hatte. Der St. Paulianer Karl Miller hatte damals diverse Fußballer, mit denen er während des Krieges in einer Mannschaft gespielt hatte, überredet, für den FC St. Pauli aufzulaufen. Besonders überzeugend waren seinerzeit wohl die Naturalien, in denen der Verein zahlte. Millers Vater war Besitzer einer Schlachterei. Trotz hochklassiger Konkurrenz setzte sich Stender als rechter Läufer durch. Insgesamt bestritt der Mittelfeldspieler 336 Spiele für Braun-Weiß. Sein Karrierehighlight war das Halbfinale um die Deutsche Meisterschaft im Jahr 1948. Der FC St. Pauli unterlag dem späteren Meister Nürnberg am 25. Juli 1948 in Mannheim mit 2:3 nach Verlängerung. Während wir da so saßen, fragte ich Harald, wie es denn so gewesen sei, im Halbfinale um die Deutsche Meisterschaft. Harald überlegte etwas länger, lächelte schließlich verschmitzt und antwortete: „Heiß!"

Karlo hatte zum ersten Mal davon gehört, dass der Verein im Nationalsozialismus keine widerständische Rolle eingenommen hatte. Diese Info war für ihn neu.

Sie verließen das Bahnhofsgelände und liefen über die Brücke, die den Bahnhof mit dem Stephansplatz verbindet. Karlo fiel ein großer Betonklotz auf: „Wofür ist denn das Denkmal?" Freddy schnaubte genervt: „Wo wir ja gerade beim Thema Nazis waren. Das ist dieses Scheißdenkmal, das sie nie weggerissen haben. Ist für die Wehrmachtssoldaten oder so. Auf jeden Fall Nazi-Scheiß. Da sind immer mal ein paar Farbeier drauf geflogen. Hat die Stadt aber auch nicht überzeugt, das Ding abzureißen. Aber das wird noch." „‚Deutschland muss leben, und wenn wir sterben müssen'", las Karlo vor. „Echt jetzt? Und das in Hamburg? Ich dachte hier ist alles so alternativ. Wieso lässt der heutige Verein denn so was zu?" „Was hat denn der Verein damit zu tun?" Freddy schüttelte genervt den Kopf. „Naja, so ein Verein hat doch auch Einfluss auf die Stadt. Immerhin ist St. Pauli doch ein Stück Hamburg. Außerdem gab es doch mal diesen Slime-Song ‚Deutschland muss sterben, damit wir leben können'. Kann man da nichts machen?" Etwas resigniert antwortete Freddy: „Du bist vielleicht ein Träumer. Schön wär's, wenn wir so viel Einfluss hätten. Vorm Stadion steht auch noch so ein Teil rum – nur in klein."

In dem Moment kamen sie zur Eisdiele und stellten sich an. Karlo blickte noch einmal zum Denkmal hinüber: „Am Stadion auch? Da hätte ich auch in Kaiserslautern bleiben können. Da steht wenigstens nur ein Denkmal zum Ersten Weltkrieg in der Stadtmitte rum." „Was denkst du denn? Dass hier in Hamburg schon immer alle Anti-

faschisten waren?" Freddy lachte ironisch. „Auch bei St. Pauli war nicht immer alles super. Selbst in den Achtzigern hatten wir noch eine Reichsflagge im Stadion. Und du hast ja im Zug gehört, früher waren St. Paulianer sogar aktive Nazis." Freddy erinnerte sich an einen Artikel von Gregor Backes, einem Freund, den sie vor kurzem gelesen hatte und begann nun wiederum Karlo davon zu erzählen.

Der FC St. Pauli im Nationalsozialismus

von Gregor Backes

Nach der Machtübertragung an Adolf Hitler und die NSDAP am 30. Januar 1933 kam es in allen Bereichen des gesellschaftlichen Lebens zu einschneidenden Veränderungen, auch im Sport. Kommunistische, sozialistische und konfessionelle Vereine und Verbände wurden aufgelöst, alle bürgerlichen Vereine wurden Mitglied im neu gegründeten Deutschen Reichsbund für Leibesübungen unter Führung des Reichssportführers. In den Vereinen wurde das Führerprinzip etabliert, und viele schlossen bereits im Frühjahr 1933 von sich aus ihre jüdischen Mitglieder aus. Im FC St. Pauli gab es zunächst keine gravierenden Veränderungen. Anders als bei manch anderem Verein trat hier kein überzeugter Nationalsozialist an die Spitze, stattdessen blieb der bisherige Präsident Wilhelm Koch im Amt. Auch wurden jüdische Mitglieder vorerst nicht ausgeschlossen, im Gegenteil: Im Frühjahr 1933 traten die Brüder Otto und Paul Lang in den FC St. Pauli ein, nachdem sie zuvor den SV St. Georg aufgrund ihrer jüdischen Abstammung hatten verlassen müssen. Sie beteiligten sich maßgeblich an der Gründung der Rugbyabteilung beim FC St. Pauli.

1935 formalisierten viele Vereine den Ausschluss jüdischer Mitglieder durch die Aufnahme eines sogenannten Arierparagrafen in ihre Satzung. Eine einheitliche Satzung war dabei vorgegeben worden und der DFB-Präsident Felix Linnemann hatte den Vereinen nahegelegt, sich der „Rassenfrage" anzunehmen. Der FC St. Pauli folgte diesem Aufruf jedoch nicht. Die Mitgliederversammlung hatte einstimmig eine Satzung ohne Arierparagrafen beschlossen. Formal wäre eine solche Abstimmung gar nicht mehr nötig gewesen, lediglich die Wahl des Vereinsführers war im Vereinsrecht weiterhin vorgeschrieben.

Trotzdem haben beide Brüder Lang den Verein 1935, spätestens 1936 verlassen. Paul musste aus beruflichen Gründen nach Braunschweig umziehen, wurde aber immerhin noch 1935 in einer Festschrift der Rugby-Abteilung als Mannschaftskamerad genannt. Otto Lang floh 1935 nach einer Schlägerei mit einem SS-Mann aus Deutschland. Offenbar hatten Vereinskameraden noch versucht, ihn zu schützen und auch im Verein zu halten. Eindeutig zu belegen ist dies aber nicht, es wäre wohl ein sehr waghalsiges Unterfangen gewesen.

1933 wurde dem FC St. Pauli nach mehrjährigen Verhandlungen endlich der Bau eines Stadions mit mehrstufigen Stehtraversen genehmigt. Dies allerdings nicht, wie in der Vergangenheit gemutmaßt, wegen seiner Nähe zum NS-Regime, sondern weil der Verein seine Baupläne den Wünschen der zuständigen Behörden angepasst hatte. Eine größerer Nähe zum NS-Regime hätte vielleicht verhindert, was 1935 mit dem neuen, erst wenige Monate zuvor eingeweihten Platz geschah: Bei einer Ausstellung des Reichsnährstandes (der Organisation der landwirtschaftlichen Betriebe des Deutschen Reiches) wurde er völlig verwüstet. Man benötigte die Rasenflächen der Sportplätze auf dem Heiligengeistfeld, um neueste Pflugtechniken vorzuführen. Präsident Kochs Interventionsversuche bei verschiedenen Stellen, unter anderem direkt beim Hamburger Bürgermeister Carl Vincent Krogmann, waren vergeblich geblieben. Die Wiedereinweihung des Stadions im August 1936 wurde dann zu einer Propaganda-Veranstaltung des NS-Regimes. Es gab insgesamt vier Redebeiträge. Neben Vereinsführer Koch sprachen drei NS-Funktionäre, dazu spielte eine Kapelle der NSDAP.

Ebenfalls ab 1933 mussten jugendliche Vereinsmitglieder an jedem zweiten Wochenende für den HJ-Dienst zur Verfügung stehen, so dass der Spielbetrieb nur noch 14tägig möglich war. Die HJ-Mitgliedschaft war zunächst allerdings noch freiwillig. Schwerwiegendere Einschnitte in die Jugendarbeit folgten im Juli 1936: keine Jugendabteilungen für Jungen unter 14 Jahren mehr, alle Neueintritte mussten HJ-Mitglied sein, und die Jugendleiter der Vereine mussten vom Bannführer der HJ bestätigt werden. Damit unterlagen die Jugendleiter jetzt einer direkten politischen Kontrolle. Beim FC St. Pauli übernahm Walter Koehler das Amt des Jugendwarts, der schon vorher als Schiedsrichter und Schiedsrichter-Obmann im Verein tätig gewesen war. Er engagierte sich aber nicht nur hier, sondern war bereits 1932 in die SA eingetreten und hatte mehrfach an den Reichsparteitagen der NSDAP in Nürnberg teilgenommen.

Ab 1938 gab es keine freie Vereinswahl mehr. Jugendsportler wurden entsprechend ihrer HJ-Gliederung, also anhand des Wohnorts, den Vereinen zugeteilt. Für den FC St. Pauli bedeutete dies, Spielrunden mit fast ausschließlich eigenen Teams bestreiten zu müssen: Von zwölf Gefolgschaften des HJ-Bannes 424 Hamburg-Hafen waren elf dem FC St. Pauli angegliedert. Von richtigem Wettkampfsport konnte also keine Rede mehr sein. Natürlich hatte es auch Auswirkungen auf die sportliche Leistungsfähigkeit der Jugendmannschaften – ebenso wie der Ligamannschaft, die nun auf keine externen Talente mehr zugreifen konnte. (In der ersten Mannschaft des FC St. Pauli im Jahr 1937 beispielsweise spielte nur ein einziger Spieler, der nicht aus der eigenen Jugend kam.) Stattdessen wurden im Jugendbereich nun hauptsächlich politische Interessen verfolgt, vor allem die Erziehung zur Kameradschaft im Sinne einer nationalsozialistischen Volksgemeinschaft. Diese Entwicklung führte in der Vereinsführung zu ausgesprochenen Unmut, ändern konnte man aber letztlich nichts.

Genutzt hat die zunehmende Einflussnahme auf die Jugendlichen im FC St. Pauli aber zunächst offenbar wenig: Im Februar 1939 berichteten die Gaunachrichten der NSDAP in ihrer Ausgabe für den Kreis St. Pauli von einem nachhaltig belasteten Verhältnis zwischen der Vereinsjugend und der Hitlerjugend. Der Autor des Artikels beklagt sich unter anderem über das Verhalten von Jugendspielern: „Wie lange wird der FC St. Pauli es noch dulden, daß (…) Vereinsangehörige im jugendlichen Alter im Klubhaus Tischtennis und Skat spielen, Zigaretten rauchen und Biertischpolitik treiben können, Dienst aber Dienst sein lassen?“ Die Informationen für diesen Artikel stammten von einem „Insider“: dem Jugendleiter und SA-Mann Walter Koehler. Nachdem Koehler auf einer Sitzung des Vereinsvorstandes alle Vorwürfe von sich gewiesen hatte, wurde er von Vereinsführer Koch von seinen Aufgaben entbunden und Koch selbst übernahm dessen Aufgaben.

Zumindest ein Teil der Vereinsjugend scherte sich auch weiterhin nicht um den HJ-Dienst, sondern bildete als Angehörige der sogenannten Swing-Jugend eine eigene Clique. Diese Jugendlichen hörten verpönte „schwarze" Musik, gingen zu entsprechenden Tanzveranstaltungen und unterschieden sich auch äußerlich von der HJ, z.B. durch lange Haare oder englische Kleidung. Durch ihr Äußeres, aber auch durch zivilen Ungehorsam und durch provokante öffentliche Auftritte, bekundeten die Swing-Jugendlichen ihre Ablehnung der NS-Jugendkultur. Einer dieser Swing-Jugendlichen war Harald Stender, Spieler in der sogenannten Wunderelf der Nachkriegsjahre, nach dem 2013 der Platz vor der Südtribüne benannt wurde.

Ende 1938 ging der Deutsche Reichsbund für Leibesübungen in den Nationalsozialistischen Reichsbund für Leibesübungen (NSRL) über. Dieser war nun auch der NSDAP unterstellt, d.h. der gesamte Sportapparat unterlag nun der doppelten Kontrolle durch Staat und Partei. Im April 1940 wurde dann allen Vereinen eine einheitliche Satzung vorgeschrieben. Auch sie enthielt den sogenannten Arierparagrafen nicht, allerdings wurde den Vereinen zwingend vorgeschrieben, diesen selbst einzufügen. Auch im FC St. Pauli waren damit jüdische Sportler nun formal ausgeschlossen. Außerdem wurden die Vereinsführer fortan nicht mehr gewählt, sondern vom NSRL bestimmt. Beim FC St. Pauli blieb aber weiterhin Wilhelm Koch im Amt.

Der entscheidendste Einschnitt für die Sportvereine war schließlich der Zweite Weltkrieg, ausgelöst durch Deutschlands Überfall auf Polen im September 1939. Bereits zu Kriegsbeginn waren 120 von insgesamt 500 Mitgliedern des FC St. Pauli im Militärdienst. Die Vereine sicherten ihren Spielbetrieb unter anderem dadurch, dass sie Spieler reaktivierten, die ihre Karriere im Leistungssport altersbedingt bereits beendet hatten. Dem FC St. Pauli stellte sich Otto Wolff wieder zur Verfügung, der Anfang der 1930er Jahre in der ersten Mannschaft gespielt hatte. 1940 wurde Wolff zum kommissarischen Gauwirtschaftsberater ernannt und gleichzeitig in die SS aufgenommen. In dieser Funktion betreute er persönlich federführend zahlreiche Arisierungen, war verantwortlich für die Organisation von Zwangsarbeit und für die Verwertung jüdischen Eigentums. Zudem bereicherte er sich auch selbst, indem er zwei Grundstücke jüdischer Besitzer weit unter Wert kaufte.

Die Maßnahmen zur Sicherung des Spielbetriebs zeigten beim FC St. Pauli zunächst Erfolg. Im Herbst 1939 verfügte der FC St. Pauli noch über zehn Fußballmannschaften, nur drei weniger als noch im Sommer 1939. Sportliche Spitzenleistungen waren jedoch nicht mehr zu erwarten – von den elf Stammspielern der Ligamannschaft waren mit Kriegsbeginn gleich acht einberufen worden. Für die Rugby-Abteilung im FC St. Pauli bedeutete der Krieg das Aus. Fast alle Spieler wurden 1939 zum Militärdienst eingezogen.

Mit zunehmender Kriegsdauer wurden die Bedingungen immer schwieriger. Im Jahr 1941 befanden sich bereits mehr als 200 Mitglieder im Militärdienst, also mehr als ein Drittel. Im gleichen Jahr musste der Verein auch die Herausgabe der Vereinszeitung einstellen – Papier wurde knapp und sollte für wichtigere Zwecke eingesetzt werden. Im März 1942 gab der NSRL die Auflösung des bisherigen Sportbereichs Nordmark bekannt. Dieser wurde in die ihm angehörenden Sportgaue Schleswig-Holstein, Mecklenburg und Hamburg aufgeteilt. Damit beschränkte sich der Ligabetrieb der Hamburger Vereine auf das Gebiet der Hansestadt. Überregionale Ligaspiele fanden ab dem Frühjahr 1942 nicht mehr statt.

Um den Sportvereinen die Teilnahme am Spielbetrieb weiterhin zu ermöglichen, erleichterte der Reichsjugendführer Artur Axmann den Einsatz von Jugendlichen in den Herrenmannschaften. Er ordnete im März 1942 an, dass die Vereine bis zu sechs Jugendliche in den Herrenmannschaften einsetzen dürften. Der FC St. Pauli kann von dieser Neuerung kaum profitiert haben. Für die Spielzeit 1942/43, in der insgesamt noch 135 Hamburger Mannschaften antraten, konnte der Verein nur noch drei stellen. Zu diesem Zeitpunkt wurde auch schon aus vorwiegend militärischen Gründen in die Platzfrage eingegriffen. Der FC St. Pauli musste zwei der drei ihm zur Verfügung stehenden Plätze räumen, da sie für Luftschutzmaßnahmen gebraucht wurden.

Dem Sport kam neben der körperlichen Ausbildung jetzt noch eine andere wichtige Bedeutung zu: Er sollte der zumindest zeitweisen Ablenkung und Unterhaltung der Bevölkerung dienen. Der Gedanke der Wehrerziehung stand inzwischen dahinter zurück, da ohnehin fast alle wehrfähigen Männer bereits eingezogen waren. Es sollten also weiterhin möglichst viele Ligaspiele stattfinden, inzwischen auch mit sogenannten Gastspielern: Soldaten konnten jeweils dort spielen, wo sie gerade stationiert oder auf Fronturlaub waren. Der St. Paulianer Karl Miller z. B., einer der wenigen deutschen Nationalspieler in der Geschichte des Vereins, gewann so mit dem Dresdner SC den Pokalwettbewerb. Auch der FC St. Pauli bemühte sich, Ablenkung zu schaffen, hier wurde sogar noch ein neues Sportangebot eingerichtet: Im Sommer 1943 gründete Erich Mücke ein Frauenhandballteam. Mücke war bereits seit langem im Verein aktiv, unter anderem hatte er 1933 die Leitung der neuen Rugby-Abteilung übernommen. Mücke durfte seine Freundin aufgrund deren Einstufung als Jüdin nicht heiraten, trennte sich aber im Gegensatz zu vielen seiner Zeitgenossen nicht von ihr. Im Gegenteil, 1942 kam das erste gemeinsame Kind zu Welt. Wie absurd jedoch der Versuch war, eine Vereinsnormalität aufrecht zu erhalten, zeigte sich wenige Wochen nach der Wiederbelebung des Frauenhandballs: Am 24. Juli 1943 begann die „Operation Gomorrha", zwei Wochen andauernde Luftangriffe durch die britische und die amerikanische Luftwaffe. Die Hälfte der Bevölkerung flüchtete aus der Stadt, fast die Hälfte aller Wohnungen wurde zerstört.

Doch auch jetzt kam der Fußball nicht zum Erliegen, bereits für den 12. September 1943 wurden wieder Punktspiele angesetzt. Allerdings hatten einige Vereine Schwierigkeiten, noch genügend Spieler für eine Mannschaft zu finden. Sie schlossen sich zunehmend zu Kriegsspielgemeinschaften zusammen. Ein weiteres Problem war das Fehlen von Sportplätzen. Viele waren durch die Luftangriffe zerstört. Die Schwierigkeiten, ein Fußballspiel auszutragen, waren in Hamburg inzwischen derart groß, dass potenzielle Zuschauer sich am angesetzten Spieltag erst vergewissern mussten, ob das jeweilige Spiel überhaupt stattfinden konnte. Der FC St. Pauli war in der glücklichen Lage, weiterhin mit einem eigenen Team im eigenen Stadion spielen zu können, welches im Gegensatz zur benachbarten Sporthalle oder der unter dem Heiligengeistfeld verlaufenden U-Bahn von Bombentreffern lange verschont geblieben ist.

Der Spielbetrieb wurde reichsweit noch bis Oktober 1944 aufrechterhalten. Dann setzte vor allem die Bildung des Volkssturms den Fußballspielen in den meisten Gauen ein endgültiges Ende – die Vereine hatten schlichtweg keine Spieler mehr. Die Gauliga Hamburg konnte als einzige Liga im Reichsgebiet ihre Saison noch halbwegs zu Ende bringen. Beim FC St. Pauli wurde im Juni 1944 bei einem weiteren Luftangriff das Mannschaftshaus schwer beschädigt. Noch im Frühjahr 1945 versuchte die Vereinsführung, eine Genehmigung für den Wiederaufbau zu bekommen. Angesichts der Tatsache, dass weite Teile der Stadt in Trümmern lagen, scheint dies heute reichlich absurd. Besonders engagiert zeigte sich in diesem Punkt der Vereinskamerad und NS-Multifunktionär Otto Wolff. Im März 1945 wurde schließlich bei einem der letzten Luftangriffe auf Hamburg überhaupt auch die Platzanlage zerstört.

Am 15. April 1945 bestritt der FC St. Pauli gegen den SC Victoria sein letztes Pflichtspiel im „Dritten Reich". Damit hatte der Verein die Saison tatsächlich ordnungsgemäß abgeschlossen. Am 22. April 1945 trat der FC St. Pauli noch einmal zu einem Freundschaftsspiel gegen den HSV an. Das Spiel musste jedoch in der Halbzeit abgebrochen werden. Vermutlich stoppte ein alliierter Luftangriff dieses letzte Fußballspiel des FC St. Pauli im NS-Staat.

Der FC St. Pauli hat sich in der Zeit des Nationalsozialismus nicht durch besondere politische Aktivitäten hervorgetan. Man bemühte sich nicht aktiv um die ideologische Durchdringung des Vereins, und es gab an verschiedenen Stellen auch Widerspruch zu behördlichen Vorgaben. Dennoch haben sich die Verantwortlichen mit den Gegebenheiten arrangiert. In den Reihen des FC St. Pauli gab es nur wenige überzeugte Nazis, man hat sich relativ lange mit einer klaren Parteinahme für den NS-Staat zurückgehalten und stattdessen die eigenen Interessen verfolgt. Wenn diese Interessen berührt waren, setzte man sich für sie durchaus auch gegen das Regime ein. Auf einem Foto der Vereinsführung von 1935 trug noch niemand eine Parteiuniform oder auch nur ein Parteiabzeichen. 1937 traten dann gleich mehrere Angehörige der Vereinsführung in die NSDAP ein, unter anderem auch Vereinsführer Koch.

Da für ihn keinerlei Aktivitäten nachweisbar sind, scheint Opportunismus seine hauptsächliche Motivation gewesen zu sein. Laut Kochs eigener Aussage ist er ausschließlich dem Verein und dem Fußball zuliebe in die NSDAP eingetreten.

Grundsätzlich hatten die Fußballvereine auch nach der sogenannten Machtergreifung einigen Spielraum, was z. B. die Auswahl ihrer Mitglieder anging, wobei der Handlungsrahmen selbstverständlich von der Politik vorgegeben war. Die Gleichschaltung des deutschen Fußballs funktionierte allerdings in weiten Teilen ganz von selbst.

Der FC St. Pauli war, wie viele andere Vereine auch, innerhalb des vorgegebenen Rahmens vor allem darauf bedacht, seine eigenen Interessen durchzusetzen. Ungewöhnlich im Vergleich zu anderen

Vereinen ist jedoch die personelle Kontinuität in der Vereinsführung. Koch war bereits vor 1933 Präsident, blieb es während der gesamten Zeit bis Kriegsende und mit kurzer Unterbrechung noch bis 1969.

Nach Kriegsende waren in der britischen Besatzungszone etwa 90.000 Personen interniert, unter ihnen auch Otto Wolff, der ehemalige Spieler und kommissarische Gauwirtschaftsberater. Er wurde 1949 zu einer Geldstrafe von 5.000 DM verurteilt, und zwar nur für seine Mitgliedschaft in der SS. Diese Strafe wurde mit der Zeit der Internierung verrechnet und galt damit als abgegolten. Der FC St. Pauli empfing den zurückkehrenden Wolff mit offenen Armen. 1950 wurde er sogar für die Wahl zum Vizepräsidenten vorgeschlagen.

Ebenso im Verein blieb Erich Mücke, der Kriegsende seine jüdische Freundin heiratete. Vereinsmitglied wurde nach dem Krieg auch Alfred Bernhard Strauss. Er galt nach den NS-Rassegesetzen als „Halbjude“ und hatte ab 1944 Zwangsarbeit leisten müssen. Nach Kriegsende waren also Zwangsarbeiter und der Organisator von Zwangsarbeit in Hamburg Vereinskameraden. Dass dies möglich war, veranschaulicht, wie nach 1945 mit der Vergangenheit umgegangen wurde: nämlich zunächst gar nicht. Die Vereinsverantwortlichen konzentrierten sich sofort auf die Wiederaufnahme des Spielbetriebs. Noch im Mai 1945 trafen sich Vertreter fast aller Vereine im HSV-Clubheim, und schon im Juni 1945 beschloss die Vereinsführung des FC St. Pauli, den Wiederaufbau der Platzanlage in die Wege zu leiten. Im Herbst 1945 beteiligten sich bereits wieder 61 Vereine am Spielbetrieb im Hamburger Fußball.

Hinweise auf eine Auseinandersetzung mit der nationalsozialistischen Vergangenheit finden sich im FC St. Pauli nicht. Dies deckt sich mit dem Verhalten der deutschen Bevölkerung insgesamt. Man sah sich nach Kriegsende mit der militärischen Niederlage, der Entnazifizierung durch die Alliierten, mit Zerstörungen, Vertreibung und materiellem Elend konfrontiert. Diese Erfahrung führte in der Gesellschaft zu einem Selbstbild als Verfolgte und Verlierer, als Gedemütigte und Getäuschte, kurz: als Opfer. Dieses Selbstbild findet sich auch an verschiedenen Stellen in Vereinsveröffentlichungen.

1962 stellte der FC St. Pauli im Zuge des Stadionneubaus einen Gedenkstein auf. Die schlichtete Inschrift lautete: „Dem Gedenken unserer Gefallenen 1914–1918 1939–1945“. Der Begriff der Gefallenen bezieht sich, wie auch an den Jahreszahlen erkennbar, auf die in den beiden Weltkriegen umgekommenen Mitglieder. Gedacht wurde für die Zeit des Nationalsozialismus also ausdrücklich und ausschließlich derjenigen, die an einem verbrecherischen Angriffskrieg beteiligt waren. Die wirklichen Opfer des Nationalsozialismus, selbst diejenigen, die Vereinskameraden waren, wurden hier wiederum beschwiegen.

Das Gedenken an die eigenen Toten bei gleichzeitiger Ausblendung Millionen anderer Opfer findet sich auch an anderen Stellen im Vereinsleben des FC St. Pauli wieder. So ist z. B. in der Vereinszeitung vom November 1969 die Rede von Vereinskameraden, welche „für Volk und Vaterland“ ihr Leben gaben, „damit uns eine Zukunft bliebe“ – ohne die Frage zu stellen, was für eine Zukunft das gewesen wäre. Selbst das Entstehen der neuen, explizit linken politischen Fanszene seit Mitte der 1980er Jahre führte zunächst nicht zu Veränderungen im Umgang mit der Vergangenheit. Noch 1992 wurde im Nachruf auf Otto Wolff seine Tätigkeit in der NS-Zeit ausdrücklich gelobt, und noch bis 2010 war er Träger der Goldenen Ehrennadel für seine Verdienste um den Verein in der NS-Zeit – dies alles, obwohl Wolffs Tätigkeiten kein Geheimnis, sondern auch im Verein bekannt waren.

Eine intensive kritische Auseinandersetzung mit der NS-Vergangenheit gab es im FC St. Pauli erstmals 1997, als René Martens über die NSDAP-Mitgliedschaft des langjährigen Präsidenten und Namensgebers des Stadions Wilhelm Koch berichtete. Auf der Mitgliederversammlung 1997 wurde beschlossen, ein Gutachten über Koch in Auftrag zu geben. Obwohl das Gutachten Koch eher entlastete, beantragte auf der nächsten Mitgliederversammlung ein Angehöriger der „Arbeitsgemeinschaft interessierte Mitglieder“ (AGiM) die Umbenennung des Stadions. Nach erbitterter Diskussion fand der Antrag schließlich eine Mehrheit und wurde angenommen. Der damalige Aufsichtsratsvorsitzende und ehemalige Bundesverteidigungsminister Hans Apel trat aus Protest gegen diese Entscheidung von seinem Amt zurück. Der Antrag, die Geschichte des Vereins in der NS-Zeit insgesamt untersuchen zu lassen, fand jedoch keine Mehrheit und wurde somit abgelehnt.

2004 enthüllten Vertreter des Präsidiums, der organisierten Fanszene sowie der Vereinigung der Verfolgten des Naziregimes dann gemeinsam und in unmittelbarer Nähe zum Gedenkstein von 1962 eine Gedenktafel. Deren Inschrift lautet: „Zum Gedenken an die Mitglieder und Fans des FC St. Pauli, die während der Jahre 1933 bis 1945 durch die Nazi-Diktatur verfolgt oder ermordet wurden." Erstmals in der Nachkriegsgeschichte des FC St. Pauli wurde nun offiziell auch der eigentlichen Opfer des NS-Regimes gedacht. Zum 75-jährigen Jubiläum der Rugbyabteilung 2008 brachte diese eine Gedenktafel für die jüdischen Mitbegründer der Abteilung Otto und Paul Lang im Eingangsbereich der Geschäftsstelle des Vereins an. Diese steht inzwischen gemeinsam mit Gedenkstein und Gedenktafel auf dem Harald-Stender-Platz.

Es dauerte sehr lange, bis der Verein sich seiner Vergangenheit gestellt hat, und erst zum 100-jährigen Vereinsjubiläum 2010 wurde die Untersuchung der eigenen Geschichte von der Vereinsführung unterstützt. Auch hierzu kam die Initiative aus der Basis, d. h. von engagierten Fans und Mitgliedern.

Im Jubiläumsjahr 2010 fand vor der Gedenktafel auf dem Harald-Stender-Platz auf Initiative des Fanladens erstmals eine Veranstaltung zum Internationalen Holocaust-Gedenktag statt. Daran nahmen neben engagierten Fanvertretern auch Angestellte und Offizielle des Vereins, Vertreter verschiedener Abteilungen sowie der Mannschaftsrat und die Trainer der Bundesliga-Mannschaft des FC St. Pauli teil. Diese Veranstaltung findet seitdem jährlich in wechselnder Form statt und erinnert an die Verantwortung jeder und jedes einzelnen, dafür zu sorgen, dass sich die in der Zeit des Nationalsozialismus begangenen Verbrechen niemals wiederholen.

Karlo war ganz verblüfft. Er war schon öfter bei Auswärtsspielen von St. Pauli gewesen und für ihn wirkte es immer so, als wäre der Verein durch und durch links. Und zwar schon immer. „Ich dachte, der Verein wäre früher so ein Arbeiterverein gewesen? So mit Rotfront und KPD-Wählern und so!" Freddy schüttelte den Kopf: „Ne, das war ein absolut bürgerlicher Verein. Und Arbeiter sind ja auch nicht immer links. Die waren nicht alle so wie Thälmann, und Klassenkampf ist leider auch nicht immer und überall. Du bist ja auch nicht grade der große Revolutionär, nur weil du hier an deinem veganen Eis rumleckst." Karlo lief rot an und wich Freddys Blick aus: „Ich dachte ja nur. Außerdem denk doch mal an die Tierrechte …" „Du kommst beim Antifaschismus zu Tierrechten, mach dich mal nicht unbeliebt!", entgegnete Freddy. Sie boxte Karlo gegen die Schulter: „Mann, du musst echt noch ein bisschen was lernen. Da fällt mir ein Blog-Artikel ein, den ich vor ein paar Jahren gelesen habe, der ist mir neulich wieder in die Hände gefallen. Warte, ich such ihn mal." Freddy fingerte ihr Handy raus und schickte Karlo den Link: „Kannst du ja später mal lesen." „Worum geht es denn in dem Artikel?", fragte er. Freddy erklärte ihm, was er da lesen würde.

Wir sind St. Pauli! Nur was sind wir?

Ein Blogbeitrag von Michi Frunsch

Das Bloggerprojekt unter dieser Fragestellung wurde im März 2011 von Norbert/Magischer FC ins Leben gerufen und erfreute sich reger Resonanz in der dem Verein angeschlossenen Bloggerszene.

So viel philosophisches Potenzial in so wenigen Worten!

Was fällt mir als erstes ein? Was ist St. Pauli? St. Pauli ist zum Beispiel, wenn sein Bloggerwesen zu einer konzertierten Aktion zum Thema „Wir sind St. Pauli! Nur was sind wir?" aufgerufen wird. Ja, das ist jetzt ganz furchtbar selbstreferenziell, aber doch mein Ernst. Kollege Frodo vom Übersteiger hat es vor einiger Zeit angesprochen: Ein Bloggerwesen wie bei St. Pauli gibt es so nicht überall, und auch das macht für mich St. Pauli aus: dass sich die Fans in dieser Form mit dem Geschehen befassen.

Aber von vorn. Wie und warum bin ich zu St. Pauli gekommen? Der erste Schritt war Zufall. Ein paar Leute, mit denen ich in einer Rockband spielte, fragten mich, ob ich Lust hätte, mit zu einem Spiel zu kommen. Da ich an diesem Abend nichts anderes vorhatte, ging ich mit und es geschah. Ob von denen heute noch einer hingeht, weiß ich nicht (ich habe zu keinem mehr Kontakt). Ich bin seitdem dabei geblieben.

Und warum?

Naja, ein bisschen über St. Pauli wusste ich schon vorher. Dass dieser Verein eben nicht die Alhambra der „Ich bin stolz ein Deutscher zu sein"-Kuttenaufnäher repräsentierte und sein Fanwesen sich in gewisser Weise von dem anderer Profiklubs unterschied.

Dass St. Pauli sich nicht ausschließlich über sportlichen Erfolg definierte (was ja auch geheißen hätte, eine verschwindend geringe bis gar keine Definitionsbasis zu besitzen). Dass bei St. Pauli kein „Uh, uh, uh" gebrüllt wurde, wenn ein farbiger Gegenspieler am Ball war. Und natürlich, dass das Stadion nicht irgendwo in der Pampa lag und auch anderweitig einen wohltuenden Kontrast zu den seelenlosen Riesenschüsseln anderer Profiklubs (angefangen in der Nachbarschaft) darstellte.

Als schließlich feststand, dass dieser Verein mir wirklich etwas bedeutete, wollte ich natürlich genauer wissen, wer oder was denn nun dieses St. Pauli war, auf was für ein Milieu ich da gestoßen war und was St. Pauli denjenigen bedeutete, die es im Gegensatz zu mir schon etwas länger kannten. Also zapfte ich sämtliche Informationsquellen an, die ich in dieser Hinsicht für nutzbringend hielt. Das waren 1993/94, also in den letzten Jahren des Vor-Internet-Zeitalters, in erster Linie die Fanzines, die es damals in erfreulicher Häufung gab. Wenige Monate vor meinem Millerntor-Erstbesuch hatte ein Organ namens Der Übersteiger das Licht der Welt erblickt, das sich mit „Kampf- und Spaßblatt rund um den FC St. Pauli" untertitelte. Und ebenjene Dialektik – Spaß haben und gleichzeitig gegen unspaßige Dinge ankämpfen – nahm ich wahr als eine Beschreibung dessen, was St. Pauli ausmachte. Auf der einen Seite feiern, auf der anderen Seite – und dies mit vermutlich größerer Konsequenz als bei anderen Klubs – gegen die Fehlentwicklungen des Profifußballs kämpfen. In jenen frühen Jahren war der Übersteiger meine wichtigste Informationsquelle zum Thema FC St. Pauli aus Fansicht, auch wenn ich die anderen Fanzines, das Unhaltbar und die PiPa Millerntor, ebenso gern las, obwohl ich deren Postulat „Gegen Ironie im Stadion" nie wirklich mittragen konnte.

Eine prägende Erfahrung waren die Fangesänge, die ich seinerzeit ablauschen durfte und nach kurzer Aneignungsphase mitsang. Kannte ich aus anderen Stadien hauptsächlich Plumpheiten im Stil von „Oh, wo bleibt das 1:0", so bot sich meinen Ohren hier eine Fülle an Originalität mit verhältnismäßig viel inhaltlichem Tiefgang. Besonders ins Herz schloss ich das Lied „Äppel wollen wir klauen", das ich zuvor noch nie gehört hatte (was natürlich durch meine außerhamburgische Herkunft bedingt war) und dessen Symbolik ich erst später verstand: Äpfel klauen als Synonym für Punkte stehlen und Aufstehen nach einem Sturz auf die Straße als Metapher für das moralische Wiederaufrichten nach einer Niederlage auf dem Fußballplatz. Dass es gleichzeitig auch weniger inhaltsschwere Folklore à la „Hey ya yippie yeh" oder „Olé olé, super Hamburg, St. Pauli" zu hören gab, fand ich in Ordnung und auch nicht weiter ungewöhnlich. Ausdrücklich erwähnt werden soll unbedingt die gesangstechnische Klimax meiner frühen St. Pauli-Jahre: das 2:1 in Bielefeld anno 1996, nach dem gleich zwei ortsansässige Tageszeitungen die gesangliche Kreativität des Gästeanhangs lobten. Mehr St. Pauli, als an diesem Abend stattfand, konnte und kann es nicht geben.

In jedem Fall prägte all dies und manches andere mein Bild von St. Pauli, welches im Wesentlichen bis heute gültig ist: antifaschistisch, feierwütig, selbstironisch und mit dem Anspruch behaftet, über das, was man erlebt und tut, auch nachzudenken. Wobei St. Pauli für mich in gewissem Maße auch etwas war, was ich nicht so richtig verstand: Dass bei einem meiner ersten Spiele Flyer verteilt wurden, auf denen Freiheit für den Kaufhauserpresser Dagobert gefordert wurde, hat mich ein wenig befremdet.

Was hat sich seitdem geändert?

Auf jeden Fall meine Sozialisation. Kannte ich damals weniger als zehn der anderen Stadionbesucher persönlich, so sind es heute zu viele, um ihre Zahl auch nur einigermaßen exakt benennen zu können. Und hier manifestiert sich ein ganz wesentlicher Wert, den St. Pauli für mich darstellt. Von Westfalen nach Hamburg gekommen, ohne dort außer ein paar wenigen Arbeitskollegen jemanden zu kennen, konnte ich nichts besser gebrauchen als ein Gebilde, das mir die Chance zu einer umfänglichen und nachhaltigen Sozialisation bot. Und was die eingangs erwähnte Rockband nicht zu leisten vermochte, schaffte dann der FC St. Pauli. Er ist für mich eine Art Heimat geworden, ein Stück Identität, meine große Familie. Und wäre das nicht so, hätte es wohl auch nicht viel Sinn, die Identitätsfrage im Plural zu stellen: „Wir sind St. Pauli! Nur was sind wir?"

Zweifellos sind wir eine Schicksalsgemeinschaft. Ich weiß keinen anderen Verein, bei dem sportlicher Erfolg und Popularität in einem dermaßen absurden Verhältnis zueinander stehen wie bei St. Pauli. Dies mag man „Kult" nennen (und im ursprünglichen Wortsinne, den exzessiven Missbrauch dieser Begrifflichkeit mal ausklammernd, würde ich dem auch zustimmen), für mich ist es in jedem Fall ein Ausdruck der Tatsache, dass St. Pauli mehr ist als Fußball. Dass es eben auch Politik ist, dass es social life ist, und dass es eine kulturelle Entität darstellt, für die sportlicher Erfolg als Lebensader weniger wichtig ist als für andere Vereine. Wenn ich irgendwo Ska-Musik höre, denke ich stets an St. Pauli – ein kleines Indiz dafür, dass dieser Verein für mich etwas repräsentiert, das über Fußball hinausgeht.

St. Pauli ist Protest, ist Widerstand. Zwar gibt es auch anderswo Auflehnung gegen die zunehmende Verunstaltung des Profifußballs zu Vermarktungszwecken, aber ist die denn irgendwo auch nur annähernd so massiv wie bei uns? Sicher, auch in Kaiserslautern oder Mönchengladbach wird gegen Anstoßzeiten-Terror angegangen (Respekt!), und die HSV-Supporters haben sich eine Stehtribüne in ihrem neuen Stadion erkämpft (und auch hierfür von mir Respekt), aber an wen denkt man, wenn es um Protest gegen die Kommerzialisierung des Profifußballs geht? Natürlich an St. Pauli. Über wen schimpfen die Fußballfans, die – warum auch immer – etwas gegen derartigen Protest haben? Natürlich über St. Pauli. Und St. Pauli ist Widerstand gegen Reichskriegsflaggen, gegen Thor-Steinar-Textilien und andere Rechtsaußen-Symbolik. „Faschismus ist keine Meinung, sondern ein Verbrechen!" als Bandenaufschrift – das ist St. Pauli.

St. Pauli ist Anderssein. Nicht um seiner selbst willen, sondern weil es Gründe dafür gibt. Politische. Kulturelle. Zumutbarkeitstechnische: Bei uns gibt es kein „Danke – Bitte" vom Stadionsprecher, weil das alberner Nonsens ist und weil wir uns nicht für ihn fremdschämen müssen wollen. Bei uns wird das Gästefanlied gespielt, weil wir dem Gegner halt etwas anderes als Hass, Hass, Hass mitgebracht haben. (Dass es unter den Gegnern auch solche gibt, bei denen nach der Angemessenheit solcher Rituale gefragt werden kann, will ich damit nicht bestreiten.) Ja, St. Pauli ist in gewisser Weise anders – auch wenn ich mich mit dem Slogan vom „etwas anderen Verein" nur sehr bedingt anfreunden konnte, da mir durchaus bekannt ist, von welchem Unternehmen dieser abgekupfert wurde.

St. Pauli ist Dissens. Und ganz ehrlich: Das finde ich auch gut so. Absolute Einigkeit über die optimale Form des Supportens wird es nie geben – und sie ist auch gar nicht nötig. Ebensowenig wie über die Frage, ob man „Aufwachen" rufen darf, ob Schweigeprotest etwas Sinnvolles ist, wie viele Business Seats wir brauchen und ob es sinnvoll ist, vereinsbezogene Themen in öffentlichen Internetforen zu diskutieren. Erkenntnisse lassen sich – mit etwas Glück – in entsprechenden Diskussionen auch dann finden, wenn sie nicht zu einem Konsens führen. St. Pauli ist der Weg als Ziel, und nicht nur in dieser Hinsicht.

Inwiefern hat sich all dies in den 17 Jahren seit meinem Hinzustoßen geändert?

Hier möchte ich mich lieber zurückhalten. Es hat eine ganze Weile gedauert, bis ich einen wirklich tiefen Einblick in die Fanszene des FC St. Pauli gewonnen habe. So nützlich der Übersteiger für mich war, natürlich hat man auch dort nur das erfahren, was die Schreiber für öffentlichkeitstauglich hielten. Bis ich ein substanziell darüber hinaus gehendes Bild vom St. Pauli-Seelenleben gewonnen habe, hat es lange Jahre gedauert, und deshalb möchte ich die Einschätzung lieber denjenigen mit längerer Erfahrung überlassen. Sind wir politischer geworden oder umgekehrt unpolitischer? Wieviel Selbstironie ist verloren gegangen? Wie stark hat das Internet den FC St. Pauli verändert? Wie weit ist die Vergreisung der Gegengerade gediehen? Ist der Fußball wichtiger geworden? Sicher, die Ansprüche an den Fußball sind gewachsen, einhergehend mit dessen Entwicklung.

Und was heißt dies nun perspektivisch? Wo soll die Reise hingehen? Nun gut, ein paar Visionen habe ich in vorangegangenen Blogbeiträgen schon ausgebreitet (z. B. ein wenig Nachdenken über den Umgang der Fans miteinander oder eine Liebeserklärung an die Sozialromantik), deshalb sollen diesmal ein paar Stichworte reichen, sonst liest das wirklich kein Mensch zu Ende.

Meine Erwartung ist, dass St. Pauli immer Dialektik bleibt. Kampf und Spaß. Feiern, Gemeinsamkeit erleben und für eine bessere Welt innerhalb und außerhalb des Fußballs eintreten. „Cas-tor nie“ – das „St. Pau-li“-Schlachtruf-Derivat aus den 1990er Jahren ist aktueller denn je. St. Pauli muss und soll Freude machen, aber dabei nicht den Blick dafür versperren, dass eine freudenreiche Zukunft nicht von selbst eintritt, sondern erkämpft werden muss. St. Pauli ist natürlich Fußball – und wenn es nach mir geht, auch in Zukunft Profifußball. 1. oder 2. Liga. Fünfstellige Zuschauerzahlen, Branchengrößen zu Gast am Millerntor, und damit die Gelegenheit, das,

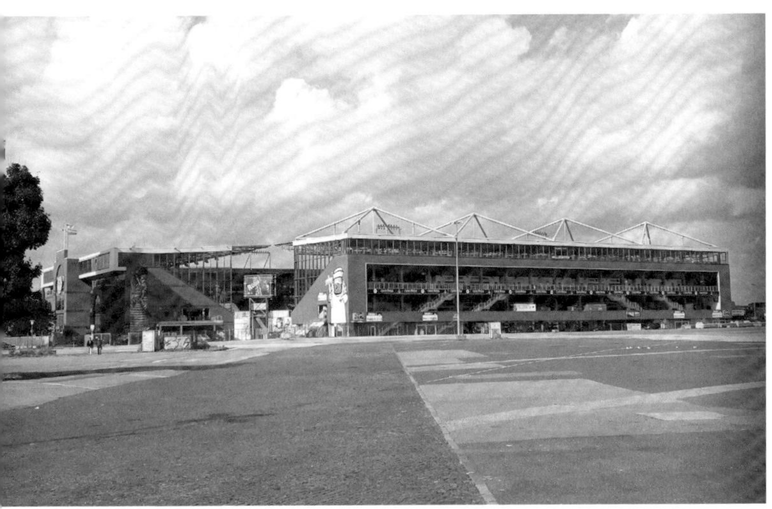

Blick von der U-Bahn-Station St. Pauli aufs Millerntor.

wofür wir stehen, einer großen Öffentlichkeit zu kommunizieren. Aber St. Pauli ist eben nicht *nur* Fußball. Und auch Fußball ist kein Autarkum, keine Insel der Seligen ohne gesamtgesellschaftlichen Kontext – dies muss auf St. Pauli künftig wie bisher verinnerlicht werden. Fußball als fanumfassendes Gesamtszenario, so wie ich es verstehe, bedeutet Reflexion, Kritik und Selbstkritik. Verantwortung, politisches Bewusstsein und Bekenntnis. Wertetreue, sorgfältige Unterscheidung zwischen Toleranz und Gleichgültigkeit. Fairness, gegenseitigen Respekt, soziales Gewissen. Diskurs, Lernen aus Fehlern. Und auf der Basis all dessen dann das, was Fußball sowieso a priori bedeutet: Leidenschaft, Identifikation, Gemeinschaft. Spannung erleben, Siege feiern, Niederlagen betrauern. Fußballfan sein mit Herz und Verstand. Und ab und zu auch mal über sich selbst lachen können. Wenn wir das sind und bleiben – dann sind wir St. Pauli.

„Das stimmt schon irgendwie alles, aber ist auch ein bisschen viel, oder?“, fragte Karlo. Bevor Freddy antworten konnte, rief er: „Krass!“ Sie betraten gerade das Heiligengeistfeld und Karlo guckte bewundernd zum Stadion hinüber. „Ich meine, da passen doch fast 30.000 Leute rein. Das kann doch nicht sein, dass da alle Fans so

mitgehen? Wollen manche hier nicht einfach nur Spaß?" Freddy stimmte ihm zu: „Klar sind nicht alle so wie wir. Manche kommen einfach nur am Wochenende zum Spiel, trinken ihr Bier und wollen guten Fußball präsentiert bekommen. Aber das ist ja nicht alles. St. Pauli ist viel mehr." Karlo warf ein: „Apropos guter Fußball, so wie es gerade läuft, scheint es ja wirklich um mehr zu gehen als das Sportliche. Die Leute kommen ja trotzdem! Erinnerst du dich, wie voll es war, als wir uns in Lautern im Gästeblock getroffen haben?" Ehe Freddy antworten konnte, setzte Karlo nach: „Und erinnerst du dich noch, wie ihr mir geholfen habt, diesen Trottel mit dem Onkelz-Shirt aus dem Gästeblock zu werfen? Da habe ich gemerkt, wie cool es ist, wenn man als Fanszene zusammenhält." „Jepp, lief ganz gut." Mit einem Zwinkern fügte sie hinzu: „Alleine hättest du den Typen doch nie rausbekommen." Karlo wurde schon wieder rot: „Der wog schließlich auch mindestens 180 Kilo! Hinterher war es superscheiße, der wohnt nämlich auch in meinem Ort und hat mich dann ein, zwei Mal mit seinen Kumpels abgefangen und …" Jetzt fiel Freddy ihm ins Wort: „War das eigentlich dein erstes Spiel? Wir haben damals bestimmt drüber gesprochen, aber ich war einfach zu voll." Freddy kicherte ein bisschen, als sie an die durchzechte Nacht in Kaiserslautern zurückdachte. Karlo schüttelte den Kopf: „Ne, ich war eigentlich bei allen Spielen im Süden. Ich war froh, als ich nicht mehr mit meinem Vater auf den Betzenberg hochmusste." Freddy lachte: „Stimmt, du warst damals auch nicht der Sportlichste. Hat sich offensichtlich geändert, wie kam das eigentlich?" „Guck dir die politische Situation doch an! Wenn sich in deiner Stadt der Dritte Weg breit macht, dann würdest du wohl auch ein bisschen mehr Sport machen", sagte Karlo sauer. „Schon gut, ich war auch mal dicker", sagte Freddy entschuldigend. „Ach, darum geht es mir doch gar nicht. Guck dir die rechte Scheiße doch an! In Hamburg ist das ja nicht so das Problem, aber in Lautern ein politischer Fußballfan zu sein, ist nicht so geil. Dann fängst du automatisch irgendwann an, dir St. Pauli-Spiele im Süden rauszusuchen. Obwohl die natürlich auch das ganze Party-Volk anziehen."

Nachdem sie das Gepäck in Freddys Wohnung abgelegt und sich zum Abendessen mit Nudeln versorgt hatten, machten sie sich auf den Weg in Richtung Kneipe. Freddy wollte gerade vorschlagen, noch eine Mate im Pauli Point zu kaufen, als Karlo das Goldland *im Erdge-*

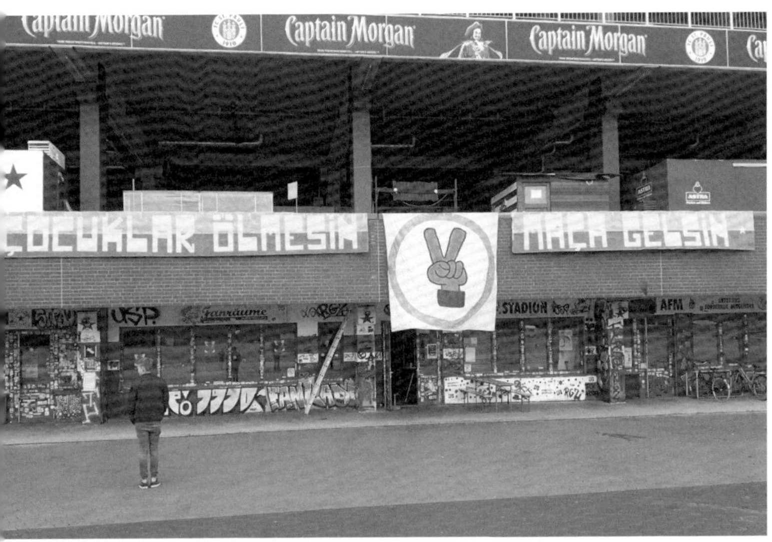

Vorführung von „Çocuklar Ölmesin Maça Gelsin" am 9. Oktober 2016 in den Fanräumen, ein Film über die Situation des kurdischen Fußballclubs Amed SK und dem Kampf für Frieden in der Region.

schoss entdeckte: „Lass doch direkt da rein, sieht nett aus!" Freddy zuckte mit den Schultern: „Können wir machen. Die Leute sind okay, man kennt sich ja so in einem Haus. Dann müssen wir auch nicht so weit laufen. Ist für die Uhrzeit echt immer noch krass heiß."

Karlo bestellte zwei Astra. Freddy war nicht so glücklich: „Ich trink eigentlich immer Holsten, Astra macht derbe Kopfschmerzen", aber sie nahm das Bier an und vertiefte sich mit Karlo in ein Gespräch über das Hamburger Alkohol-Angebot. Irgendwann sagte Karlo: „Hör mal, ich hab beim Duschen eben noch mal drüber nachgedacht, wie das eigentlich so ist mit dem Fußball und der Politik. Was denkst du, gehen so viele Leute zum Fußball, weil oder obwohl er politisch ist? Oder ist er das gar nicht?" „Boah, wie kommst du denn von Astra jetzt schon wieder auf Politik?" Freddy schüttelte irritiert den Kopf: „Keine Ahnung. Wir haben bei St. Pauli ja immerhin schon mal das Glück, dass wir uns, bis auf ein paar Idioten, relativ einig sind, was gute Politik ist und was einfach gar nicht geht. Und außerdem glaube ich, dass Leute, die sagen, Fußball und Politik hätten nichts miteinander zu tun, bloß die Augen verschließen wollen vor der Realität im Stadion und vor den krassen Sprüchen und Scheiß-Nazi-Typen, die da aufkreuzen. Also, wenn das nicht politisch ist …" Sie exte voller Zorn ihr Bier. Karlo musste grinsen. „Ich sehe, wir verstehen uns."

Der Mann vom Nachbartisch beugte sich herüber: „Spannendes Thema. Da mache ich mir auch im Moment so meine Gedanken zu. Ich bin Patrick. Darf ich euch ein Bier ausgeben?" „Da sagen wir nicht nein, aber ein Holsten!", erwiderte Freddy und schob ihr leeres Glas beiseite. Karlo nickte ebenfalls. Als die Biere vor ihnen standen, begann Patrick zu erzählen.

Fußball und Politik: St. Pauli als Projekt der Inklusion

von Patrick Gensing

Fußball sei ein Spiegelbild der Gesellschaft. Ein beliebter Satz, der klingt wie frisch aufgeschnappt im Grundkurs Soziologie. Man muss allerdings nicht lange nachdenken, um festzustellen: Der Fußball bildet keineswegs die Gesellschaft als Ganzes ab. Wie sollte er das auch können? Der Fußball ist bestenfalls ein Zerrspiegel, in dem bestimmte Entwicklungen besonders deutlich werden, überzeichnet auftauchen; in dem einige Gruppen und Milieus überrepräsentiert sind und andere kaum oder gar nicht vorkommen.

Einen Blick wert ist dieses „Spiegelbild Fußball" aber definitiv, kann man doch ein komplexes Paralleluniversum entdecken – mit eigenen Regeln, Gesetzen und Codes. Ein Universum, in dem es noch immer weit mehr Männer als Frauen gibt, das oft wenig mit demokratischen Regeln und unabhängiger Justiz gemein hat, umso mehr mit Seilschaften, Marktradikalität und Intransparenz.

Verbände haben eigene Gesetze und Gerichte installiert. Selbstverständlich gibt es sehr gute Gründe für ein eigenes Regelwerk sowie die Verbandsgerichtsbarkeit, beispielsweise um interne Streitigkeiten zu regeln – doch beim Fußball drohen die Grenzen mittlerweile gesprengt zu werden. So verhängen Sportgerichte oder Vereine quasi willkürlich drakonische Geldstrafen – Widerspruch ist kaum möglich. Solche „Urteile" haben zumeist wenig mit rechtsstaatlicher Verhältnismäßigkeit zu tun. Ein Becherwurf am Millerntor beispielsweise wurde mit einer Sperre des Stadions und Spielverlegung nach Lübeck geahndet – Schaden für den Verein: mehrere Hunderttausend Euro. Würde man diesen entstandenen Schaden auf den Verursacher umlegen – was zur Diskussion stand –

wäre der Mann ruiniert gewesen; und dies wegen eines Becherwurfs, für den er vor einem ordentlichen Gericht wahrscheinlich maximal eine Bewährungsstrafe erhalten hätte. Und womit hätte er die erhalten? Mit Recht.

Bislang können jene Strafen, die Verbände gegen Vereine verhängen, nicht umgelegt werden, da die Stadionbesucher nicht der Verbandsgerichtsbarkeit unterliegen. Allerdings lassen sich durchaus Bestrebungen erkennen, der DFB-Sportgerichtsbarkeit eine „täterorientierte Sanktionierung“ zugrunde zu legen. Ziel: die Verantwortlichen via Vereine persönlich für ihre Vergehen zu belangen – also die Verbandsgerichtsbarkeit indirekt auszuweiten.

Im Paralleluniversum Fußball gibt es auch Gebiete, auf denen Grund- und Presserecht nur eingeschränkt gelten: nämlich in Stadien samt Umgebung, insbesondere auf den An- und Abreisewegen von Fans, die nicht selten präventiv sowie kollektiv mit erheblicher Repression konfrontiert werden. Dazu kommen beispielsweise Meldeauflagen für vermeintliche oder tatsächliche „Gefährder“. Sicherheitsmaßnahmen, wie sie im Anti-Terror-Kampf diskutiert werden.

Als Sachverwalter des Fußballs haben sich DFB und DFL etabliert, die mit sämtlichen Befugnissen ausgestattet den Spielbetrieb und die Vermarktung organisieren. Wer diese Strukturen generell oder zumindest einzelne Entscheidungen infrage stellt, hat oft wenig zu lachen, wie entsprechende Vorstöße von wenigen Vereinen gezeigt haben. Der FC St. Pauli machte sich beispielsweise mit Vorschlägen für einen neuen Verteilungsschlüssel der TV-Gelder unbeliebt. Im Paralleluniversum Fußball gilt St. Pauli als einer der rebellischen Clubs – ob zu Recht oder nicht. Jedenfalls erfüllt die aktuelle Clubführung dieses Image teilweise nun mit Leben. Zumindest auf offizieller Seite, denn gleichzeitig können „Fan-Präsident“ Oke Göttlich plus Clubführung Neuerungen einführen, die bei anderen Machtkonstellationen im Verein wohl für Protest gesorgt hätten.

Tempel, Treffpunkt und Veranstaltungszentrum

Das Beispiel des FC St. Pauli zeigt vor allem, wie eng Fußball und Politik zusammenhängen. Der Verein definiert sich explizit als politisch – und zwar als antirassistisch, antihomophob, basisdemokratisch und progressiv. So beschäftigt der Club beispielsweise eine Mitarbeiterin, die sich ausschließlich darum kümmert, die verschiedenen Hilfsaktionen für Flüchtlinge aus der Fanszene und dem Verein zu koordinieren. Die Stadionordnung ist richtungsweisend und über dem Stadion weht die Regenbogenflagge, die in der Saison 2015/16 auch die Ärmelbündchen der Heimtrikots verschönerte.

Aber neben solchen offensichtlichen politischen Zeichen spielen auch Fragen nach öffentlichem Raum und gesellschaftlicher Teilhabe eine immense Rolle. Das Stadion am Millerntor ist nämlich keine tote Arena in der Vorstadt, die ausschließlich möglichst gewinnbringend für Events vermietet wird (was allerdings auch geschieht), sondern es ist zum Treffpunkt im Viertel und für viele Fans ein Zuhause geworden. In der neuen Gegengeraden befinden sich Fanladen und Fanräume, dazu kommt das neue Museum. Hier finden größere Veranstaltungen statt, die von der aktiven Fanszene organisiert werden: Lesungen, Casino-Abende, Konzerte, Podiumsdiskussionen, Partys – alles zumeist für einen guten Zweck, seien es Flüchtlinge oder auch die finanzielle Absicherung von künftigen Aktivitäten. Dazu kommen Stammtische (beispielsweise von der Initiative St. Depri) und andere regelmäßige Termine.

Kurzum: Menschen kommen zusammen, lernen sich kennen, engagieren sich, organisieren gemeinsam alle möglichen Veranstaltungen ohne kommerzielles Interesse – und schaffen so einen öffentlichen Raum, der ganz anders funktioniert als die lokale Umgebung, die stark von Eventtourismus und Massenveranstaltungen geprägt wird. Dass der FC St. Pauli und seine Fanszene mit ihrem Image wiederum selbst zur Attraktivität des Stadtteils als Reiseziel beitragen, ist dabei lediglich einer von vielen Widersprüchen.

Im Stadion finden zudem größere Veranstaltungen statt, wie beispielsweise die Millerntor Gallery – eine Mischung aus Musikfestival, Kunstausstellung und Poetry Slam – oder auch die antirassistische Fan-WM. Vielen teilnehmenden Fans anderer Clubs erscheint es schier unglaublich, wie eng Verein und Fan-Netzwerke kooperieren. Für Außenstehende ist überraschend, wieviel Engagement, Professionalität und Zeit in die Aktivitäten rund um den FC St. Pauli fließen – zumeist ehrenamtlich.

Der Club und seine bestens organisierte Fanszene verhalten sich damit nicht nur explizit politisch, sondern sind selbst zum gesellschaftlichen Akteur in Hamburg geworden. So war das Votum des FC St. Pauli für die Aufstockung des Bunkers neben dem Stadion wohl mitentscheidend dafür, dass sich die Proteste dagegen bislang in Grenzen hielten. Der Verein agiert dabei zwischen politischen Grundüberzeugungen, Do-it-yourself-Mentalität sowie professionellen Ansprüchen an ein mittelständisches Unternehmen. Dass diese Gratwanderung überhaupt gelingen kann, haben schon viele Beobachter bezweifelt. So rieb man sich beim Hamburger Abendblatt Ende Juli 2016 offenbar verwundert die Augen und musste feststellen, dass „der Club vom Millerntor derzeit von Personen geführt wird, die trotz emotionaler Leidenschaft alles andere als Träumer sind". Dabei schien, so das Abendblatt weiter, „eine Ausrichtung vorgezeichnet, die jede Kommerzialisierung ablehnt und auch die sportliche Drittklassigkeit für undramatisch hält. Frei nach dem Motto: Egal in welcher Liga und gegen wen wir spielen, Hauptsache, wir haben Spaß auf unseren Stehplätzen." Die Begeisterung für die Clubführung am Millerntor gipfelte in dem Kommentar, dass man doch zehn Euro auf eine Europacupteilnahme des FC St. Pauli in einigen Jahren setzen könne.

Vielleicht etwas viel der Lobhudelei, denn der Grat zwischen Do-it-yourself-Mentalität und kompletter Selbstausbeutung, zwischen kreativen Fanaktionen und totaler Vermarktung ist tatsächlich schmal – und Teile der kritischen Fanszene, die nun den Kurs im Verein mitbestimmen, fehlen möglicherweise als oppositionelles Korrektiv.

Fußballvereine als Ersatz für Volksparteien

Was dem Verein hingegen nicht fehlt, ist Zuspruch. Die Mitgliedszahlen steigen kontinuierlich, viele passive Mitglieder wollen zum einen den Verein unterstützen (beispielsweise über die Abteilung Fördernde Mitglieder AFM) oder zumindest eine Einflussmöglichkeit bewahren. Bundesweit und international bekennen sich Zehntausende Menschen zu St. Pauli – weniger wegen des glorreichen Fußballs, sondern wegen der Sympathie zu den Werten, die St. Pauli verkörpern soll.

Von hohen Sympathiewerten und steigenden Mitgliedszahlen können die großen demokratischen Parteien, Kirchen und Gewerkschaften derzeit nur träumen. Sie verlieren in der „flüchtigen Moderne" an Einfluss. Ihre Gegenmaßnahmen erscheinen oft altbacken: Bürgersprechstunden, anbiedernde Veranstaltungen mit Grillwürstchen, Luftballons für die Kinderchen, ein vermeintlich bürgernaher Auftritt des jeweiligen Abgeordneten aus dem Wahlkreis. Jede Vorstandssitzung des Heimatgartenbunds Altona dürfte inspirierender sein.

Die Tatsache, dass gesellschaftliche Pfeiler wie Parteien oder Verbände massiv eruieren, bedeutet keinesfalls, dass Teile der Bevölkerung sich nicht weiter sinnvoll in die Gesellschaft einbringen wollen. Nur gehen die Angebote offenkundig an den Bedürfnissen und Interessen vieler Menschen vorbei. Fußballvereine bzw. ihre Fanszenen scheinen diesen bisweilen besser begegnen zu können. Eine gemeinsame Idee, die verschiedene Menschen miteinander verbindet; ein Ziel, das man gemeinsam durch Diskussionen und Kompromisse erreichen möchte. Beim FC St. Pauli sind die Menschen in der Liebe zu ihrem Verein vereint – wie bei vielen anderen Clubs. Was aber am Millerntor noch dazu kommt, ist die gemeinsame Idee, im Profifußball erfolgreich sein zu wollen und *dennoch* die eigenen Ideale zu bewahren. Beim FC St. Pauli beweisen viele aktive Fans und/oder Funktionäre den Willen, eine Art Realpolitik zu betreiben, als Gratwanderung zwischen Ausverkauf und Kompromisslosigkeit. Dazu sind Leute, die aus der aktiven Fanszene kommen, offenbar besonders geeignet – nicht trotz ihrer „emotionalen Leidenschaft“, sondern genau deswegen. Wem ein Projekt dermaßen am Herzen liegt, der wird alles tun, damit es auch funktioniert. Das schützt aber nicht vor Fehlentscheidungen, wie die Kooperation mit Under Armour zeigt.

Der Hamburger Stadtteilverein bietet eine Projektionsfläche für sehr unterschiedliche Ideen, Sehnsüchte und Wünsche – oft auch widersprüchliche. Viele finden „Pauli“ irgendwie „ganz witzig“ und sehen in jedem braun-weißen Fan ein mobiles Feierkommando, das zu allen Tages- oder Nachtzeiten bzw. bei jedem Spielstand erbarmungslos Weisen von der Waterkant grölt. Andere finden den Totenkopf einfach schick und/oder rebellisch. Kaum ein anderes Symbol steht wohl so stark für einen irgendwie linken Lifestyle, was immer der jeweilige Totenkopfpulli-Träger darunter verstehen mag.

Dieses Image ist durchaus lukrativ, wie Sympathiewerte und Verkaufszahlen belegen. Nicht zufällig erwarb der Club die Marketingrechte zurück, um künftig stärker vom „Cash from Chaos“ zu profitieren. Den Witz vom Modelabel mit angegliederter Betriebssportmannschaft hat wohl jeder schon mindestens einmal gehört. Auch deswegen halten viele Fans anderer Vereine St. Pauli-Anhänger für Dorfpunks oder Großstadt-Hipster, die weitestgehend keine Ahnung von Sport im Allgemeinen und Fußball im Speziellen hätten. Und wie es bei Klischees so ist: Ganz falsch liegt man bei einigen braun-weißen Fans damit sicherlich nicht. Festzuhalten bleibt: Der Totenkopf ist ein starkes Symbol, das für die Idee FC St. Pauli steht.

Der FC St. Pauli ist in Hamburg jeden Tag gegenwärtig – nicht, weil der Verein ständig Werbefläche zukleistern ließe, sondern weil die Menschen die Liebe zu diesem Verein, zu dieser Idee, in ihren Herzen tragen und tatsächlich leben – und dadurch verschiedene Milieus und Menschen miteinander verbunden werden.

Und so haben regional mittlerweile Fußballvereine die Funktion von Volksparteien übernommen. Würde der FC St. Pauli bei der Bürgerschaftswahl kandidieren, könnte er mittlerweile wahrscheinlich problemlos die Fünf-Prozent-Hürde überspringen – weil einfach jeder weiß, für welche Idee St. Pauli steht. Ex-Bundesfinanzminister und St. Pauli-Fan Hans Apel hatte bereits in den 1980er Jahren erkannt, dass die SPD ein massives Problem bekommt, weil sich neue gesellschaftliche und politische Milieus formierten, die von den Volksparteien kaum noch zu erreichen waren. Heute spielen die Volksparteien als alltägliche Ansprechpartner, als lokaler Akteur kaum noch eine Rolle. Sie haben sich in die Parlamente und Büros zurückgezogen, und nur in Wahlkampfzeiten versucht man öffentliches Leben zu simulieren, was in den erwähnten hilflosen Veranstaltungen mündet.

Die Fanszenen von Fußballvereinen zeigen, wie öffentliches und demokratisches Leben abseits von Parteien und Parlamenten, also in der Zivilgesellschaft, aussehen kann: Aktionen gegen Rassismus und Homophobie, praktische Hilfe für Flüchtlinge, kulturelle Events – alles selbst organisiert und verantwortet. St. Pauli steht für Antifaschismus, für Engagement und gegenseitigen Respekt. Ein Projekt der Inklusion: Es zählt nicht, wer Du bist oder woher Du kommst. Willkommen ist, wer mitmachen will – ein Bild, das weder die gesellschaftliche noch politische Realität spiegelt. Leider.

Patrick hatte sich ziemlich verquatscht und ihm fiel auf, dass er losmusste. Er verabschiedete sich. Freddy freute sich mal wieder, dass sie in einem Viertel wohnte, in dem man spontan mit solchen Leuten ins

Gespräch kommen und über interessante Themen diskutieren konnte. Das hatte sie im letzten Jahr vermisst, als sie nicht in Hamburg gewesen war. Auch Karlo war ganz begeistert und stieß sie an: „Krasser Typ. Der hat sich mal richtig Gedanken gemacht." „Stimmt, aber ich finde schon, dass wir eine Gesellschaft sind." Freddy zuckte mit den Schultern. „So hat er das doch nicht gemeint. Fußball ist kein Spiegelbild der Gesellschaft und St. Pauli schon gar nicht. Sonst müssten doch alle links und antifaschistisch sein." „Es sind doch gar nicht alle antifaschistisch bei St. Pauli. Du hast echt ein komisches Bild vom Verein. Du hättest mal öfters aus Lautern raus gemusst", sagte Freddy leicht überheblich. „Kann ja nicht jeder in Hamburg geboren und groß geworden sein." Jetzt klang Karlo leicht eingeschnappt. Freddy legte ihm versöhnlich den Arm um die Schulter: „Wir trinken jetzt erst mal einen Helbing. Dann kommst du noch ein kleines bisschen mehr hier an."

Aus dem einen wurden bei Freddy zwölf Schnäpse. Karlo winkte nach dem zehnten ab. Danach machten die beiden sich sehr betrunken und zufrieden auf den Weg in die Wohnung. Karlo fiel direkt auf die Couch und freute sich auf die kommenden Wochen.

Freddy machte am nächsten Tag das, was sie wohl mit allen Gästen gemacht hätte: Rundgang durchs Viertel. Nach einem Frühstück bei Brotkorb schräg gegenüber wurde die übliche Route eingeschlagen. Am Jolly Roger vorbei ging es über die Budapester Straße zum steinernen Vereinswappen Richtung Stadion. Dort fragte Karlo ein paar Leute, ob jemand ein Foto von Freddy und ihm mit dem Denkmal machen könnte. Im Gegenzug musste Karlo ein Foto von der Gruppe machen: Es waren spanische St. Pauli-Fans.

Erster Abstecher war natürlich der Fanshop, obwohl beide da nichts kaufen wollten. Sie gingen da einfach automatisch rein. Karlo regte sich über die übertriebene Vermarktung des Vereinslogos und vor allem des Totenkopfs auf. Freddy hatte sich damit schon länger abgefunden, und wenn sie ehrlich zu sich war, dann hatte sie es auch nie wirklich gestört. Karlo kam darüber überhaupt nicht hinweg und weil Freddy vom Abend vorher noch ein bisschen durch den Wind war, reagierte sie genervt. Mit ihrem Zeigefinger auf Karlo gerichtet, sagte sie: „North Face Jacke, Carhartt Hose und New Balance Schuhe – da brauchst du dich doch über einen Totenkopf-Toaster nicht aufzuregen." Karlo argumentierte geistesgegenwärtig, dass man den Toaster

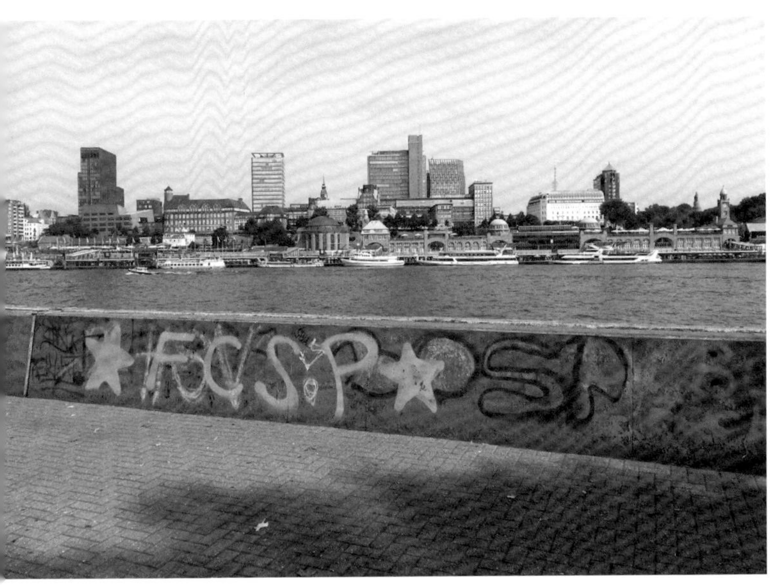

Blick über die Elbe auf das Viertel.

ja auch nicht auf dem Kopf tragen könne und räumte anschließend ein, dass er den verkaterten Freitagmorgen auch nicht die richtige Zeit fände, um über so was zu diskutieren. In Freddy machte sich bei dem Stichwort plötzlich eine gewisse Übelkeit breit, und sie befürchtete, sich den Schnaps nochmal durch den Kopf gehen lassen zu müssen. Sie war erleichtert, dass ihr Kumpel Fabian auch gerade am Fanshop vorbeikam. Fabian war hier, um die Spanier vorm Denkmal zu treffen, die genau wie Karlo das erste Mal in Hamburg waren. Freddy fragte: „Und was macht ihr jetzt so?" Fabian antwortete: „Wir wollten ein bisschen durchs Viertel laufen, danach Hafenfähre fahren und dann heute Abend ins Jolly." Freddy witterte die Möglichkeit, ein Schläfchen einzulegen: „Ach, meinst du, ihr könntet Karlo mitnehmen? Ich müsste noch was erledigen …" Fabian grinste, weil er sich denken konnte, dass Freddy sich wieder ins Bett verziehen wollte: „Kein Ding, können wir machen."

Während sie ihren Rundgang starteten, begann Fabian, seinen beiden Gästen und Karlo die wichtigsten Punkte im Stadtteil zu erklären. Dabei hob er besonders hervor, dass das Viertel und der Verein auf ganz besondere Art und Weise verbunden sind.

Gehst du durchs Viertel …

von Fabian Fritz

„Gehst Du durchs Viertel, hörst jeden rufen. Liest es auf Schildern, Wänden und auch Stufen …" Fast jeder Sankt Paulianer kennt diesen Gesang, und wer nicht, der kann ja recherchieren, wie es weitergeht. Für meine Überlegungen hier sind nur die ersten Zeilen wichtig. Denn hinter dem kleinen Wörtchen „jeden" verbirgt sich etwas, das von Verbundenheit erzählt – von einer Einigkeit zwischen dem „Viertel" St. Pauli und seinen Bewohner*innen („jeden") und eben dem FC Sankt Pauli. Doch nicht nur in den Fangesängen der Sankt Paulianer, auch in zahlreichen Büchern, Fernseh-Reportagen aber auch Touristen-Guides wird immer wieder betont, wie eng Stadtteil und Verein miteinander verknüpft sind. Und das kann man auch sehen, wenn man sich in die Straßen des Viertels begibt, denn die Verbundenheit lässt sich wirklich auf allen Schildern, Wänden und auch Stufen ablesen. Da ist es nicht so öde, wie an anderer Stelle in Hamburg. Wenn die Planungsverantwortlichen jemals den langweiligen und toten Stadtteil realisieren werden, den sie als HafenCity konzipiert haben, werden sie sich mit Sicherheit genau diesen Spirit des Stadtteils Sankt Pauli an die Hafenkante wünschen – ein Stückchen dieser Lebendigkeit, des Schmutzes und des sogenannten Kultes. Sankt Pauli ist in Hamburg nun einmal *das* Viertel und *der* Verein und zwar in vielerlei Hinsicht.

Klar wäre das Viertel auch allein schon ein Magnet, hat es doch neben dem Fußballclub noch einiges andere zu bieten. Abend für Abend strömen unzählige Touristen auf die Amüsiermeile Reeperbahn – und das nicht erst seit gestern. Im Karolinenviertel kann man schick shoppen und an den Landungsbrücken das hanseatische Flair aufsaugen. Aber der Stadtteil bietet sogar dazu noch Alternativen. Die ehemals besetzte Hafenstraße ist auch heute noch Symbol des Widerstands gegen das Establishment und ihre Kneipen sind geneigten Subkultur-Gängern immer einen Besuch wert.

Wie kommt es nun aber dazu, dass viele Menschen bei Sankt Pauli als erstes an die Verbindung von Verein und Stadtteil denken, an das Kultige und Bunte, aber auch Politische und Widerständige? Und wie kommt es, dass sich so viele Menschen weltweit damit identifizieren können?

Diese Fragen versucht auch Gabriel Kuhn in seinen beiden Büchern „Playing as if the World Mattered“ und „Soccer vs. the State“ zu beantworten und beginnt bei der seit den 1980er Jahren untrennbaren Geschichte von Club und Viertel. Ausgehend von der besonderen Lage des Vereins in einem Stadtteil, der über lange Zeit durch die Hafenarbeiter, das Lumpenproletariat und die Prostitution geprägt war, sieht Kuhn in der Besetzung der Hafenstraße einen wichtigen Impuls. Plötzlich standen an jeder Ecke bunthaarige Punks und vermummte Aktivisten und an vielen Stellen wich die Rotlicht-Werbung den politischen Bannern und Malereien der Autonomen. Kuhn schreibt weiter, dass für die Eroberung des Vereins, zeitversetzt nach der des Stadtteils, die Tatsache, dass der FC Sankt Pauli einer der ärmsten Vereine in seiner Spielklasse war, nicht unbedeutend ist. Bot der FCSP doch somit für die Klassenkampf-Rhetorik der Hausbesetzer eine perfekte Projektionsfläche. Die fortschreitende Entwicklung dieses Underdog-Vereins trug zum heutigen Mythos Sankt Pauli bei und inspirierte Fans weltweit. In einem Wechselspiel aus geschicktem Management und dem Engagement der Fans ging dem FC Sankt Pauli laut Kuhn der Graswurzel-Gedanken nie ganz verloren, auch wenn die Situation sich selbstverständlich heute anders darstellt als zu den aktivsten Zeiten von Hafenstraße und Co. Was Kuhn beschreibt, ist die Sozialromantik, die mit Verein und Stadtteil aufgrund ihrer wechselseitig bedingten Entwicklung gleichermaßen eng verknüpft ist. Doch wieso ist auch heute noch die Faszination ungebrochen? Man könnte doch meinen, die Sozialromantiker und Weltverbesserer hätten verloren und keine Bedeutung mehr? Der Stadtteil hat sich schließlich auch verändert. An vielen Stellen verschwindet sein autonomes Gesicht und damit gehen auch viele Geschichten seiner Bewohner verloren. Schon lange läuft das Viertel Gefahr, selbst zu einer Art HafenCity zu werden. Der Abriss der Esso-Hochhäuser, trotz massiver Proteste, zeigte vielen Bewohnern, dass die Aufwertung nicht zu stoppen ist. Sicherlich haben auch der Fußballverein und sein Mythos dazu beigetragen, dass das Viertel plötzlich attraktiv für Investoren wurde. Der leidige Kult, der sich entwickelte und vermarktet wurde, fällt dem Stadtteil nun immer mehr auf die Füße. Die Erkenntnis ist ja nicht neu, dass sich die Kommerzialisierung gerade dort breit macht, wo einst die Alternativen zu Hause waren. Beispiele für die Gentrifizierung findet man von London bis Leipzig, von Barcelona bis New York. Der Kapitalismus ist nun mal so strukturiert, dass alles verwertet werden muss. Und heute verkauft sich eben fast nichts besser als Rebellion, also das Gefühl, sein Leben noch selber bestimmen zu können. Trotzdem haben die Menschen, die sich die hippe Anti-Haltung des Stadtteils einfach in Form einer Wohnung kaufen und meistens nichts zu den gewachsenen Strukturen beitragen wollen, noch lange nicht die Oberhand gewonnen. Und genau das macht die ungebrochene Faszination vieler Menschen für den Verein und Stadtteil aus. Kuhn hat Recht, wenn er schreibt, dass es gerade die immer noch spürbare Graswurzelbewegung ist, die den FC Sankt Pauli bis heute zu einem demokratischen Verein macht und für ein funktionierendes soziales Gefüge rund um den Club sorgt. Das wirkt sich natürlich auch auf den Stadtteil aus und andersherum beeinflusst das Viertel den Verein.

Damit hat Kuhn schon einen guten Ausgangspunkt für die Erklärung des Phänomens gefunden, aber die Sache lässt sich noch weiter denken. An der Hamburger Uni hat Helmut Richter die Theorie der Kommunalpädagogik entwickelt, mit der sich das Phänomen von einer anderen Seite erklären lässt. Im Großen und Ganzen geht es dabei um die Frage, wo in Kommunen eigentlich eine Öffentlichkeit entsteht, die lernt politisch zu handeln. Wo also treffen viele Menschen aufeinander und kommunizieren miteinander? Wo sehen andere, was wir sehen, und hören, was wir hören, wie es Hannah Arendt formulierte? Oft werden die Medien, die Parlamente und die politischen Parteien genannt, während eine andere Institution meist aus dem Blick gerät, nämlich die Vereine. Sie gibt es praktisch überall, und hier sind die Menschen organisiert, und zwar überwiegend lokal (auch große bundesweite Vereine oder Verbände haben oft Ortsvereine). Gleichzeitig gelten für den Verein bestimmte Prinzipien, die ihn zu einer Organisationsform machen, in der die Menschen demokratisch miteinander in Aushandlung treten. Denn die Mitgliedschaft ist freiwillig, aber zugleich an eine Verbindlichkeit geknüpft. Man verfolgt in der Regel das gleiche Ziel und alle können sich gleichberechtigt einbringen. Hier entsteht also eine kommunale Öffentlichkeit. Kurz gesagt, bieten Vereine die beste Möglichkeit, sich lokal zu engagieren und aktiv zu werden.

Schaut man nun aber auf die heutigen Fußballvereine, so sieht es mit den Voraussetzungen anders aus. Viele Vereine sind längst nicht mehr an einen Stadtteil angebunden, die Stadien stehen auf dem grünen Rasen außerhalb der Städte. Außerdem sind viele davon gar keine Vereine in diesem Sinne mehr. Sie sind Aktiengesellschaften oder, man schaue zum Beispiel nach England, richtige Unternehmen, in denen man auch kein Mitglied werden kann. Sankt Pauli hingegen ist noch ein Verein im klassischen Sinne, wofür in diesem Buch genug Beispiele geliefert werden. Auch ohne selbst Sport zu treiben, kann man in die Abteilung Fördernde Mitglieder (AFM) eintreten und so trotzdem mitmachen. Auffällig ist außerdem, dass sich auch die Fanszene wiederum am Vereinsmodell orientiert und sich vor allem in Fanclubs organisiert, die damit quasi Vereine im Kleinen darstellen. Wenn nun also alle diese Leute aufeinandertreffen, egal ob am Spieltag oder auf den Treffen ihrer Fanclubs, dann entsteht Öffentlichkeit.

Langer Rede kurzer Sinn: Das Phänomen Sankt Pauli, als Einheit von Verein und Stadtteil, wird von mehreren Faktoren begünstigt. Zum einen haben die Hausbesetzer einen Mythos geschaffen, der noch heute für Widerständigkeit und Rebellion steht, zum anderen ist mit dem FC St. Pauli ein echter Verein im Stadtteil geblieben, der sich die Strukturen erhalten hat, die Möglichkeiten zum Mitmachen und Aktivwerden bieten. So verwundert es nicht, dass Patrick Gensing zu dem Schluss kommt, dass Sankt Pauli das Potenzial habe, Parteien zu ersetzen. Denn hier entsteht etwas Gemeinsames, das viele Menschen an sich bindet, das sich auch nicht kaufen oder einfach konsumieren lässt, das sich vielmehr nur durch das Engagement im Verein und Stadtteil erleben lässt. Dabei ist es erst einmal egal, ob man auf die Mitgliederversammlung geht oder einen öffentlichen Ort im Viertel aufsucht – wichtig ist, dass man sich Orte sich aneignet und am Geschehen teilnimmt.

Wenn wir nun also zum Ausgangsbeispiel zurückkehren und einen Blick auf den kompletten Gegenentwurf werfen, nämlich die HafenCity, dann ist klar, dass sie nie werden kann, was Sankt Pauli ist. Ihr fehlen die Impulse der Hausbesetzungen und der Selbstverwaltung und ihr fehlt vor allem ein magischer Verein wie der FC St. Pauli, in dem man sich engagieren kann. Also all das, was *das* Viertel zu bieten hat.

In diesem Sinne bleibt nur noch zu sagen: Engagiert euch im Verein! Egal ob beim FC St. Pauli oder bei Initiativen wie S.O.S. St. Pauli, die ja auch von Vereinen getragen werden. Denn Geschichte wird gemacht!

Karlo war sehr angetan von dem vielseitigen und bunten Stadtteil. Besonders toll fand er, dass man die Hafenfähre mit dem HVV-Ticket nutzen konnte und er nahm sich vor, das diesen Sommer noch öfter zu tun. Er erinnerte sich sogar vage, dass er den Hafen wohl als kleines Kind schon mit den Eltern besucht hatte, als sie Urlaub in der Lüneburger Heide gemacht hatten – das war gute 15 Jahre her. Jetzt freute er sich aber erst mal auf den Abend. Er sollte erstmals das Jolly Roger von innen sehen, von dem Freddy schon so viel erzählt hatte. Sie hatte unterdessen eine SMS geschickt, dass sie leider nicht ins Jolly kommen würde. Sie war so lange nicht in Hamburg gewesen und wollte nun noch ein paar Leute treffen. Aber das war okay für Karlo, da er sich gut mit Fabian und seinen Gästen verstand. Also machten sie sich zusammen auf den Weg in die Kneipe der aktiven Fanszene. Karlo war beeindruckt von all den Aufklebern und Schals von befreundeten Fußballvereinen. Hier konnte man den Abend bestimmt super verbringen. Nach dem einen oder anderen Tiger-Bier, das außer ihm nur der Wirt selber trank, hatte sich Karlo auch schon ganz gut mit seinen neuen Begleitern unterhalten. Trotzdem freute er sich, als plötzlich Freddy mit ein paar Leuten hereinkam. Wesentlich besser gelaunt als am Morgen begrüßte sie ihn herzlich. Nachdem sich alle

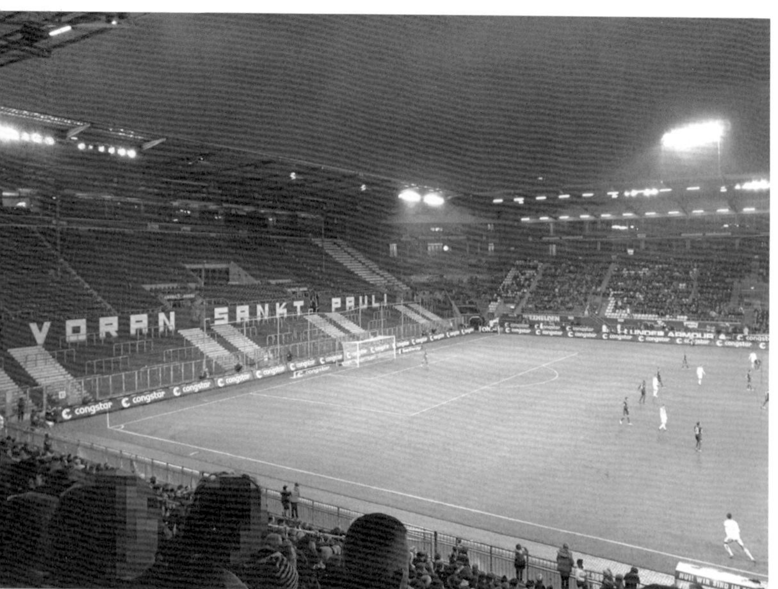

Weniger los im Millerntor während eines Testspiels.

bekannt gemacht hatten, war das nun deutlich angewachsene Grüppchen schnell bei alten Geschichten angelangt. Karlo war mit Abstand der Jüngste und konnte nur halb so viel beitragen wie die anderen. Umso spannender war es für ihn, den Jugendgeschichten von Freddy und ihren Freunden zu lauschen. Auch diesen Abend beendeten sie mit ein paar Runden Schnaps.

Von Freddy wusste Karlo, dass an Spieltagen normalerweise früh aufgestanden wurde und die aktive Fanszene sich schon lange vor Spielbeginn vorm Stadion traf, doch heute stand nur ein Testspiel auf dem Plan. Freddy hatte bereits angekündigt, dass sie nicht mitkäme, da sie sich aus Testspielen nicht wirklich viel machte. Also ging Karlo alleine los. So richtig kannte er sich am Stadion ja nicht aus und hatte gehofft, den Weg in die supportende Gruppe der Fans zu finden, um das richtige St. Pauli-Feeling zu bekommen, wie er es von den Auswärtsspielen kannte. Leider waren aber heute gar keine Supporter da. Karlo ließ sich die Stimmung nicht verderben, wobei das ein oder andere Bier wohl seinen Beitrag leistete. Schließlich fasste er den Mut, eine kleine Gruppe anzusprechen, ob man nicht zusammen trinken wolle. Die Leute stellten sich vor. Sie waren schon länger Mitglieder im Verein und unterhielten sich über die Erfahrungen aus den letzten Jahren. Da Karlo immer noch die Verbindung zwischen Fußball und Politik interessierte, fragte er die älteren, ob und wie das mit den politischen Ansprüchen eigentlich im Verein umgesetzt würde. Es stellte sich heraus, dass einer von ihnen Mitglied im Aufsichtsrat war. Karlo war etwas überfordert damit, dass er einfach so eine offenbar so wichtige Person angesprochen hatte. Auch wenn er nicht wirklich wusste, was ein Aufsichtsrat war oder was dieser so machte, klang das sehr eindrucksvoll. Aber der Typ war nett und ging auf Karlos Fragen ein. Und aufgrund seiner jahrelangen Erfahrung konnte ihm Roger Hasenbein viel von der Demokratie bei St. Pauli erzählen.

Profifußballverein und Demokratie – geht das?

von Roger Hasenbein

Der FC St. Pauli und seine (vermeintlich) demokratischen Strukturen

Stell dir vor, du wirst neuer Geschäftsführer beim magischen FCSP. Du bist es gewohnt, niemandem Rechenschaft abzulegen außer dem Vorstand – dem du vielleicht sogar selbst angehört hast. Jetzt bist du aber beim FCSP.

Die ersten Wochen verlaufen normal: Gespräche mit Mitarbeiter*innen, Geschäftspartner*innen und Sponsor*innen. Irritierend vielleicht, dass vor der endgültigen Vertragsunterzeichnung der Aufsichtsrat den Kandidaten und seine Vita auf Herz und Nieren geprüft hat. Aber sonst fast alles wie in jedem anderen Profiverein.

Dann aber der Schock: der ständige Ausschuss erwartet deinen Antrittsbesuch. Die Arbeitsgemeinschaft interessierter Mitglieder (AGIM) lädt zum Gespräch, der ständige Fanausschuss möchte mit dir über Fanbelange reden, obwohl du doch gerade erst dem Fanladen deine Aufwartung gemacht hast. Außerdem steht deine Vorstellung bei der turnusmäßigen Delegiertenversammlung der Sporttreibenden Abteilungen an, die Abteilungsleitung der Abteilung fördernde Mitglieder (AFM) will dich kennenlernen. Die AG Inklusion möchte wissen, ob die Absprachen mit deinem Vorgänger noch gültig sind und die Hallen AG fragt deine Haltung zum Bunkerprojekt ab. Und da ist ja auch noch der Termin beim Betriebsrat. Blickst du noch durch? Und warum das alles? Genügen nicht die Gespräche mit Präsidium und Aufsichtsrat, welche satzungsgemäß den Verein führen?

Die demokratischen Strukturen und Mitgestaltungsmöglichkeiten beim FCSP jenseits der Vereinssatzung und des Vereinsgesetzes sind zunächst nur schwer zu durchblicken. Aber sie haben ihre Bedeutung und viel mehr noch: ihre historische Berechtigung.

Dass demokratische Partizipation einfach ist – gerade beim FCSP – wird niemand behaupten. Ein Blick in die jüngere Geschichte des Clubs zeigt aber, wie und warum sie entstanden ist. Auch erklärt sich hieraus, wie erfolgreich – oder auch nicht – gelebte Demokratie in einem Profiverein sein kann.

Begonnen hat dies alles Ende der 1980er/Anfang der 1990er Jahre. Vereinsinterne Mitsprache der Fans und Mitglieder erschöpfte sich bis dahin in der Teilnahme an den jährlichen Jahreshauptversammlungen, auf denen in der Regel nur abgesegnet wurde, was vom Präsidium vorgeschlagen und erwünscht war. Doch im Stadion und noch viel mehr im Stadtteil begann sich etwas zu tun. Weil viele Fußballfans mit dem erstarkenden Rechtsextremismus in deutschen Stadien – u. a. auch im Volksparkstadion – nichts anfangen konnten oder wollten, entdeckten viele den Kiezclub für sich. In der Gegengerade des Wilhelm-Koch-Stadions begann ein zartes Pflänzchen zu sprießen. Eine kleine Gruppe von – für damalige Verhältnisse ungewöhnlichen – Fußballfans bewegte sich Wochenende für Wochenende aus Richtung Hafen und zunehmend auch aus Schanzen- und Karoviertel in Richtung FCSP. Es ist der Beginn einer zunächst – nennen wir sie einmal: außerparlamentarischen Bewegung, die linke Politik und gelebte Partizipation ins Stadion bringt. Bunt, vielfältig, phantasievoll und gegen Rechts wurde von den Rängen aus die bis dahin eher bürgerliche Struktur der Fanszene durcheinandergewirbelt.

Als 1988/89 der Bau eines neuen Stadions unter dem Arbeitstitel „Sport Dome“ geplant wurde, ein Mammutprojekt eines multifunktionalen Stadions, ummantelt von Hotel- und Bürobauten, finanziert von kanadischen Investoren mitten im Viertel, organisierte sich der Widerstand. Umstrukturierung war ein großes, gesamtgesellschaftliches Thema, und so bildete sich eine Bürgerinitiative bestehend aus linken Aktivist*innen, Anwohner*innen und St. Pauli Fans. Es wurden Flugblätter verteilt, Veranstaltungen organisiert und ein Schweigeprotest beim Spiel gegen den Karlsruher SC durchgeführt. Am Ende zogen sich die Investoren zurück und das Projekt „Sport Dome“ war gestorben.

Die Fans hatten dadurch die konkrete Erfahrung gemacht, dass sie etwas erreichen können. Es herrschte eine gewaltige Aufbruchsstimmung, die auch den Vereinsoberen nicht verborgen blieb. Ein gewisses Unbehagen wird sich breit gemacht haben in den oberen Vereinsetagen, die noch geprägt waren von hierarchischen und paternalistischen Strukturen. Fans, die sich für ihre Interessen auch politisch stark machen, war man bis dahin nicht gewohnt. Zu allem Übel verschafften sich die zunehmend aktiver werdenden Fans mit der Gründung des Millerntor Roars, der Mutter aller Fußballfanzines, auch noch ein eigenes Sprachrohr. Es folgten Aktionen, Proteste und Demonstrationen jeglicher Art, die inzwischen auch noch dadurch begünstigt wurden, dass mit der Gründung des vom Verein unabhängigen Fanladens ein eigener, unkontrollierter Treffpunkt für Austausch und Planung gegründet worden war. Von Beginn an war der Fanladen weit mehr als ein sozialpädagogisches Fanprojekt unter dem Dach des Vereins Jugend und Sport. Fans unterschiedlichster Prägung kamen hier zusammen. Somit wurde der Fanladen zum Geburtshelfer einer neuen, sich peu à peu organisierenden Fanszene, die begann, zunächst noch ohne Mitgliedschaft Einfluss auf das Vereinsgeschehen zu nehmen und obendrein die Entwicklung von Fanszenen in ganz Deutschland prägte.

Bis heute kennen wir diese Kultur der Einmischung und Mitbestimmung am Millerntor, die St. Pauli-Fans damals entwickelt haben: ob für den Erhalt der Häuser in der Hafenstraße, ob gegen Rassismus, Sexismus und Homophobie oder reine Sitzplatzstadien, ob gegen Montagsspiele oder die Räumung des Bauwagenplatzes Bambule, ob gegen die Kunstwährung Millerntaler oder die Zersplitterung der Spieltage, ob gegen Stangentanz in Susi's Showbar Loge oder für Geflüchtete. Dabei wurden und werden eigene Strukturen aufgebaut, aber auch bestehende genutzt. Unzählige thematische AGs wurden gegründet, um die Ressourcen und das Potenzial der Fanszene zu nutzen. Feste Gruppen und Organisationen wurden ins Leben gerufen, wie der Fanclubsprecherrat, aus welchem zur Vereinheitlichung faninterner Diskussionen wiederum der ständige Fanausschuss hervorging; Fanräume e.V., um selbstverwaltete Räume im Stadion für alle Fans zu ermöglichen; die braun-weiße Hilfe, um staatlicher Repression und willkürlich ausgesprochenen Stadionverboten (auch seitens des eigenen Vereins) Solidarität entgegenzustellen; 1910 e.V., ein Museum für den FCSP, um die Geschichte und die Geschichten rund um den FCSP zu bewahren – um nur diejenigen zu nennen, die bis heute existieren. Hieraus resultierten dann wieder neue Gremien, wie die Fanclubdelegiertenversammlung oder der Fan- und Mitgliederkongress, das Treffen „10 Tische – 10 Meinungen" und viele andere mehr. Immer mittendrin: der Fanladen und seine Mitarbeiter*innen.

Anfang der 1990er Jahre änderte sich aber auch die bislang rein „außerparlamentarische" Herangehensweise – also Einmischung nur von den Rängen und außerhalb der offiziellen Vereinsstrukturen. Immer mehr Fans erkannten, dass der Verein und seine Politik am ehesten von innen heraus zu verändern sind und eine dauerhafte inhaltliche Mitsprache nur als Vereinsmitglied möglich ist. Immer mehr aktive Fans traten daher in den Verein ein und trafen hier auf viele Mitglieder der Sporttreibenden Abteilungen, die ja nicht selten ebenfalls Fußballfans waren, und die vor allem häufig dieselbe Meinung vertraten.

Ein erstes großes Ausrufezeichen auf diesem neuen Weg konnte auf der Jahreshauptversammlung 1991 gesetzt werden, als der Antrag, ein Verbot von rechtsradikalen Parolen in die Stadionordnung aufzunehmen, ohne Gegenstimme angenommen wurde. Doch galt es in den 1990er Jahren noch mehr als genug andere Baustellen zu beackern.

Schon zu dieser Zeit gab es viele Fans und Mitglieder, die neben den Spielen der Profis auch regelmäßig die Spiele der Amateure besuchten. Dafür mussten die Fans und ihr Team allerdings durch halb Hamburg reisen, da die Amateure keine feste Heimspielstätte hatten. In der Saison 1995/96 irrte die 2. Mannschaft über die Sportplätze der Stadt: Hoheluft, Marienthal, Altona, Rothenbaum, Cordi hießen die Stationen für Heimspiele. Um ihrem Unmut Luft zu machen und eine feste Heimspielstätte für die Amateure zu erkämpfen, gab es beim Spiel bei Cordi einen Sitzstreik auf dem Platz. Erwähnenswert, weil aus diesem Protest und den nachfolgenden Treffen die Arbeitsgemeinschaft Interessierter Mitglieder (AGIM) entstand. Denn bei den Versammlungen zum Thema Spielstätte für die Amateure wurde klar, dass im Verein noch viel mehr im Argen liegt. 1996 gründete sich also mit der AGIM die erste Gruppe, die es sich zur Aufgabe machte, aus dem Verein heraus Einfluss zu nehmen, mitzusprechen und auch zunehmend mitzuentscheiden. Von der AGIM wurde auch 1997/98 die Debatte angestoßen, den Stadionnamen von Wilhelm-Koch-Stadion (wegen dessen unklarer Rolle in der NS-Zeit) in Millerntorstadion zu ändern. Im Verlauf kam es zu teilweise heftigen Auseinandersetzungen und Zerwürfnissen vor allem mit älteren Mitgliedern, und es bedurfte zweier Anläufe, die Umbenennung in der Jahreshauptversammlung durchzusetzen. Ein weiterer nachhaltiger Erfolg der AGIM ist die Gründung der Abteilung Fördernde Mitglieder (AFM) und ihre Etablierung im Verein. Auch hier waren die Anfangsjahre gekennzeichnet von heftigen Konflikten und Zerwürfnissen, bevor die AFM zur mitgliederstärksten Abteilung des Vereins wurde. Seit 1998 erstmals ein Mitglied der AGIM in den Aufsichtsrat gewählt wurde, ist die Abteilung in diesem Gremium immer vertreten, aktuell (2017) sogar mit drei Mitgliedern.

Soweit so gut also? Haben wir es geschafft, als aktive Fans und Mitglieder zu beweisen, dass Mitbestimmung und demokratische Strukturen auch in einem Millionengeschäft wie dem Profifußball möglich sind? Es hört sich zunächst so an, als sei dies nachhaltig gelungen. In einem der wichtigsten Gremien des Vereins sitzen fünf Mitglieder, welche ursprünglich aus der aktiven Fanszene/AGIM kommen und auch immer noch mit dieser verbunden und im Austausch sind. Die geschilderten Mitsprachegremien und Gruppen gibt es nach wie vor und das Präsidium kommt nicht umhin, diese ernst zu nehmen. Gilt der alte Spruch „Macht verdirbt den Charakter" ausgerechnet bei St. Pauli nicht? Ist es uns gelungen, einen dauerhaften Gegenentwurf zum Mainstream der Proficlubs zu entwerfen?

Die Antwort auf diese Frage würde wohl unterschiedlich ausfallen, je nachdem, wen man fragt. Auch bei uns ist sicherlich nicht alles Gold, was glänzt, und es gibt nicht den geringsten Grund, sich selbstzufrieden zurückzulehnen. Es gibt auch Stimmen, die das Erreichte kritisch sehen und warnend den Zeigefinger heben. Als Beispiel sei hier ein Beitrag von Hendrik Lüttmer aus dem Buch „15 Jahre Fanladen St. Pauli" von 2005 zitiert:

„… der Werdegang unsrer Fanszene hört und liest sich strukturiert und klar an, ein Marsch in und durch den Verein, doch war (er) übersät von Nebenkriegsschauplätzen und ist nur ein Bruchstück einer echten Bewegung, die, von wenigen gesteuert, schließlich unbewusst den ganzen Verein übernahm. Zunächst über Satzungsfragen, dann über Wahlen, schließlich als Abteilung und letztendlich als Königsmörder und Königsmacher. Ohne diese Fanszene wäre der FC St. Pauli noch heute ein provinzieller, vielleicht charmanter, aber auch recht farbloser Stadtteilverein. Das Flair des Anderen, des subversiven, welches von dieser Fanszene ausging, zog nicht nur Fans in Massen an, sondern auch die Werbeindustrie. Der einzige Fußballverein Deutschlands, der auch ohne Sport ein Image hatte, ist bis heute ein gefundenes Fressen für die Medien und Grund genug, sich immer wieder selbst zu inszenieren. Ungewollt natürlich. Die aktive Fanszene, ein ominöser Begriff, der sich bis heute gehalten hat, war immer nur ein Kreis von 30 – 50 Aktivisten sowie 250 – 300 Soldateska, also das, was eine Revolution braucht. Hinzu eine kleine Intelligenzija, die immer mal wieder ihren Senf dazu gab, gerne auch mal überregional in irgendwelchen wichtigen Zeitschriften. Nur, warum sollte es in dieser Szene anders sein als in vielen anderen? Große Vergleiche kann man heranziehen, vielleicht die Grünen oder besser Joschka Fischer vom Turnschuh- zum adretten Außenminister; oder kleiner, die Entwicklung alternativer Wohnviertel zur Heimstätte der Kreativen und Schicken; oder vielleicht ganz einfach die ganz banalen, denn der Satz von der institutionalisierten Revolution passt auch hier."

Vieles davon ist sicherlich immer noch richtig und bedenkenswert, doch sind zehn Jahre später weitere Erfahrungen hinzugekommen und einiges geschieht eben nicht mehr „unbewusst" oder planlos.

Die Kultur der Mitbestimmung hat sich in diesem Verein etabliert. Mit all ihren Tücken und Fallen. Keiner hat gesagt, dass Demokratie einfach ist, aber sie ist doch für unseren Verein die einzige Möglichkeit. Ein mitgliedergeführter FCSP ist alternativlos – eine Ausgliederung, Sponsoren- oder Patronatsabhängigkeit unvorstellbar.

Trotz eines zeitraubenden, häufig mühsamen und oft nervigen Tagesgeschäfts ist der FCSP immer noch der bunte Fleck auf der grauen Landkarte des Profifußballs und der Stachel im Fleisch aller Fußballgesellschaften. Ein Nadelstich gegen die DFL- und DFB-Bonzen hier, überragende Refugees-Welcome-Aktionen da sind sicherlich nicht die große Strategie. Aber solange sich immer wieder Menschen finden, die mit ihren Idealen, Ideen und Werten diesen Verein weiterentwickeln und ihm seine Einzigartigkeit bewahren, wird das Dauerexperiment FC St. Pauli von 1910 e.V. weitergehen.

Das Gespräch der beiden zog sich über das gesamte Spiel hin und danach gingen alle zusammen nach draußen. Karlo wurde eingeladen, noch mitzukommen in die Fanräume in der Gegengeraden, dort sollte ein Konzert stattfinden. Karlo freute sich wie ein Schneekönig und wollte die Gelegenheit gleich nutzen, kurz beim Büro der Abteilung Fördernde Mitglieder vorbeizuschauen, um Mitglied zu werden. Leider war dort niemand anzutreffen und so musste er das Vorhaben verschieben. Ihm fiel die Baustelle für das Museum auf, das in der Gegengerade entstehen sollte, doch auch dort war es dunkel. Er würde ein andermal wiederkommen. Als er gerade gehen wollte, raschelte es und hinter einer Plane kamen zwei Leute hervorgekrochen. Während sie die Helme absetzten, fragte einer: „Na, was gibt's hier zu gucken?" Der andere wiegelte ab: „Ach lass doch, Christoph, der wollte sich nur mal umschauen." Karlo nickte: „Das ist schon sehr beeindruckend hier." Christoph entgegnete: „Du hättest das mal früher sehen soll, ich könnte dir da Sachen erzählen …", und ehe Karlo antworten konnte, legte er los.

Das Millerntor – ein Stadion aus Liebe, Lärm und Politik

von Christoph Nagel

Wann entstand das Millerntor-Stadion? So einfach diese Frage scheint: Es gibt darauf mehr als eine Antwort. Wie man diese formuliert, hängt wiederum davon ab, ob man das Millerntor als reines Bauwerk aus Beton, Stahl, Glas und Rasen sieht oder als sozialen Raum, den erst die Menschen in ihm „zu Ende bauen", mit dem, was sie sind und was sie tun.

Vom ersten Millerntor-Vorgänger bis zum vollständig rekonstruierten Stadion von heute war es ein langer Weg. Die Geschichte des Millerntor-Stadions ist mindestens ebenso verworren und reich an Pannen, Widrigkeiten und skurrilen Vorkommnissen wie die Geschichte des FC St. Pauli selbst. Ein Reißbrett-Stadion ist es ganz sicher nicht – viel eher ein Stadion des „Trotzdem".

Ein „Trotzdem" stellte schon die allererste Andeutung eines Stadions auf dem Heiligengeistfeld dar: Anfang des 20. Jahrhunderts hatten die „Fußlümmel" aus der Spielabteilung des Hamburg-St. Pauli-Turnvereins (der 1862 gegründete Vorgänger des FC St. Pauli) einen schweren Stand. Während heute der Fußball im Mittelpunkt des Interesses steht, galten die frühen Kiezkicker als Exoten. Immer wieder versuchten die Vertreter des turnenden „Mainstreams" die ungeliebte Spielabteilung aufzulösen. Die aber spielte einfach weiter, auch wenn ihre provisorische, mit Steinen, Nägeln und Glas übersäte Spielfläche eher armselig wirkte neben der prächtigen, vereinseigenen Turnhalle (erbaut 1900 gegenüber der jetzigen „Domschänke“ an der Budapester Straße und heute längst nicht mehr existent). Im März 1911, nur 15 Monate nach ihrem ersten Punktspiel unter dem Dach des Norddeutschen Fußballverbands, hatten die kickenden St. Paulianer bereits einen so großen Anhang für sich gewonnen, dass sie Eintritt für ihre Fußball-Wettspiele nehmen konnten. Was wiederum eine Umzäunung gegen „Kiebitze“ notwendig machte. Zu diesem Zweck investierten sie 450 Mark in 3.000 Meter Segeltuch und einen Schwung Eisenstäbe für dessen Aufhängung. Eine kühne Investition für den damaligen Drittligisten, die bei Eintrittspreisen zwischen 15 und 75 Pfennig nicht so leicht wieder einzuspielen war. Den ersten Rasenplatz gab es denn auch erst vierzehn Jahre später – eine Oase, deren Vegetation sich „wie ein Teppich vom Grau des Heiligengeistfeldes“ abhob und „die Schrecken des alten Platzes völlig vergessen“ ließ, so die Presse. „Das leere Gerede vom Sandplatz, womit mancher seine Niederlage am Millerntor zu bemänteln suchte, gehört der Vergangenheit an.“ Kapazität: rund 2.000 Zuschauer. Traversen oder Tribünen: keine.

Den ersten VIP-Bereich bildete eine Extra-Bank für die Vorstandsmitglieder. Seit 1924 hatte der FC St. Pauli welche, denn die Fußballer hatten sich im Zuge der sogenannten „reinlichen Scheidung“ von den Turnern getrennt. Einfache Mitglieder des neu entstandenen FC St. Pauli von 1910 e.V. kamen immerhin in den Genuss kostenloser Sitzplätze auf eigens bereitgestellten Stühlen.

Die Freude über die neue Rasenpracht hielt nicht lange an: Im Mietvertrag für das zur Turnhalle gehörige Grundstück hatte die Stadt Hamburg sich ein Nutzungsrecht für den Platz gesichert – ohne Entschädigung, „jederzeit und so oft und solange derselbe für Ausstellungen, Versammlungen und dergleichen in Anspruch genommen wird“. Hatte dies schon früher für Unterbrechungen des Spielbetriebs während des Jahrmarkts „Hamburger Dom“ gesorgt, folgte im März 1929 der Schock: Ohne Vorwarnung standen die konsternierten Braun-Weißen vor einem vernagelten Platz, auf dem sich Bauern samt Vieh, Pflügen und anderen Gerätschaften tummelten. Zehn lange Wochen gehörte das Fußballfeld am Millerntor einer Landwirtschaftsausstellung. Danach war der Platz verwüstet, der unbewässerte Rasen zum größten Teil verbrannt.

Die St. Paulianer ließen sich dadurch nicht entmutigen, spielten laut zeitgenössischen Medienberichten „den schönsten Fußball in

Hamburg“ und lernten, die Klänge und Gerüche des Hamburger Doms zum eigenen Vorteil zu nutzen. Im Winter 1930 etwa musste sich Altona 93 „bei Bratwurst- und Schmalzkuchengeruch“ sang- und klanglos geschlagen geben, während ein Lautsprecher die Massen mit „Hamburger Döntjes“ und zeitgenössischen Gassenhauern beschallte. Auch Sichteinschränkungen durch „aus den Dombuden herüberwehende Dämpfe“ wussten die braun-weißen Kicker in der Regel besser zu nehmen als ihre konsternierten Gegenspieler.

Kein Gegner aber war stärker als die Landwirtschaft: Kaum hatte der FC St. Pauli sich von seiner „Agrarkrise“ erholt und in Eigenregie einen zweiten Platz neben der Turnhalle zur ersten stadionähnlichen Sportanlage ausgebaut (mit vierstufiger Stehtraverse zur Glascischaussee) riefen die nationalsozialistischen Machthaber die „Erzeugerschlacht“ aus und widmeten derselben im März 1935 eine große „Reichsnährstandsausstellung“ auf dem Heiligengeistfeld. Zehntausende Besucher zertrampelten die zarten Halme, Gräben wurde mitten durch das Spielfeld gezogen, und wo später Trainerbänke standen, errichteten wackere Bauersleute Kartoffelverschläge und gemauerte Stallungen. Die Wiederherstellung dauerte über ein Jahr.

Noch schlimmere Verwüstungen richtete der Zweite Weltkrieg an: 1945 wurde der Sportplatz des FC St. Pauli vollständig zerstört. Stehtraversen und Turnhalle lagen in Trümmern, und ein tiefer Bombenkrater mitten auf dem Spielfeld gab die Sicht auf die darunterliegenden U-Bahn-Gleise frei. Noch im Juni desselben Jahres begannen Vereinsmitglieder, Spieler und Freunde des FC St. Pauli mit den Aufbauarbeiten. In gemeinsamer Arbeit entstand ein Stadion für 30.000 Zuschauer mit 17-stufiger Stehtraverse und Sitzplatztribüne, das am 17. November 1946 mit einem 1:0-Heimsieg gegen den mehrfachen Deutschen Meister Schalke 04 eingeweiht wurde.

In der folgenden sportlichen Blütezeit blieb die „Wunderelf“ des FC St. Pauli von Landwirtschaftsausstellungen verschont und spielte wiederholt um die Deutsche Meisterschaft mit. Doch schon in den 1950er Jahren kam abermals Grünzeug in die Quere: Wegen der für 1963 geplanten Internationalen Gartenbau Ausstellung (IGA) drängte die Stadt Hamburg auf eine Verlegung des Stadions. Sowohl das Landesplanungsamt als auch die Garten- und Friedhofsbehörde bezeichneten einen Verbleib des Sportplatzes auf dem Heiligengeistfeld als „untunlich“ und empfahlen stattdessen ein

Areal nördlich des Stadtparks. Die schriftliche Drohung des damaligen Präsidenten Wilhelm Koch, notfalls einen „Kampf ohne Rücksicht auf irgendwelche Personen, Behördenstellen, Senat oder Bürgermeister" zu führen, zeigte offenbar Wirkung: Im Januar 1960 war der Umzug an den heutigen Standort beschlossene Sache. Der zwischenzeitlich geäußerte Vorschlag der Behörde für Wirtschaft und Verkehr, eine Radrennbahn zu integrieren und die beiden Bunker am Süd- und Nordende (damals waren es noch zwei) als „Umzieh-Häuser" zu nutzen, stieß auf taube Ohren. Stattdessen entstand schon im April 1960 ein neues Clubheim samt Kabinentrakt. Was später die ebenso gefeierten wie gefürchteten „Kultkabinen" wurden, galt damals als „Muster an sportlich vorbildlicher Gestaltung" (Hamburger Abendblatt).

Noch größer fiel die Begeisterung über das neue Stadion aus – das erste Millerntor-Stadion am heutigen Standort. Gegner bei seiner feierlichen Einweihung am 29. Juli 1961 war der mehrfache bulgarische Meister CDNA Sofia. Zwar gewannen die technisch überlegenen Gäste mit 7:4, doch das Ergebnis tat der Euphorie über das damals modernste Stadion Hamburgs keinen Abbruch. „Die freitragende, herrliche Tribüne, der prachtvoll federnde Rasen, großzügig und bequem gestaltete Anfahrtswege, das sind Dinge, die zum Besuch des neuen Platzes beim Millerntor geradezu einladen", jubelte der Reporter der Hamburger Morgenpost. Beinahe hätte das neue „Schmuckkästchen" sogar eine hochmoderne Flutlichtanlage bekommen, hätten wütende Proteste des Hamburger Sportvereins dies nicht verhindert. Dessen Volksparkstadion nämlich wäre in diesem Falle leer ausgegangen. Und obwohl der FC St. Pauli großzügig anbot, seinen Platz bei Bedarf zur Verfügung zu stellen, konnten die „Rothosen" sich mit der Vorstellung abendlicher Europacupspiele auf dem Heiligengeistfeld aus unerfindlichen Gründen nicht anfreunden.

Das Licht ging nach Stellingen – der Schlamm nach St. Pauli: Im Winter 1961/62 zeichnete sich ab, dass die Planer der Baubehörde ihre Rechnung ohne das Hamburger Wetter gemacht hatten. Es gab keine Drainage unter der Spielfläche. Regen- oder Schmelzwasser konnten nicht abfließen. Immer wieder verwandelte sich der einst „billardähnliche Rasen" (Abendblatt) in eine Schlammwüste. Die St. Paulianer machten aus der Not eine Tugend: „Wenn man bis zu den Knöcheln im Dreck steht, dann nützt natürlich keine Schönspielerei", erklärte Trainer Heinz Hempel. „Da gibt's nur eins, den Ball vernünftig schlagen und hinterher." Waren die Braun-Weißen auf dem frisch verlegten „Teppich" im Sommer noch 4:7 „erschossen" worden (so die Presse), siegten sie einige Monate später im tiefsten Morast 7:4, zwar nicht gegen den bulgarischen Meister, sondern gegen den VfB Oldenburg, doch ein „Fußball-Volksfest" (BILD) war es trotzdem.

Die Stadt blieb nicht untätig und versuchte es – wohlgemerkt während des laufenden Spielbetriebs! – mit einer Reihe von Korrekturmaßnahmen. Im Januar 1962 sollten 500 Bohrlöcher mit jeweils 1,70 Metern Tiefe das angestaute Wasser aufnehmen. Zwei Tage später waren die Löcher notdürftig mit Sand gefüllt (die Medien witzelten von „Sand Pauli"), und der damals noch nicht unter diesem Namen bekannte Magische FC siegte trotz haarsträubender Platzverhältnisse 4:3 gegen den VfR Hildesheim. Als Verteidiger Heinz Deininger sich aber wenig später bei einem Freundschaftsspiel den Knöchel brach, trat der FC St. Pauli in den Fußball-Streik und setzte so die Nachrüstung der Drainage durch.

1962/63 trug der FC St. Pauli seine Heimspiele im Hoheluft-Stadion des SC Victoria aus, wo er prompt 24 Tore weniger erzielte als in der Schlamm-Saison. Mehr als Tabellenplatz sechs war nicht drin – möglicherweise einer der Gründe dafür, dass die 1963 gegründete Bundesliga ohne braun-weiße Beteiligung an den Start ging. Erst 1977 gelang Walter Frosch & Co. der Einzug ins Oberhaus. Dass der Verein am Ende der Saison umgehend wieder abstieg, lag den Spielern zufolge nicht zuletzt an den häufigen Umzügen ins Volksparkstadion. Erste Begründung dafür: die Hoffnung auf höhere Einnahmen (nicht erfüllt). Zweite Begründung: die Hoffnung auf bessere Platzverhältnisse (erfüllt, aber möglicherweise kontraproduktiv – denn die nützten natürlich auch dem Gegner).

Auch wenn sich baulich jahrzehntelang fast nichts veränderte: Das Millerntor, wie wir es heute kennen, entstand erst Mitte der 1980er-Jahre. „Gebaut" von Fans aus der Hafenstraße und ihren Freunden, die mit den ersten Totenkopffahnen eine völlig neue Art von Fankultur mitbrachten – eine Fankultur, für die Politik im Stadion, kritisches Denken und Kreativität vollkommen selbstverständlich waren.

„Kein Fußball den Faschisten!" Dieser für den FC St. Pauli zentrale Satz prangt heute in riesigen Lettern auf der neuen Gegenge-

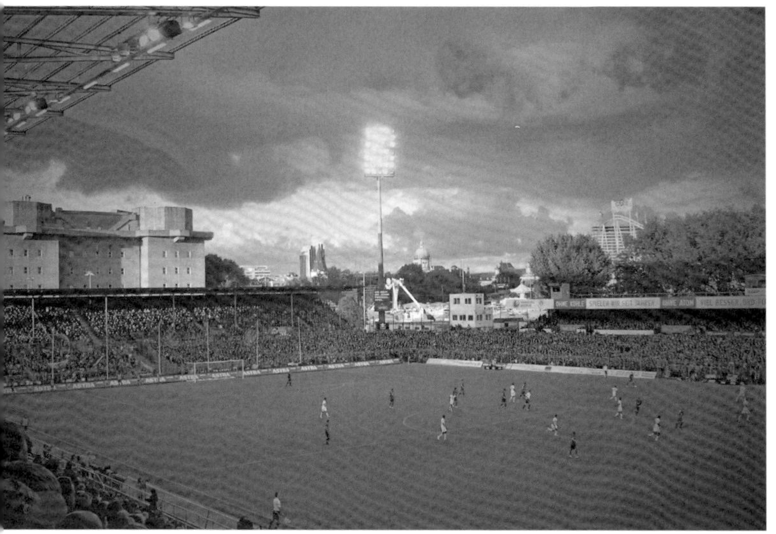

Der Charme des Millerntors in vergangenen Tagen.

rade. Für die Statik des Millerntors ist er mindestens ebenso tragend wie Tribünen, Mauern, Pfeiler und Dächer. Dasselbe gilt für die Stadionordnung, die seit Anfang der Neunziger rechte und diskriminierende Parolen verbietet. Damals ein Novum in Deutschland, für das Millerntor-Stadion wesentlich – und dauerhafter als seine letzten baulichen Veränderungen vor 2006.

Diese erlebte es, nachdem die „Boys in Brown" unter Helmut Schulte 1988 zum zweiten Mal in ihrer Vereinsgeschichte in die 1. Bundesliga aufgestiegen waren – Geburtsstunde des „Mythos St. Pauli" mitsamt der von Jörg Wontorra geprägten Bezeichnung als „Freudenhaus der Liga". Um den Zuschaueransturm zu bewältigen, bekam die Gegengerade eine provisorische Sitzplatztribüne mit Dach (sie stand, wie die gesamte alte Gegengerade, bis 2012). Pünktlich zur Rückrunde 1988/89 zierten dann endlich auch vier imposante Flutlichtmasten die Stadionecken. Bei einem 2:0-Heimsieg gegen Bayer Leverkusen am 7. April 1989 leuchteten sie zum ersten Mal.

Mit der Einweihung der berühmt gewordenen handbetriebenen Anzeigetafel durch Walter Frosch am 14. August 1990 (ihr erstes Spiel: ein 0:0 gegen Bayern München) war die bauliche Erscheinung des Millerntor-Stadions komplett. In den folgenden 16 Jahren blieb es, wie es war – bröckelnd, rostig, laut; eine heiß geliebte Bruchbude als charismatisches Gegenprogramm zu „modernen“ Arenen. Ein Gegenprogramm, das den Verein allerdings immer teurer zu stehen kam: aufgrund kostspieliger Reparaturen und immer neuer Auflagen einerseits, durch Minder-Einnahmen wegen zu geringer Zuschauerkapazität und fehlender Vermarktungsmöglichkeiten für Business Seats und Logen andererseits. Statt realer Stadien wurden auf dem Heiligengeistfeld aber lange Zeit lieber Luftschlösser errichtet, beispielsweise der multifunktionale „Sport Dome“ mit 50.000 Sitzplätzen, Einkaufszentrum und Tiefgarage, der zwar nie gebaut wurde, als Objekt vehementer Ablehnung aber 1989 entscheidende Impulse für die Entstehung der organisierten Fanszene des FC St. Pauli samt dem legendären Fanzine Millerntor Roar lieferte. Oder diverse Varianten des „Weisener-Modells“ („Das neue Stadion kommt, ganz sicher!“, gab FCSP-Präsident und Architekt „Papa Heinz“ Weisener noch 1998 zu Protokoll). Oder eine um 2000 angedachte „schlanke Lösung“, bei der zunächst nur die Haupttribüne modernisiert werden sollte, ein „Gesundheitspark“ mit angegliederten Arztpraxen und Büros, eher scherzhaft gemeinte Entwürfe wie die knallrote „Astrakiste“ des Zeichners Ulf Harten (mit gigantischen Bierflaschen als Stadionecken) und albtraumhafte Visionen wie die „Hammerburg“ aus vier riesigen Büro- und Hoteltürmen mit dazwischen „gespannten“ Zuschauerrängen.

Kein Wunder, dass viele Anhänger eher skeptisch reagierten, als 2006, mitten in der 3. Liga, erneut ein Stadionbau angekündigt wurde – diesmal als „Stadionrekonstruktion“, bei der schrittweise alle vier Tribünen ersetzt werden sollten. Diesmal aber folgten der Ankündigung Taten, und nach einem tränenreichen Abschied im letzten Heimspiel vor der Winterpause gegen den Wuppertaler SV ging es der rund 45 Jahre alten Südtribüne an den Kragen. „Das glaube ich erst, wenn der Bagger rollt“, stand auf den T-Shirts, die auf der Abrissparty am 19. Dezember 2006 verkauft wurden. Nun rollte er, und zu den Klängen von „Hells Bells“ rissen die Baggerschaufeln große Löcher in die historischen Mauern.

Bis zum eigentlichen Baubeginn sollte es aufgrund ungeklärter Finanzierungsdetails noch eine Weile dauern, und so spielte sich der FC St. Pauli vor drei Tribünen und einem „Littmann-Loch“ (benannt nach dem damaligen Präsidenten) in Richtung 2. Liga. Im April 2007 begannen die Bauarbeiten, am 11. November 2007 durfte der Rohbau erstmals von Fans genutzt werden, und am 18. Juli 2008 feierte der FC St. Pauli schließlich die offizielle Einweihung seiner neuen Südtribüne mit einem 7:0 gegen die kubanische Nationalmannschaft.

Durch das neue Bauwerk sicherte sich der Verein nicht nur Zusatzeinahmen durch Logen und Business-Seats, sondern nicht weniger als seine Zukunft im Profifußball – denn er erfüllte alle Auflagen der Deutschen Fußball Liga (DFL) samt Rasenheizung auf einen Schlag, schon bevor die neue Haupttribüne (2009–10), Gegengerade (2012–13) und schließlich Nordtribüne (2014–15) entstanden. Allesamt im „klassischen Stil" – und nicht etwa in Form einer spektakulären, aber finanziell und architektonisch schwer berechenbaren „Welle", die zwischenzeitlich für die Gegengerade zur Diskussion stand.

Heute fasst das komplett rekonstruierte Millerntor-Stadion 29.546 Zuschauer, es hat 16.940 Stehplätze und 12.606 Sitzplätze inklusive Business Seats, „Séparée"- (d. h. Logen-), Presse- und Rolliplätzen. Die Business Seats befinden sich sowohl auf der Haupt- als auch auf der Südtribüne (entsprechende Tickets beinhalten auch den Zugang zu den „Ballsaal" genannten VIP-Bereichen).

Wirklich fertig wurden die neuen Tribünen aber erst mit ihrer Bemalung, von Fans mit viel Kreativität und tausenden Litern Farbe realisiert: „Voran Sankt Pauli" heißt es auf der Süd, „Kein Mensch ist illegal" auf der Nord, „Kein Fußball den Faschisten" auf der Gegengerade. Dazu gibt es etliche Motive auch im Stadioninneren und den Mundlöchern. (Freunde kühner Vergleiche brachten schon einmal den Begriff „Sixtinische Kapelle des Fußballs" ins Spiel.)

Wie sehr diese Schriftzüge und der Geist, der ihnen zugrunde liegt, das Millerntor ausmachen, zeigt eine Episode aus dem Mai 2014: Bei einem Länderspiel in Hamburg trainierte die deutsche Herren-Fußball-Nationalmannschaft am Millerntor – und wollte dabei offenbar nur auf die Rasen- und Beton-Bestandteile des Stadions zurückgreifen, ohne dessen wahre Identität anzuerkennen. Jedenfalls „neutralisierte" das DFB-Team (so der offizielle Terminus) vor Trainingsbeginn den „Kein Fußball den Faschisten"-Schriftzug auf der Gegengerade – angeblich sei das in einer Demokratie keine Selbstverständlichkeit, sondern ein „politisches Statement", so der Deutsche Fußball Bund. Und außerdem, so die offizielle Begründung weiter, wolle man doch keine Fernsehbilder, auf denen möglicherweise das Wort „Faschist“ hinter einem deutschen Nationalspieler zu sehen sei.

Dass Jogi Löws Team nach der Teil-Überklebung nun unter dem Motto „Kein Fußball“ trainierte, verlieh dem Anblick eine unfreiwillige Komik – doch den veritablen Shitstorm, der in der Folge durch Social Media, Print- und Onlinemedien tobte, belächelte in der DFB-Zentrale mit Sicherheit niemand. Nachdem der FC St. Pauli seiner Empörung in einem öffentlichen Statement Ausdruck verliehen hatte, gab die Zentrale eine offizielle Entschuldigung heraus – und zeigte 2016, dass sie offenbar aus der Sache gelernt hatte: Als Jogi Löw und Mannschaft erneut am Millerntor gastierten, blieben die Schriftzüge (auch der neu auf der Nord hinzugekommene Satz „Kein Mensch ist illegal“) unbehelligt.

Der „Kein Fußball“-Skandal von 2014 wird dennoch in Erinnerung bleiben: Wer die Politik aus diesem Stadion nehmen will, der kann auch gleich den Rasen einrollen und die Tribünen einreißen. Ein Millerntor-Stadion ohne klare Haltung gegen Rechts, gegen Rassismus, Sexismus und Homophobie gibt es nicht. Diese Haltung freilich ist und bleibt nichts Selbstverständliches, sondern muss immer wieder neu vermittelt, bekräftigt und erkämpft werden.

Wann also wurde das Millerntor wirklich gebaut? Vielleicht kommt man der Wahrheit am nächsten, wenn man es nicht als Bauwerk sieht, sondern als Prozess. Ein Prozess, der niemals ganz vollendet ist und niemals ganz vorbei, ein Prozess, an dem jede und jeder teilhaben kann – und der längst nicht nur an den Spieltagen stattfindet.

Nach dem Gespräch verabschiedeten sich die beiden zügig, denn sie waren froh, dass endlich der Feierabend anstand. Karlo schaute noch kurz im Fanladen vorbei, um die neusten Flyer mitzunehmen und sich mit Stickern verschiedenster Fanclubs einzudecken. Wenn er heute auch nur zum Konsumieren da war, wusste er doch, dass der Fanladen mehr war als nur ein Einkaufsladen. Freddy hatte ihm erzählt, dass der alte Standort früher mitten im Viertel war und zusammen mit dem Jolly Roger und dem Imbiss Kleine Pause ein magisches Dreieck gebildet hatte. Freddy trauerte dem alten Fanladen ziemlich hinterher, da er einfach mehr Viertelbezug gehabt hatte, aber Karlo mochte den neuen Standort in der Gegengerade sofort. Es war schon praktisch, einen Treffpunkt im Stadion zu haben. Es fiel ihm schwer, sich vorzustellen, dass das Projekt in den Achtzigerjahren ursprünglich entstanden war, um präventiv gegen Hooligans zu arbeiten. Die gab es zwar damals eher beim HSV, und deswegen begann man auch dort zuerst ein Fanprojekt aufzubauen, aber der FC St. Pauli bekam dann auch eins. Karlo merkte, dass das hier mehr war als Gewaltprävention. Der Fanladen unterschied sich schon sehr stark von den Räumlichkeiten für Jugendliche, die er damals in seinem Heimatort bei Kaiserslautern oft besucht hatte. Dort hatten ihn die Sozialarbeiter gleich ins Verhör genommen, als er mit politischen Shirts oder einfach nur mit Pullis seiner Lieblings-Hardcore-Band aufkreuzte. Er erinnerte sich an organisierte Wanderungen in der Pfalz und an Spieleabende. Das hier war schon etwas ganz anderes. Die Mitarbeiter des Fanladens liefen selber mit Band-Shirts herum und er merkte, dass der Raum vor allem von den Leuten gestaltet wurde, die ihn nutzten. Noch mehr beindruckten ihn die nebenan liegenden Fanräume. Dort gab es einen langen Tresen, eine Tanzfläche und eine Bühne. Während er sich noch umschaute, kamen die beiden von der Baustelle wieder herein, und sie brachten noch eine weitere Person mit. „Du schaust dir hier aber auch alles ganz genau an, oder?“, sprach Christoph Karlo direkt wieder an. „Klar“, entgegnete Karlo. „Wenn ich schon mal da bin. Schade, dass das Museum noch nicht offen ist.“ Christoph wandte sich an den Dritten: „Ja, da habt ihr euch schon was Schickes ausgedacht, Sönke.“ Karlo klinkte sich ein: „Du weißt also mehr über das Museum? Was hat es denn damit auf sich?“ Sönke ließ sich nicht lange bitten.

Ein Museum wie kein anderes für einen Verein wie keinen anderen

von Sönke Goldbeck und Christoph Nagel

Warum braucht ein Fußballverein ein Museum, obendrein ausgerechnet ein sportlich (jedenfalls was namhafte Titel angeht) so erfolgloser Stadtteilclub wie der FC St. Pauli? In der Frage und darin, dass sie an dieser Stelle gelesen wird, steckt bereits ein Teil der Antwort: Aller Wahrscheinlichkeit nach werden dieses Buch mehr Menschen in den Händen halten, als es bei Vereinen mit einer vergleichbaren sportlichen Bilanz der Fall wäre. Denn auch wenn beim FC St. Pauli Fußball immer noch wichtig ist – es geht hier um sehr viel mehr. Der Club und sein Umfeld haben eine eigene Kultur hervorgebracht, die nicht davor zurückschreckt, auch politisch Position zu beziehen oder unkonventionelle, ganz und gar eigene Wege zu gehen. Die wahren „Pokale" des FC St. Pauli sind deshalb auch nicht die üblichen „Salatschüsseln" oder „Vasen", sondern etwas viel Wichtigeres – es sind die Menschen, die diesen Verein geprägt haben, es sind die Werte, für die er steht, und es sind die Geschichten und Ereignisse auf seinem Weg zu einem „Verein, der nicht wegen seiner Erfolge geliebt wird – sondern um seiner selbst willen" (wie es im Jubiläumsbuch zum 100. Geburtstag heißt).

Nicht Champions-League-Endspiele oder Meisterschaftsfeiern sind für die Geschichte des Vereins wesentlich. Vielmehr sind es Tage wie Dienstag, der 25. September 2012. Weltpremiere am Millerntor: Ein ganzes Stadion demonstriert für ein Museum. Mit Sprechchören und Gesängen, mit schwarzen „Jolly Rouge"-Totenköpfen auf rotem Grund und mit selbstgemalten Transparenten wie „Museum statt Goliathwache" verleihen viele Fans ihrem Wunsch nach einem „Vereinsgedächtnis" und Zentrum braun-weißer Fankultur in der neuen Gegengerade Ausdruck – einem in jeder Hinsicht historischen Ort.

Denn die Gegengerade ist nicht irgendeine Tribüne, nicht nur ein – zumindest an guten Tagen – lautstarker Koloss mit 10.000 Steh- und 3.000 Sitzplätzen. Ihr Vorgänger wurde Mitte der 1980er Jahre zum Geburtsort des „Mythos St. Pauli". Hier wehten die ersten Totenkopf-Fahnen, ins Stadion gebracht von Hausbesetzern der Hafenstraße; hier entstand eine damals völlig neue Art linker Fußball-Fankultur: politisch, kreativ, selbstironisch und kritisch, mit viel „DIY". Was es nicht gab, wurde eben selbst gemacht. Eine Fankultur, die mit dem unverhofften Erstliga-Aufstieg 1988 und durch Persönlichkeiten wie den Hafenstraßen- und Nicaragua-erfahrenen Keeper Volker Ippig bundesweit bekannt wurde und die bereits Anfang der 1990er Jahre zahllose internationale Kontakte knüpfte.

Diese sich stetig weiterentwickelnde Kultur ging (nach anfänglichem „Fremdeln" der Alteingesessenen) mehr und mehr in die DNA des Clubs ein und macht ihn heute zu etwas Besonderem im immer stärker kommerzialisierten Fußballgeschäft. Es wird nicht jedem Trend, jeder Konvention und jedem vermeintlichen

„Sachzwang" hinterhergelaufen, es wird maximale Unabhängigkeit angestrebt. Das Ziel, seinen Werten treu zu bleiben, wird ernst genommen. Die damit einhergehenden Einschränkungen wie der Verzicht auf einen Verkauf des Stadionnamens oder das Verbot sexistischer Werbung werden inzwischen eher als Chance statt als Nachteil gesehen.

Um diesen Ansatz konsequent verfolgen zu können, ist es wichtig, sich immer wieder neu zu vergewissern, woher man kommt, warum das Hier und Jetzt so ist, wie es ist. Wissen muss bewahrt und vermittelt werden, damit neue Gedanken darauf aufbauen können – ganz besonders bei einem Verein, der anders ist und anders sein will als andere. Das Gedächtnis des Vereins zu sein, ist ein Kerngedanke des FC St. Pauli-Museums. Und welcher Standort könnte geeigneter sein, das Herzstück dieses Museums zu beherbergen, als eben jene Gegengerade, in der so viel von dem seinen Anfang nahm, was den Verein heute ausmacht?

In den Plänen für den Gegengeradenbau stießen die Befürworter des Museumsprojekts allerdings auf ein im Wortsinn mächtiges Problem: Ausgerechnet die einzig sinnvolle Fläche für ein Museum (groß genug für eine attraktive Ausstellung) war bereits für einen anderen Zweck reserviert: für eine der größten Stadion-Polizeiwachen Europas, gedacht auch als Ersatz für die alte Domwache auf dem Heiligengeistfeld. Eben eine „Goliathwache" – so der „Kampfbegriff" der Fanszene als Anspielung auf die nahe Davidwache.

„Für den Standort einer Dom- und Stadionwache gibt es Alternativen. Für ein FC St. Pauli-Museum nicht", hieß es auf Flugblättern, die am 25. September 2012 im ganzen Stadion verteilt wurden: „Auf einen solchen Ort zu verzichten, wäre eine historische Weichenstellung. Weg vom ‚Lebensgefühl St. Pauli'. Hin zu einer leeren Hülle." Die wohl einmalige Fankampagne für ein Vereinsmuseum führte letztlich zu einer für alle Seiten zufriedenstellenden, wenn auch für den FC St. Pauli nicht ganz billigen Lösung: Die Goliathwache der Polizei wurde am Standort der alten Domwache auf dem Heiligengeistfeld realisiert.

Damit wurde ein nicht ganz unwichtiges „Detail" dringlicher: die praktische Umsetzung. Lange Zeit gab es kein Vereinsarchiv und auch sonst wenig Bewusstsein für die Historie des Clubs. Das änderte sich erst im Vorlauf zum 100. Vereinsgeburtstag 2010: Die

Recherchen für den Jubiläumsband „FC St. Pauli. Das Buch" und die Arbeiten für die temporäre Ausstellung „Das St. Pauli Jahr 100" in einem Containerdorf auf dem heutigen Harald-Stender-Platz brachten hunderte von Zeitzeugenstimmen, neue Erkenntnisse über die Geschichte von Verein und Viertel und eine erste Sammlung an Bildern und Objekten hervor. Kurze Zeit später beauftragten die Mitglieder des FC St. Pauli dessen Präsidium damit, die Voraussetzungen für ein dauerhaftes Museum zu schaffen.

Danach freilich geschah zunächst einmal – nichts. Innerhalb der Vereinsstrukturen erwies sich das Tagesgeschäft eines sportlich und wirtschaftlich ständig hart am Wind segelnden Clubs als zu zeit- und aufmerksamkeitsraubend, um ein derart langfristiges und komplexes Projekt konsequent anzugehen. Im Frühjahr 2012 bemühte man sich darum um die Gründung eines eigenen Vereins, der sich explizit die Förderung des FC St. Pauli-Museums zum Ziel setzte. Im September wurde er unter dem Namen 1910 – Museum für den FC St. Pauli e.V. ins Vereinsregister eingetragen, kurz 1910 e.V.

Die Idee, ein so komplexes Vorhaben wie ein Vereinsmuseum samt Archiv/Depot nach professionellen Standards nicht etwa durch die FC St. Pauli-Geschäftsstelle, sondern durch einen „externen", vom FC St. Pauli formell unabhängigen Verein umzusetzen, mag Außenstehende zunächst verblüffen. Aus Sicht der vom Punk-Ethos des Selbermachens geprägten FC St. Pauli-Fanszene ist es nur konsequent: DIY, Do It Yourself – das galt unter anderem schon für das bis heute als vorbildlich geltende Fanprojekt Fanladen St. Pauli, für diverses Fanszene-eigenes Merchandise und auch für die von Fans finanzierten und geplanten Fanräume in der neuen Gegengeraden.

Schon vor der Einrichtung des eigentlichen Museums gehörte es zu den Zielen von 1910 e.V., öffentlichkeitswirksame Projekte auf die Beine zu stellen – zum Zwecke des Fundraisings, der Mitgliederwerbung und des „Awareness Raisings", in der Aufmerksamkeitsökonomie der Gegenwart kaum weniger wichtig als solide Finanzen – vor allem aber auch, um kontinuierlich Praxis, Erfahrungen und Unterstützer zu sammeln, damit das Projekt organisch wachsen kann. Der Erfolg vieler von „unten" getriebener Projekte im Umfeld des FC St. Pauli basiert gerade nicht darauf, dass wenige Menschen alles komplett durchplanen, sondern dass aus der gemeinsamen Mitwirkung und Teilhabe vieler Menschen etwas Authentisches und Nachhaltiges entsteht.

In Zusammenarbeit mit dem FC St. Pauli und weiteren Partnern setzten die Aktiven von 1910 e.V. bereits diverse für herkömmliche Museen höchst ungewöhnliche Ideen um, etwa die beiden „Fußball und Liebe"-Kulturfestivals 2013 und 2015 mit zusammen über 8.000 Besuchern, das welterste Brettspiel zum FC St. Pauli oder eine große Ausstellung zum Werden und Bleiben des Millerntor-Stadions 2014.

Unter dem augenzwinkernden Titel „F*ck You Freudenhaus" – eine Anspielung auf das von Jörg Wontorra geprägte Klischee vom „Freudenhaus der Liga" – demonstrierte eine Ausstellung, dass das Millerntor viel mehr ist als eine Partyzone: Es ist ein Raum, der erst durch die Menschen in ihm wirklich entsteht, ein Raum, in dem gelebt, gelitten, gejubelt und eben auch politisch gearbeitet wird.

Zum entscheidenden Meilenstein für das zukünftige FC St. Pauli-Museum wurde die Millerntor-Ausstellung auch deshalb, weil sie erstmals rund drei Viertel der zukünftigen Museumsfläche bespielte. Der Erfolg übertraf die Erwartungen: Während nur fünf Wochen Öffnungszeit und trotz eines minimalen Werbebudgets fanden rund 4.000 Besucher den Weg in die temporären Ausstellungsräume – 1.000 mehr als erwartet.

Kurz nach dem Schluss dieser Ausstellung unterzeichnete der Vorstand von 1910 e.V. den Mietvertrag für die zukünftige Museumsfläche. Da der Rohbau schon fertiggestellt war, erinnert so manche Kleinigkeit im zukünftigen FC St. Pauli-Museum an seine geplante Vergangenheit als „Goliathwache" – zum Beispiel ein eigener Zellentrakt. Ein Museum mit Ausnüchterungszelle ist mit Sicherheit weltweit einzigartig, passend zum Vereinsmotto von 1910 e.V.: „Ein Verein wie kein anderer verdient ein Museum wie kein anderes."

Zurzeit (2016/17) wird dieser Rohbau während der „Museums-Bauphase 1" in eine bezugsfertige Fläche umgewandelt. Während die Eröffnung der eigentlichen Dauerausstellung wegen noch fehlender Mittel und der aufwändigen Produktion bis mindestens Ende 2018 warten muss, wird diese Fläche die Aktivitäten von 1910 e.V. dennoch auf eine ganz neue Ebene heben. Denn das FC St. Pauli-Museum hat längst zu leben begonnen, auch ohne Dauerausstellung. Neben temporären Ausstellungen und den inzwischen von 1910 e.V. übernommenen Stadionführungen wächst hier kontinuierlich ein systematisch aufgebautes Archiv, schaffen Events und Publikationen ein neues Bewusstsein dafür, wie wichtig ein funktionierendes „Vereinsgedächtnis" für den FC St. Pauli ist. Bereits heute ist das Vorhaben schon größer, als es sich die Initiatoren jemals erträumt hatten – und dennoch wachsen die Chancen und Möglichkeiten immer weiter.

Das Projekt „Museum für den FC St. Pauli" ist ständig in Bewegung – und das soll es auch bleiben. Es wird, es darf niemals abgeschlossen sein, sondern muss sich immer weiter entwickeln – so wie auch der FC St. Pauli und sein Umfeld ständiger Veränderung unterliegen.

Das Konzert hatte noch nicht angefangen, so dass Karlo die Zeit nutzen konnte, um sich die Räumlichkeiten genauer anzuschauen. Während er die Wand mit den selbstgestalteten Kacheln studierte, die man als Förderer hatte erwerben können, wurde er angesprochen, ob er nicht kurz mit anfassen könne, da an der Bar ein Fass ausgetauscht werden musste. Karlo half gern und kam so gleich wieder ins Gespräch. Jemand, der sich als Karsten vorstellte, fragte ihn, wieso er so lange auf die Fliesen gestarrt hätte, immerhin seien die ja jetzt

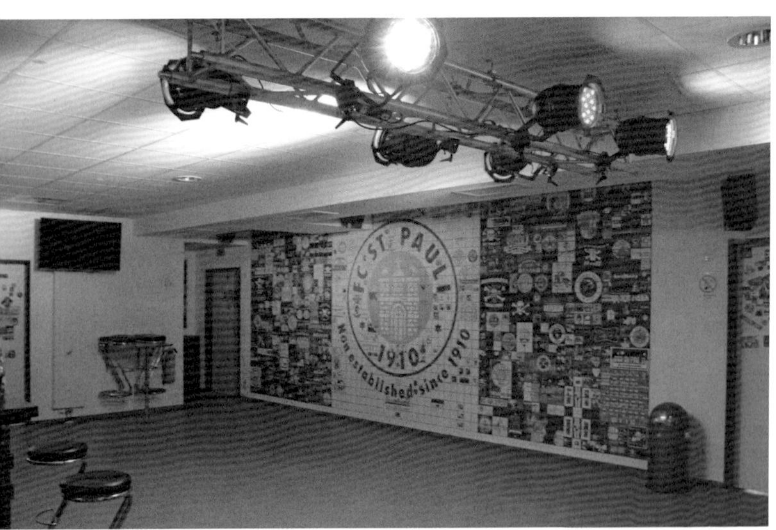

Das Innere der Fanräume.

schon eine ganze Weile da. Karlo gestand, dass das heute sein erstes Spiel am Millerntor gewesen sei. Einige der Leute rümpften etwas die Nase, aber Karsten fragte: „Wo kommst du denn her?" Karlo erzählte ganz offen, dass er aus der Nähe von Kaiserslautern stamme und jetzt in Hamburg Politik studieren wolle. Bis zum Unibeginn im Oktober müsste er noch ein Praktikum finden, am liebsten was mit Menschen. Außerdem brauchte er noch eine Wohnung. Karsten machte deutlich, dass das mit der Wohnung nicht so einfach werden würde. Ein Praktikum sollte sich aber bei den ganzen Kontakten, die es in der Fanszene gab, finden lassen. Immerhin gab es zahlreiche Initiativen, die ehrenamtlich geführt wurden. Karsten nannte Karlo ein paar interessante Möglichkeiten und zählte Gruppen auf, die auch in den Fanräumen schon Soli-Partys gemacht hatten. Dabei kam er ins Erzählen.

Fanräume

von Karsten Meincke

Mannschaftsbesprechung

Im Frühjahr 2007 (der FC St. Pauli spielte die vierte Saison in der damals drittklassigen Regionalliga) wurde in Fankreisen erstmals die Idee besprochen, im Rahmen der geplanten Rekonstruktion des Millerntorstadions dort auch eigene Räume für Fans einzuplanen.

Unter dem Motto „Mehr Raum für Fans" war das Ziel, dem Fanladen St. Pauli (dem sozialpädagogisch arbeitenden Fanprojekt) und der Abteilung Fördernde Mitglieder (AFM), in der die nicht sporttreibenden Mitglieder des FC St. Pauli organisiert sind, eine gemeinsame Heimat zu geben. Eine noch engere Verknüpfung mit im Wortsinn „kurzen Wegen" sollte geschaffen werden zwischen dem FC St. Pauli, seiner Geschäftsstelle, dem Ticketcenter usw., die ebenfalls im neuen Stadion untergebracht werden sollten, sowie seinen Mitgliedern und Fans. Außerdem sollten mit einem Veranstaltungssaal und einem Konferenzraum auch für den Stadtteil dringend benötigte Räume entstehen – und so eine noch engere Verbindung zwischen der Fanszene und dem Viertel schaffen.

Der Verein, mit diesen Überlegungen konfrontiert, fand diese durchaus unterstützenswert, mit der Einschränkung, dass bei der Stadion-Rekonstruktion dafür keine Mittel eingeplant wären. Es wurde aber die Zusage gegeben, dass entsprechende Räume gebaut würden, sofern die als realistisch angesehene Summe von 400.000 € von Seiten der Fanszene aufgebracht werden könnte.

Geplant war eine Stadion-Rekonstruktion in vier Bauabschnitten bis 2014 (nacheinander Abriss der Tribünen und jeweils Neubau). Im Dezember 2006 war die erste Tribüne des alten Stadions abgerissen worden –im Sommer 2007 konnte mit dem Neubau begonnen werden. Seit 2006 waren Fanvertreter*innen in eine sogenannte Lenkungsgruppe einbezogen, die Grundsatzentscheidungen treffen sollte. Im August 2007 zogen sich die Fans allerdings zurück, da sie bei wichtigen Entscheidungen nicht wie vereinbart beteiligt worden waren. In dieser schwierigen Phase gelang es trotzdem, die Idee der Fanräume aufrecht zu erhalten. Die Gegengerade, unter der die Fanräume entstehen sollten, war als dritter Bauabschnitt geplant, so dass rund vier Jahre zum Sammeln der Summe zur Verfügung standen.

Warmmachen

Wie sollte man die eigentlich unlösbare Aufgabe angehen? Ganz einfach: Jeder Stadionbesucher (20.000) spendet über die vier Jahre einmal jährlich fünf Euro und schon ist das Geld da.

Etwas anders sollte es dann aber doch laufen.

Im Juli 2007 wurde der Verein Fanräume e.V. gegründet. Das wäre beinahe schiefgegangen, denn statt erforderlicher sieben Gründungsmitglieder waren nur sechs anwesend, so dass der nächste am Fanladen vorbeigehende bekannte St.-Pauli-Fan spontan hinzugebeten werden musste … Die Rechtsform e.V. wurde gewählt, um Spendenquittungen ausstellen zu können. Der Verein wollte bewusst nicht auf Mitglieder-Quantität setzen – die Mitgliederzahl pendelte immer um die 20. Der Verwaltungsaufwand sollte so klein wie möglich gehalten werden, um alle Energie dem Spendensammeln widmen zu können. Zwecke des Vereins sind Bildung und Förderung der Jugendhilfe.

Es gelang, mit dem ehemaligen Intendanten des Norddeutschen Rundfunks Jobst Plog eine angesehene Person als Schirmherr und Beiratsmitglied zu gewinnen und dadurch auch über die Fanszene hinaus die Seriosität des Projektes öffentlich zu demonstrieren. Aus dem gleichen Grund sind laut Satzung auch jeweils ein Vertreter des Präsidiums des FC St. Pauli, der AFM und des Vereins Jugend & Sport (Trägerverein des Fanladens) im Vereins-Beirat.

Im Juli 2008 wurde nach längeren Verhandlungen ein Vorvertrag zwischen dem FC St. Pauli und Fanräume e.V. geschlossen, in dem Fanräume einen Baukostenzuschuss für den Bau der Räume zusagte und im Gegenzug die Räume 20 Jahre mietfrei überlassen bekommen sollte. Zugleich verpflichtete sich der FC St. Pauli gegenüber Fanräume e.V., diesem eine Kommanditbeteiligung zu verkaufen. Dadurch wird gewährleistet, dass die Fans, die Fanräume e.V. unterstützen, direkt am eigenen Stadion beteiligt sind. Für die Außendarstellung war dies enorm hilfreich: „Eigene, selbst verwaltete und eigenfinanzierte Räume für Fans im eigenen Stadion!" Damit konnte man an die Öffentlichkeit treten.

Es entstand ein Marketingplan, mit dem das Ziel der 400.000 € realistisch erreichbar schien. Dieser wurde zwar nicht Punkt für Punkt umgesetzt, war aber eine wichtige Hilfe.

Eine der Kernideen war, ständige Präsenz zu zeigen. Zu diesem Zweck wurde die Fanräume-Zeitung entwickelt. Sie bestand aus einem DIN A3 Blatt, das sich auf handliches Postkartenformat falten ließ. Auf der einen Seite befand sich jeweils ein ganzseitiges Poster, auf der anderen wurden aktuelle Informationen rund um das Projekt gegeben und mit einem sich von unten füllenden Flutlichtmast der aktuelle Spendenstand dokumentiert. Die Zeitung wurde ab September 2008 (der FC St. Pauli spielte inzwischen wieder in der 2. Bundesliga) bei jedem Heimspiel und auch bei den Spielen der Amateure für 50 Cent von Fanclubs und vielen anderen Unterstützer*innen verkauft. Die Ausgabe Nr. 10 wurde im Frühjahr 2009 an alle Stadionbesucher gratis verteilt. Sie enthielt auf Basis einer individuell aufgestempelten Nummer ein Gewinnspiel und die braunen oder weißen Rückseiten formten vor dem Anpfiff eine Choreo.

Zu jedem Heimspiel wurde vom Fanräume-Team immer auch ein Merch- und Infostand aufgebaut und betreut. Über die Jahre gab es unter anderem Jacken, T-Shirts, Gürtel, Taschen, Schlüsselanhänger, Pins und einen nach einem öffentlichen Design-Wettbewerb gestalteten Schal. Neben einer Fanräume-Kollektion verkauften sich besonders die Produkte der „Millerntor"-Linie sehr gut.

Ein weiterer Baustein wurde die sogenannte „Förderwand". In den fertigen Fanräumen sollte eine 7 x 3 Meter große Wand mit individuell gestalteten Fotofliesen entstehen und damit auch die Vielfältigkeit der Fanszene zum Ausdruck bringen. Es wurden zwar nicht alle Fliesen verkauft, aber doch eine große Summe eingenommen. Die Fliesenwand im fertigen Fansaal ist heute ein echter Hingucker. Es finden sich dort aber nur diejenigen wieder, die wirklich von Anfang an an das Projekt geglaubt haben. Nach der Eröffnung hätten ohne weiteres alle freien Fliesen noch verkauft werden können …

Fanräume e.V. stellte sich mit einem Stand auf einer Mitgliederversammlung des FC St. Pauli vor, die Vereinsmitglieder signalisierten dem Projekt gegenüber große Sympathie. In der Folge gab es über alle Jahre immer auch verlässliche und ehrliche Unterstützung durch die gewählten Gremien des FCSP. Die Mitglieder der AFM entschieden im September 2008 auf ihrer Mitgliederversammlung, dass über vier Jahre jeweils 25.000 Euro angespart werden sollten, um schließlich, wenn die restlichen 300.000 Euro zusammengekommen wären, 100.000 Euro an Fanräume zu überweisen. Als Gegenleistung sollten sie für 20 Jahre einen Teil der Räume mietfrei als Büro und zur Mitgliederbetreuung nutzen dürfen. Die organisierten Fanclubs beschlossen auf einer Delegiertenversammlung, dass jeweils fünf Euro ihrer Jahresbeiträge an Fanräume und den Fanladen gehen sollten.

Nur überblicksweise können hier die zahlreichen kleinen und größeren Aktionen genannt werden, die letztlich zum Erfolg des Projektes beigetragen haben: Es gab Musik-Downloads zu Gunsten von Fanräume und Segeltörns zum Hafengeburtstag, Solikonzerte und Solipartys nicht nur in Hamburg, sondern bundesweit, oft im Rahmen von Auswärtsspielen des FC von örtlichen Fanclubs initiiert. Viele Aktionen wurden mit Hilfe von Partnern durchgeführt, so stellte z. B. das Knust seine Räume zur Verfügung. Beim Hamburg-Marathon starteten Läufer*innen für Fanräume und Viva con Agua und Sponsoren spendeten pro gelaufenem Kilometer für die Projekte („Unsere Projekte sind kein Sprint"). Die Unterstützung aus Fan- und Freundeskreisen hielt über alle Jahre an. Auch von Fanräume e.V. selbst organisierte Veranstaltungen wie Lesungen, Partys, Vorträge oder eine Tombola waren wichtige Bausteine.

Sponsoren des FCSP verzichteten zugunsten von Fanräume e.V. an Spieltagen auf eigene „Sponsor of the day"-Veranstaltungen und boten damit eine großartige Möglichkeit, allen Stadionbesuchern aus dem Mittelkreis heraus das Projekt bekannt zu machen. Es gab beispielsweise eine Tombola mit einer vom FC St. Pauli gestifteten Loge für zwölf Personen an einem Spieltag als Hauptgewinn. Bei einem Freundschaftsspiel trat der Trikotsponsor die Brust zu Gunsten von Fanräume ab. Nach Ende der Saison 2011/12 begannen Abriss und Neubau der Gegengerade, so dass absehbar war, dass nun die entscheidenden Monate anbrächen.

Bei der Veranstaltung „Ein Kessel Braun-Weißes – 5 Jahre Fanräume" im November 2012 wurde die Schallmauer von 300.000 Euro durchbrochen. Eine Bank hatte eine St. Pauli BankCard aufgelegt und für jeden Kontoumsatz mit diesen Karten 5 Cent für Fanräume gespendet. So konnte nun ein Scheck über 20.000 Euro überreicht werden. Das erste große Ziel war erreicht: Fans finanzieren sich selbst Räume in ihrem Stadion!

Auch wenn es eine Großspende war, die den abschließenden Erfolg brachte, bleiben die vielen großartigen Aktionen innerhalb und rund um die Fanszene die eigentliche Leistung und das Besondere am gesamten Projekt. Es waren aber nicht nur die Geldspenden, die zum Ziel führten, sondern vor allem die unzählbaren Stunden ehrenamtlicher Arbeit von Fanräume-Mitgliedern und Unterstützer*innen. Das von Fanräume entwickelte Format „Ein Kessel Braun-Weißes" – eine kurzweilige Mischung aus Musik, Spielen, Talk und Videos – wird seitdem jährlich wiederholt, seit 2013 gemeinsam mit 1910 e.V.

Anpfiff

Am 1. Juni 2013 wurde aus dem Traum Wirklichkeit: Mehr Raum für Fans! Nach etlichen Baubesprechungen und zähen Verhandlungen wurden die neuen Fanräume mit gut 500 Quadratmetern feierlich eröffnet. Ein Mietvertrag zwischen der Millerntor Stadion Betriebs GmbH & Co KG (MSB) als Vermieterin und den drei Mietparteien war abgeschlossen, und auch die Mieter hatten untereinander die Nutzung der gemeinsamen Räume vertraglich geregelt. Dort heißt es:

„Die Vertragsparteien sind sich einig, dass sie die Räume gemeinschaftlich und in einem kooperativen Geist verwalten und mit Leben erfüllen wollen. Die Vertragsparteien wollen, dass die Räumlichkeiten allen St. Paulianern offen stehen und wünschen sie sich als zentralen Teil des Vereins- und Stadtteillebens."

Der Fanladen bezog mietfrei seine neuen Büroflächen. Die AFM, die sich großartig bei der Ausstattung des Fansaals engagiert hatte, konnte auf größerer und optimierter Fläche ihre Aufgaben wahrnehmen. An Heimspieltagen findet im Saal ein von der AFM organisierter und von Fanclubs durchgeführter Getränkeausschank statt.

Fanräume e.V. begann mit der Verwaltung des Fansaals mit Bühne, Tanzfläche, Tresen und Konferenzraum und konnte den Aufbau eines einzigartigen Archivs mit unterschiedlichsten Medien (u.a. Büchern, Zeitschriften, Fanzines und DVDs) zu den Themen Fußball und Fankultur fortführen. Die Sammlung ist während der Öffnungszeiten des Fanladens einsehbar und soll auch online zugänglich gemacht werden.

Um die Anfangsphase nach der Eröffnung professionell zu gestalten, beschäftigte Fanräume im ersten Jahr einen hauptamtlichen Geschäftsführer. Seitdem wird das Projekt wieder überwiegend ehrenamtlich verwaltet. Bei Raumübergabe und Instandhaltung unterstützt eine Honorarkraft. Nach anfänglichen WG-typischen Problemen hat sich eine angenehme und produktive Nachbarschaft entwickelt. Die Räume sind unverzichtbarer und ständig genutzter Ort für Treffen, Feiern, Konzerte, kulturelle, fanspezifische und gesellschaftspolitische Veranstaltungen rund um den FC St. Pauli, seine Mitglieder und Fans und den Stadtteil. Die Räume werden nicht vermietet und stehen nicht für private Feiern zur Verfügung, sondern sie werden gegen eine Nutzungspauschale (u.a. für Reinigungskosten) für Veranstaltungen im Fußball- und Vereinskontext abgegeben. Meist spenden die jeweiligen Veranstalter Teile der Einnahmen an Fanräume. Dafür werden bei anderen Gelegenheiten die Räume kostenfrei zur Verfügung gestellt und damit beispielsweise das Antirassistische Fußballturnier oder auch die Veranstaltungen zum Holocaust-Gedenktag unterstützt.

Fanräume führt auch eigene Veranstaltungen wie Lesungen, Filmabende, Vorträge usw. durch, öfter in Kooperation z.B. mit dem Fanladen. Hervorzuheben ist die regelmäßige „TalkSchau" mit Spielern und Trainern des FC St. Pauli. Wie intensiv die Nutzung der Räumlichkeiten ist, zeigt schon die Tatsache, dass nach nur drei Jahren der Fußboden erneuert werden musste.

Das Spiel läuft …

Knapp zehn Jahre nach der Vereinsgründung sind die Fanräume selbstverständlicher Teil des Lebens rund um den FC St. Pauli.

Zu selbstverständlich – dieser Eindruck stellt sich manchmal an Spieltagen ein. Einige scheinen vergessen zu haben oder wissen nicht, dass es sich um faneigene Räume handelt und nicht um eine weitere Bierausgabestelle. Aber in der Woche, abseits des Spielbetriebs, wenn Diskussionen und Vorträge, Flüchtlingsberatung oder Selbstverteidigungskurse stattfinden, zeigt sich wieder, wie richtig die Entscheidung dafür war. Mit dem Museum für den FC St. Pauli wird ein neuer und schon jetzt vertrauter Nachbar einziehen. Fanräume e.V. überprüft sich selbst ständig und es wird sich erweisen, ob das Konzept mit einem kleinen Verein auf Dauer tragfähig bleibt.

Derzeit gehen aber alle von einem endlosen Spiel mit und in den Fanräumen aus.

Karlo nahm sich sofort vor, hier öfters hinzukommen. Er sagte Karsten, dass es für Außenstehende überhaupt nicht selbstverständlich sei, dass es solche Räume gibt. Er hatte so etwas vorher noch nie gesehen, auch wenn er im Süden einige alternative Jugendzentren kannte. Ein selbstverwalteter Raum in einem Stadion war ihm noch nicht untergekommen. Und er gab Karsten recht, dass gerade die Vorträge und anderen Veranstaltungen diesen Raum zu etwas Besonderem machten. Auch wenn er noch nichts dergleichen mitgemacht hatte, konnte er es sich lebhaft vorstellen. Karsten erwiderte: „Die Gelegenheit wirst du noch früh genug haben. So nun mal Schluss mit Quatschen und im Weg rumstehen. Das Fass muss endlich gewechselt werden – gesoffen wir hier nicht gerade wenig.“ In dieser Tatsache konnte Karlo nichts Schlimmes erkennen und packte gern mit an.

Da zwei Hardcore Bands spielten, war Karlo musikalisch in seinem Element. Freddy war auch zur Mitte des Konzerts dazugestoßen. Sie hatte den Tag genutzt, endlich mal die restlichen Sachen auszupacken und endgültig in der Wohnung anzukommen. Vorher war sie gute neun Monate unterwegs gewesen und hatte ihren Kram in der alten WG untergestellt. Wie die neun Monate eigentlich waren, wollte Karlo wissen. Freddy antwortete wenig begeistert: „Wahrscheinlich unspektakulärer als du denkst. Man hängt ja doch nur an Bord rum und kommt wenig an Land. Außerdem war es mies anstrengend.“ Freddy fuhr fort: „Den technischen Kram brauche ich dir wohl nicht zu erklären, da kennst du dich ja eh nicht aus. Aber die großen Schiffe im Hafen hast du doch schon gesehen. Jetzt stell dir vor, du bist da als Mechanikerin an Bord und musst mit all diesen riesigen Teilen hantieren. Verstehst du?" Karlo nickte und versuchte, dem Gespräch wieder eine andere Richtung zu geben: „Wenn du so viel auf See warst, wie bist du eigentlich zu St. Pauli gekommen?" Freddy gab bereitwillig Auskunft: „Zum ersten Mal als Kind mit meinem Pflege-Dad, so Mitte der Neunziger. Später seltener mit meinem richtigen Vater, als meine Eltern wieder da waren, und dann eine ganze Zeit fast gar nicht. Als ich mit 16 zu Hause weg bin und in einer Zecken-WG gelandet bin wieder sehr regelmäßig. Ich habe ja die Ausbildung im Hafen gemacht, allerdings abgebrochen und erst 2007 beendet. Dann war ich bis 2009 auf See, aber das war mir zu öde, also kam ich zurück. Später habe ich dann Flyer in Kneipen ausgefahren. Da war ich oft im Jolly und so kam dann auch der Kontakt in die aktive Fanszene. Ich bin dann immer häufiger mit dem Fanladen auswärts gefahren und kam so zu meinem Fanclub. Ende 2015, kurz nach dem Lautern-Spiel, wo wir uns getroffen haben, hat es mich gepackt und ich bin bis vor ein paar Wochen wieder aufs Schiff. That's it – also ziemlich uninteressant." Karlo merkte durchaus, dass sie ihre eigene Geschichte nicht ganz so unspannend fand, wie sie tat, sagte aber nichts. Die letzte Band begann auch gerade. Er wunderte sich, wieso hier niemand beim Moshen dabei war und wieso überhaupt so wenige Leute da waren. „Das ist halt Hamburg", erklärte Freddy. „Heute sind bestimmt noch zehn andere Konzerte, im Hafenklang, der Flora, im Knust und so. Viele Leute haben halt Szene-Burnout, die nehmen nicht mehr jede Sache mit." Karlo erschien das total absurd, hatte er doch in der Pfalz jede Gelegenheit genutzt, jedes noch so kleine Punk-Konzert mitzunehmen.

Nach dem Konzert ging es für Freddy wie immer ins Jolly, Karlo im Schlepptau. Auch wenn es für ihn erst das zweite Mal war, fühlte er sich hier schon zu Hause. Nicht ganz ohne Stolz hatte er auf Toilette schon drei Sticker seiner alten Gruppe aus Kaiserslautern angebracht, mit der er Vorträge und Lesekreise organisiert hatte. Sie konnten dazu die Räume der Uni in Lautern nutzen, da seine Eltern beide dort arbeiteten. Beim Anbringen des Stickers achtete er genau darauf, keinen anderen Aufkleber zu überdecken. Das war gar nicht so einfach, denn die waren überall. Er hatte eine spaßige Legende gehört, dass die Wände der Kneipe allein durch Aufkleber zusammengehalten würden. Gezielt brachte er seinen zwischen einem „No

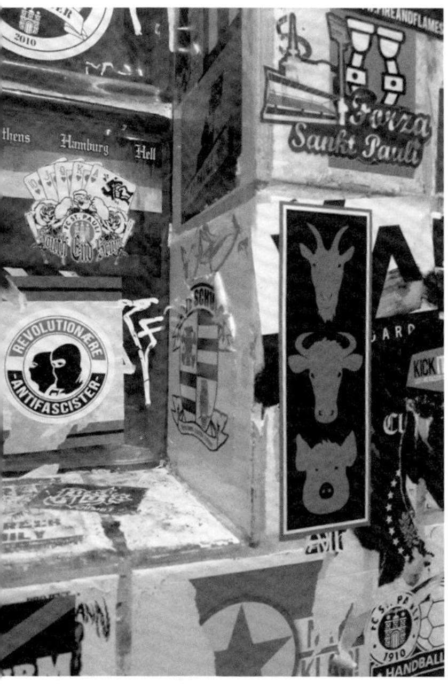

border no nation – Grenzen auf für alle" und einem „Ein Herz für Bierchen" an. Er entdeckte einen Aufkleber, auf dem dafür geworben wurde, Pate für geflüchtete Menschen in Hamburg zu werden. Vielleicht könnte er ja bei so einer Einrichtung sein Praktikum machen? Zurück vom Klo fragte er Freddy, ob sie nicht jemand kennen würde, der ihm da weiterhelfen könnte. Freddy nickte. „Du hast Glück, da drüben in der Ecke sitzt jemand vom AK Refugees." „Vom was?" fragte Karlo. „Vom Arbeitskreis für Flüchtlinge beim Verein. Geh halt mal hin und frag ihn. Sag ihm, Frederike Mägdefrau hat dich rübergeschickt." Noch ganz irritiert von Freddys richtigem Namen, den er so unvermittelt erfahren hatte, ging Karlo zum Nachbartisch und sprach das Thema an.

Arbeitskreis Refugees Welcome

von Nik Elsholz

Der Arbeitskreis Refugees Welcome ist der zentrale Ansprechpartner beim FC St. Pauli, wenn es um Hilfe für Geflüchtete geht. Er wurde im September 2015 gegründet und besteht aus Vertreter*innen verschiedener Fanclubs und Fanorganisationen sowie Mitarbeiter*innen des Fanladens und des FC St. Pauli. Grund für die Einrichtung des Arbeitskreises war die hohe Anzahl an Anfragen zum Thema Flüchtlingshilfe. Für den FC St. Pauli war sofort klar, hier tätig werden und unterstützen zu wollen – unter der Maßgabe: „Refugees Welcome!"

Ziel des Arbeitskreises ist, durch verschiedene Aktionen Geld- und Sachspenden zu generieren und damit Projekte für Geflüchtete zu unterstützen oder selbst durchzuführen. Er möchte das gesamte

Unterstützerspektrum des FC St. Pauli nutzen, um geflüchteten Menschen die bestmögliche Hilfe zukommen zu lassen. Um Kräfte zu bündeln und Doppelarbeit zu vermeiden, sollen hier möglichst alle Ideen und Angebote aus dem St. Pauli-Kosmos der Fans, Mitglieder, Sponsoren etc. zusammenfließen und koordiniert werden.

Während in der ersten Phase aufgrund der hohen Zahlen ankommender Geflüchteter zunächst Akut-Hilfe im Vordergrund stand (Schaffen von Übernachtungsmöglichkeiten, Sammeln von Kleidung und Hygieneartikeln), geht es inzwischen mehr um Unterstützungs- und Freizeitangebote.

Die Projekte sind vielfältig und die Kooperation zwischen Fanszene, Verein und Sponsoren sowie eine enge Vernetzung mit Initiativen aus dem Viertel ermöglichen eine effiziente Arbeit.

Es gibt unter anderem eine kostenlose Rechtsberatung, Ausflüge für Kinder und Jugendliche und natürlich Trainingsmöglichkeiten in verschiedenen Sportarten. So bietet der FC St. Pauli seit August 2015 ein Training für Geflüchtete an, das von einem Trainerteam des Vereins geleitet wird. Die Teilnehmer kommen aus zwei Klassen aus Ersteinrichtungen der Papenreihe und der Schmiedekoppel in Hamburg. Am Sportsday am 29. Oktober 2016 waren sowohl Refugees als auch Locals eingeladen, um in lockerer Atmosphäre nicht nur einander, sondern auch weitere Sportarten kennenzulernen, die vom Verein angeboten werden.

Beim Freundschaftsspiel gegen Borussia Dortmund, das unter dem Motto „Refugees Welcome" am 8. September 2015 ausgetragen wurde, waren über 1.000 Geflüchtete eingeladen und wurden auf dem Vorplatz des Millerntor-Stadions herzlichst empfangen. Die Atmosphäre war geprägt von einem besonderen „Wir-Gefühl" und das Ziel des Tages wurde somit erreicht: Niemand fühlte sich fremd oder ausgeschlossen.

Seit Beginn der Saison 2016/17 bietet der Arbeitskreis für jedes Heimspiel der U23 des FC St. Pauli eine unbegrenzte Anzahl an Freikarten für Geflüchtete an. Doch auch nicht-sportliche Aktivitäten werden angeboten, finanziert und durch Ehrenamtliche begleitet. Beispiele sind Besuche in der Kunsthalle, im Miniaturwunderland oder Ausflüge zum Minigolf.

Natürlich hat der Arbeitskreis nicht nur Projekte und Initiativen im Blick, die in und um Hamburg arbeiten. Auch Organisationen, die in der Mittelmeerregion tätig sind, werden mit Finanz- oder

Sachspenden unterstützt. Ein Beispiel dafür ist die Initiative No Border Kitchen, die unter anderem auf Lesbos Geflüchtete mit Mahlzeiten versorgte.

Der Arbeitskreis folgt dabei keiner strikten Agenda, sondern will flexibel auf die Bedürfnisse der geflüchteten Menschen reagieren. Ideen für Aktivitäten sind immer willkommen.

Karlo gefiel das Projekt. Er fragte, ob er direkt so einsteigen konnte, auch ohne große Kenntnisse über den FC St. Pauli zu haben. Auch wenn das kein Problem gewesen wäre, bekam er noch einen Hinweis auf eine Einrichtung, die Sprachkurse für geflüchtete Menschen anbot und beschloss, sich da am Montag mal zu melden.

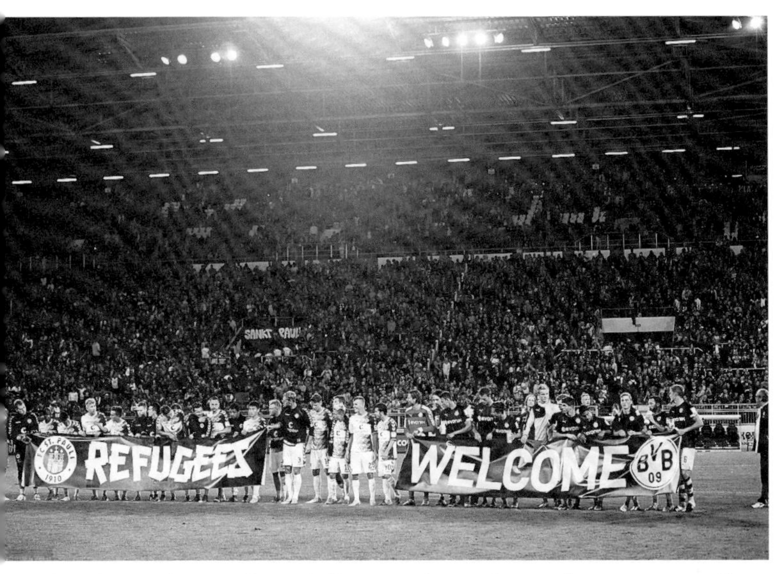

Zum Testspiel gegen Borussia Dortmund am 8. September 2015 waren über 1.000 Geflüchtete eingeladen.

Hamburg im Herbst – Die sportlichen Alternativen

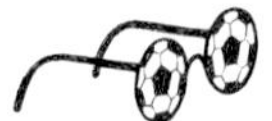

Karlo hatte sein Praktikum bei der Flüchtlingshilfe beendet und angefangen, Politikwissenschaft zu studieren. Arbeiten musste er nicht, denn er hatte wohlhabende Eltern. Zusammen mit einem Kumpel, den er beim Praktikum kennengelernt hatte, wohnte er nun in einer WG in Hamburg Hamm, schlief aber an den Spieltagen trotzdem noch häufig bei Freddy auf der Couch, da sie ja nahe am sozialen Geschehen im Viertel wohnte. Freddy wiederum hatte ihre vormalige Tätigkeit des Flyer-Ausfahrens wieder aufgenommen, musste nun allerdings die neugebaute Hafencity damit bestücken, was ziemlich öde war.

Die beiden saßen an diesem frühen Freitagabend bei Freddy vor dem Fernseher und schauten sich den Film „Rocker" an. Als Gerd, nachdem sein Motorrad von dem Lkw überrollt worden ist, verkündet: „Du fährst nach Hamburg, Alter, ich schwör's dir!", war der Film auch schon fast zu Ende. Doch anstatt es Gerd gleichzutun und ins Hamburger Nachtleben einzutauchen, gingen Freddy und Karlo zeitig schlafen, denn am nächsten Tag sollte der Magische FC weit im Süden spielen und dementsprechend früh fuhren die Fanladen-Busse am Stadion ab. Der Treff war auf 2.00 Uhr festgelegt worden, und da die beiden nicht vorhatten, im Bus zu schlafen, musste eben vorgepennt werden. Um 19.00 Uhr schon einzuschlafen, fiel Karlo schwer und so schnappte er sich den Laptop. Er hatte sich angewöhnt, vor den Spielen die wichtigsten Infos über die gegnerischen Vereine und ihre Fanszene rauszusuchen. Nachdem er sich zügig über den bevorstehenden Gegner informiert hatte, wollte er auch über den eigenen Verein noch mehr wissen und stieß auf eine Zusammenfassung der sportlichen Geschichte des FC St. Pauli.

Keine goldenen Pokale …

von Hans Hansen

Das erste Wettkampfspiel einer Fußballmannschaft des St. Pauli Turnvereins endete 1907 mit einem 1:1 gegen das Team eines Schwimmvereins – und damit ist über die Geschichte der Liga- bzw. Profimannschaft des Vereins eigentlich schon alles gesagt.

Seit 1910 nahmen Fußballer des Vereins am regulären Spielbetrieb des Norddeutschen Fußball-Verbandes teil, in der Saison

1919/20 erstmals in der damals höchsten Spielklasse, der Norddeutschen Liga Hamburg/Altona, aus welcher man allerdings als Tabellenletzter direkt wieder absteigen musste. Nach diversen Auf- und Abstiegen gelang in der Saison 1931/32 ein erstes Highlight der Vereinsgeschichte: Als erstem Hamburger Verein überhaupt gelang es dem FC St. Pauli, den „großen" HSV in beiden Saisonspielen zu schlagen – und das (natürlich!) als Aufsteiger.

Seine bisher erfolgreichste Zeit hatte der Verein aber nach dem Zweiten Weltkrieg mit der „Wunderelf" um den späteren Bundestrainer Helmut Schön und Karl Miller. Millers Vater betrieb in der Wexstraße eine Schlachterei und lockte zahlreiche Spieler, vor allem aus Berlin und Dresden, zum FC St. Pauli. Bezahlt wurde mit Fresspaketen, der nach Kriegsende aufgrund der herrschenden Lebensmittelknappheit härtesten Währung.

Bereits in der Saison 1946/47 gewann der FC St. Pauli die Hamburger Meisterschaft. 1948 stand das Team gar im Halbfinale um die Deutsche Meisterschaft (übrigens die erste nach dem Zweiten Weltkrieg ausgetragene gesamt(west-)deutsche Meisterschaft im Fußball), verlor aber in der Verlängerung unglücklich mit 2:3 gegen den späteren Meister, den 1. FC Nürnberg.

Von 1947 bis 1963 spielte der Verein in der Oberliga Nord, der damals höchsten Spielklasse. Mit der Einführung der Bundesliga 1963 wurde der Verein dann wieder zweitklassig, trat zunächst in der Regionalliga Nord an und ab 1974 in der zweigleisigen 2. Liga. Der Aufstieg in die Bundesliga gelang erstmals 1977. Die Saison begann hoffnungsvoll mit einem nicht für möglich gehaltenen 2:0 Sieg gegen den HSV (HSV-Spieler Peter Nogly hatte ein 8:0 für sein Team vorhergesagt) und endete mit dem sofortigen Wiederabstieg. Die folgende Saison in der 2. Liga beendete der FC St. Pauli immerhin auf Platz 6, dennoch folgte ein weiterer Abstieg: Der Verein war insolvent erhielt vom DFB nicht die erforderliche Lizenz.

Nach weiteren Auf- und Abstiegen zwischen 2. Liga und Amateuroberliga gelang 1988 der zweite Streich: Mit einem Auswärtssieg in Ulm stieg man zum zweiten Mal in die Bundesliga auf, mit einem Team, das es so nie wieder geben sollte, und unter dem Totenkopf der sich langsam entwickelnden neuen Fanszene.

Immerhin drei Jahre lang konnte sich der Verein in der Bundesliga halten – drei Jahre, die das Bild des Vereins entscheidend veränderten, in denen der „Mythos St. Pauli" entstand und die in einem hochemotionalen dritten Entscheidungsspiel um die Ligazugehörigkeit gegen die Stuttgarter Kickers ihr trauriges Ende fanden.

Der Wiederaufstieg gelang 1995 im letzten Heimspiel gegen den FC Homburg mit Hilfe des Schiedsrichters, der einen Elfmeterpfiff zum Schlusspfiff umdeutete, nachdem tausende Fans bereits das Spielfeld gestürmt hatten. Nicht auszudenken, was passiert wäre, wenn dies nicht ohnehin das letzte Spiel des Schiedsrichters gewesen wäre, sondern ein junger, ehrgeiziger Herr dieses geleitet hätte.

In der ersten Saison konnte der Klassenerhalt am vorletzten Spieltag beim letzten Auswärtsspiel in Karlsruhe gesichert werden. Die folgende Saison 1996/97 endete dann – nach einer der kürzesten Cheftrainer-Amtszeiten – mit dem Abstieg: KP Nemet hatte für die letzten sechs Spiele übernommen und alle sechs verloren.

Der nächste Aufstieg folgte 2001 in Nürnberg. Der Gegner stand bereits als Aufsteiger fest und stellte, nachdem der FC St. Pauli das Spiel gedreht hatte und 2:1 in Führung lag, das Fußballspielen weitgehend ein. Höhepunkt der folgenden Erstligasaison was der 2:1-Heimsieg gegen den Weltpokalsieger FC Bayern, doch auch dieser konnte den sofortigen Wiederabstieg nicht verhindern. In der folgenden Saison „gelang" dem Verein gar der Durchmarsch: von der 1. Liga direkt in die Regionalliga, die damals 3. Liga. Dort dümpelte man vor sich hin, um in der Saison 2005/06 die „Bokalserie" zu starten: Nacheinander wurden im DFB-Pokal Burghausen, Bochum, Berlin und Bremen geschlagen, die Serie endete erst im Halbfinale gegen Bayern. Dieses Spiel war nicht nur der vielleicht absolute Höhepunkt der Vereinsgeschichte, sondern sorgte mit den vorangegangen auch für die finanzielle Sanierung des chronisch klammen Clubs.

Die Saison 2006/07 begann mit einer Revanche in der 1. Pokalrunde gegen Bayern (1:2 n.V.) und endete mit dem Aufstieg in die 2. Liga im Heimspiel gegen Dresden. Und nach einer Woche des Feierns versaute man dann im letzten Saisonspiel noch schnell dem 1. FC Magdeburg durch ein 1:1 den Mitaufstieg.

Pünktlich zum hundertjährigen Vereinsjubiläum 2010 gelang dann letztmals der Aufstieg in die 1. Liga, doch auch hier folgte (fast erwartungsgemäß) der sofortige Wiederabstieg. Immerhin: Das Duell um die Stadtmeisterschaft konnte in dieser Saison mit einem Unentschieden zu Hause und einem Auswärtssieg beim HSV gewonnen werden. Die sportliche Geschichte des FC St. Pauli ist nicht gekennzeichnet von Titelgewinnen, sondern von Auf- und Abstiegen sowie einzelnen, besonderen Spielen. Die Fans verstehen mit schmerzenden Momenten ebenso umzugehen wie mit magischen – sie kennen beide Seiten der Medaille, die zum wahren Fandasein dazugehören.

Total matschig im Kopf wachte Karlo nach nur drei Stunden Schlaf durch Freddys Handy-Wecker auf. „Du lässt dich ernsthaft von ‚In Hamburg fiel der erste Schuss' wecken?", fragte er Freddy total genervt. „Klar", grinste die, „ein bisschen Kommie-Mucke und ich komme sofort gut auf die Beine. Was dagegen?" Karlo hätte sich etwas Entspannteres als Weckton vorstellen können, doch etwas anderes war jetzt wichtiger. Freddy machte sich daran, den Havana Club aus dem Tiefkühlfach zu holen und das sonstige Zubehör für die Fahrt zusammenzusuchen. Karlo hatte die Organisation des Essens übernommen und Freddy ahnte schon, worauf das hinauslaufen würde. Vorsichtshalber hatte sie ein paar Würstchen gekauft, die sie zu dem Bulgur-Salat vom Discounter und dem trockenen Brot essen konnte. Trotzdem hatte ihre Arbeitsteilung ganz gut funktioniert und sie konnten sogar früher los. Da Freitagnacht war, gerieten sie in das ganze Kiez-Volk, das auf dem Weg aus der Schanze Richtung Reeperbahn war. „Was für Kartoffeln", bemerkte Freddy gnadenlos und drängte den immer noch nicht ganz wachen Karlo auf ein Bierchen ins Jolly. Dort hatten sich schon andere Auswärts-Fahrer eingefunden, von denen die meisten allem Anschein nach gar nicht geschlafen hatten. Karlo staunte, dass Freddy sich so kurz nach dem Aufstehen direkt in die Tiefen der verrauchten Kneipe stürzen konnte und blieb mit den Tüten voller Kram für die Fahrt lieber draußen. Für Ende Oktober war es noch relativ warm und er setzte sich vor den Kiosk neben dem Jolly. Vielleicht würde ihm eine Mate ein bisschen auf die Beine helfen.

Fast hätten sie dann den Bus verpasst, weil Freddy nach ihrer Druckbetankung nicht mehr so schnell war.

Kaum hatten die Busse die Elbbrücken passiert, hatte Freddy die erste Havana-Cola leer und werkelte an den Limetten für ihre nächste Runde. Als sie auf der Höhe von Kassel waren, hatte sie schon ziemlich einen sitzen und schlief ein. Karlo hatte sich beim Havana zurückgehalten, war bei Bier geblieben und hatte zwischendurch noch drei mitgebrachte Mate getrunken. An Schlaf war also nicht zu denken.

Im Bus bot sich ein anderes Bild: aus allen Ecken schnarchte es und überall waren zufrieden schlafende Gesichter zu sehen. In der Reihe hinter Karlo waren allerdings noch Leute wach, die ihm vorher gar nicht aufgefallen waren. Einer, der Lucky hieß, erzählte gerade von seiner besten Auswärtsfahrt, die er damals mit den Ultras gefahren war. Karlo drehte sich um und hörte zu.

Aufstieg in Fürth

von Lucky Punch

Kennt ihr das? Es gibt so Tage, an denen geht einfach alles. Damit meine ich in diesem Fall nicht das klassische Ultrà-Ding. Nicht das letzte Mal auswärts in Rostock, als wir wegen Vorkontrollen mit 300 Leuten den Sonderzug links liegen ließen und stattdessen Regio fuhren, der Blocksturm glückte, während des Spiels der gesamte Block mitzog und wir 3:1 gewannen. Auch nicht Hannover mit der fettesten Auswärtsstimmung der Bundesligasaison, als Unterrang und Oberrang gemeinsam sangen und wir überraschend einen 1:0-Auswärtssieg mit nach Hause nahmen. Die Tour, von der ich erzählen will, hatte ganz andere Qualitäten, es war der Tag des Bundesligaaufstiegs in Fürth 2010.

Der FCSP hatte eine überraschend gute und solide Saison gespielt und stand am vorletzten Spieltag mit drei Punkten Vorsprung vorm FC Augsburg auf Platz 2 der Tabelle. Mit einem Sieg in Fürth wären wir zum Saisonfinale dank besserem Torverhältnis quasi uneinholbar gewesen und damit das erste Mal seit neun Jahren wieder in der 1. Bundesliga vertreten. Die Wenigsten von uns hatten den vorherigen Bundesliga-Aufstieg schon als aktive Fans miterlebt, höchstens als Kids vorm Fernseher.

Selbstverständlich war der vom Fanladen organisierte Sonderzug komplett ausgebucht. Zur Feier des Tages hatte man eine Mottofahrt ausgerufen unter dem Slogan „20 Jahre Zecken on Tour". Schon morgens am Altonaer Bahnhof zeigte sich die allgemeine Begeisterung: Hunderte als Punks, Kutten und Wasweißichwas verkleidete Sankt Pauli-Fans standen am Gleis. Natürlich haben nicht alle 900 Auswärtsfahrer mitgemacht, aber genug, um ein tolles Bild abzugeben. Einer sah aus wie Jack Sparrow, andere hatten sich wochenlang nicht rasiert, hatten die Haare gefärbt oder direkt einen

Iro rasiert. Viele alte Kutten, Lederjacken und Ballonseidenmützen wurden spazieren getragen, es gab zerrissene Strumpfhosen und ausgewaschene Punkshirts. Kurz: Es war ein Spektakel! Ich selber hatte mir eine rote Bomberjacke und schäbige „Go Pauli Go!"-Hosenträger ausgeliehen und die Haare abrasiert, um mit Shermanhemd und Adidas Sambas das Skinhead-Outfit zu komplettieren.

Die Hinfahrt war geprägt von einem Mix aus Anspannung und Vorfreude, die Luft knisterte förmlich. Zwischendurch versuchte ich noch einige Stunden Schlaf nachzuholen, aber es wollte einfach nicht gelingen Es gibt noch Fotos von der Ankunft in Fürth. Auch der Retro-Look des Sonderzugs passte perfekt. Die ausgedienten Mitropawagen kennt ihr ja sicher. Die Leute hingen mit ausgewaschenen Totenkopfpullis, alten Schals etc. aus den Fenstern – es hätten echt die Neunziger sein können!

In Fürth angekommen, haben wir erstmal stilecht am Brunnen in der Innenstadt abgehangen. Einige waren schon hart gezeichnet von der Hinfahrt. Bei anderen ging es erst richtig los: Ohne Anlass in der Außengarnitur einer Gastwirtschaft roten Rauch zünden, während andere Leute noch essen; in der Kneipe Fahrrad fahren, Bier kollektivieren, alles was den Status Quo ein bisschen durcheinander brachte, wurde gern genommen. Die Bullen waren sichtlich überfordert mit der ungewohnt aussehenden Klientel und hielten sich auf Abstand.

An besagtem Brunnen haben wir vorm Abmarsch in Richtung Stadion noch ein Mobfoto gemacht, dessen Chaos perfekt zum Motto passte, genau wie der handgemalte „Bahnhofsmission"-Doppelhalter (in Anspielung auf „Wir sind Zecken", natürlich). „Hafenstraße bleibt!" und „Arbeit ist scheiße!" waren auch am Start. Am besten gefiel mir das „Dem deutschen Volke"-Transpi, in Anlehnung an Terrorgruppe und komplett mit Galgen. Alle hatten Bock und lebten ihre Kostüme, so viele Gruppenfotos wurden wohl selten gemacht. Dass einer von uns auch noch von einem bayerischen Lokalsender interviewt wurde, setzte dem Ganzen die Krone auf. Trotz Stocknüchternheit machte er seine Sache als „betrunkener Punker Kotze" sehr gut.

Vom Spiel selber weiß nicht mehr besonders viel, außer, dass wir 4:1 gewonnen haben. Wobei allen vorher klar war: Wenn wir das hier gewinnen, gehen wir auf den Platz! Ich kann mich erinnern, wie mit steigender Führung unsere Anspannung nach und nach einer ungläubigen Freude wich: Sollten wir das hier und heute wirklich zusammen erleben dürfen?! Irgendwann wurde es richtig albern, wir hatten in den Sinnlosmodus geschaltet. Das Video, wie wir „Kümmerling" singen, gucke ich mir heute manchmal noch an.

Auf die Melodie von OMD – Enola Gay:
Kümmerling, du bist mein Lieblingsalkoholgetränk
ohne hat das Leben keinen Sinn
Ich hab nur Spaß, wenn ich besoffen bin.
(Ich hatte das Lied mal Jahre vorher aus Jux gedichtet, gerade weil Kümmerling so eklig ist, und es immer mal wieder angebracht. Aber ausgerechnet an diesem Tag erlebte es seinen Durchbruch.)

Und irgendwann ist der Zeitpunkt gekommen: Der Schiri pfeift ab, ein Jubelsturm bricht los, Leute mit nietenbewehrter Lederjacke liegen anderen Leuten mit Metal-Kutte im Arm, es geht drunter und drüber. Die ersten springen über den Zaun, das Fluchttor geht auf, die Werbebande wird umgetreten, die Leute strömen aufs Feld. Ich war unter den ersten fünfzig und hab mich direkt über die liegende Werbebande aufs Feld gemault. In dem Moment realisierte ich nur so halb, dass das direkt vor einer laufenden Fernsehkamera passierte. Erst mal weiterlaufen, Leute umarmen, versuchen den Moment zu begreifen – wir hatten es geschafft!

Einen kurzen Knick nahm die Euphoriekurve als wir sahen, dass auch die Fürther Ultras aufs Feld kamen. Anscheinend, weil sie meinten, ihre Kurve schützen zu müssen. Dass sie an diesem Tag von uns nichts zu befürchten hatten, wurde aber relativ schnell geklärt, und die Lage entspannte sich wieder. Die restliche Zeit auf dem Rasen war ein einziger Freudentaumel, so klischeehaft das klingen mag. Die Leute feierten mit der Mannschaft und lagen sich in den Armen. Irgendwann, gefühlt nach Stunden, war es dann genug. Auf dem Rückweg zum Bahnhof wurde noch sporadisch Pyro gezündet, auch hier hielten sich die Bullen zurück.

Die Rückfahrt war entsprechend eskalativ: Bierschlacht im Partywagen, Massenpogo, es wurde einiges an Genussmitteln mischkonsumiert und die knapp acht Stunden vergingen wie im Flug. Meine Hose hatte Grasflecken, ich stank nach Bier und meine Hosenträger waren mir ins Klo gefallen, aber ich war selig. Nach der Ankunft ging es auf ein letztes Bier ins Jolly, einige empfingen sogar noch am nächsten Morgen die Mannschaft am Flughafen und die Party ging weiter. Ich selber musste leider um 10 Uhr verkatert in die Uni und kämpfte dort stark dagegen an, dass mir die Kotze hochkam.

Ein Nachspiel hatte meine akrobatische Einlage beim Platzsturm: aus irgendeinem Grund landete der Filmausschnitt, wie ich über die Bande fliege, bei TV Total, und ich musste mir die nächsten Wochen lang blöde Witze von allen Seiten anhören. Aber selbst das war es wert.

Eigentlich finde ich alle Auswärtsfahrten mit USP auf die eine oder andere Weise erinnerungswürdig. Aber ihr kennt das sicher: Wenn man über Jahre hinweg alles fährt, stellt sich eine gewisse Routine ein. Genau deshalb will ich solche Tage wie damals in Fürth nicht missen. Ich konnte es spüren, da gab es etwas, was alle verband, und eine Aufregung, an diesem historischen Tag dabei sein zu können, die alle durchströmte. Dazu kamen die Verkleidungen und wie die Leute die damit übergestreiften Rollen ausfüllten. An solche Fahrten erinnert man sich noch Jahre später und kann gemeinsam in Erinnerungen schwelgen. „Weißt du noch, damals …?" Ja, weiß ich.

Tipp: Für bewegte Bilder des Tages sucht mal auf YouTube: „FC St. Pauli – Aufstieg in Fürth! The Good, the Bad and the Ugly" – Bombenvideo von MobyMagic!

„Und wieso fährst du jetzt mit dem Fanladen und nicht mit den Ultras-Bussen?", fragte Karlo interessiert. „Ich fahr eigentlich mit USP, aber vorhin an der Raste bin ich spät dran gewesen, weil ich am Spielautomaten gerade eine gute Phase hatte. Jedenfalls waren die USP-Busse weg, und ich musste hier einsteigen. Keine Angst, auf der Rückfahrt seid ihr mich los. So, und jetzt penne ich auch", sagte Lucky mit einem Zwinkern.

Karlo lehnte sich in seinem Sitz zurück. Die Ultras faszinierten ihn, aber es waren es schon krasse Geschichten, die man hörte. Vieles klang aber auch nach einer Menge Spaß. Freddy kannte einige Leute, die da mitmachten. Als er so nachdenklich dasaß, fielen auch ihm die Augen zu.

Wirklich einschlafen konnte er nicht. So viele Eindrücke waren seit dem Umzug nach Hamburg auf ihn eingeprasselt. Die Großstadt war schon etwas anderes. Er war ständig auf den Beinen und an jeder Ecke gab es etwas zu erfahren. Außerdem hatte er ganz wunderbare Orte kennengelernt. Er erinnerte sich an den Oktober zurück, als er mit Fabian öfters im Backbord gewesen war, bevor das endgültig zugemacht hatte. Er hatte den Laden geliebt. Er wurde von aktiven Fans geführt und ständig gingen Sankt Paulianer ein und aus. Abends, wenn auch die Hipster und Kleinfamilien weg waren, wurden die Türen zugemacht und es waren nur noch entspannte Leute da, manchmal sogar jemand vom Verein. Claus Teister zum Beispiel, der irgendwas mit den Nachwuchsspielern machte. Karlo konnte sich nicht so genau erinnern, aber er wusste noch, dass Fabian intensiv mit Claus über einen Artikel geredet hatte, der in der AFM-Zeitung erschienen war.

Nachwuchsarbeit beim FC Sankt Pauli – ein Interview mit Claus Teister

von Fabian Fritz und Claus Teister

Von Nachwuchsleistungszentren (NLZ) hat sicherlich jede*r Fußballbegeisterte schon etwas gehört, sind sie doch der Regelfall in der deutschen Vereinslandschaft. In der Fanszene des FC Sankt Pauli allerdings ist das NLZ für viele seit Jahren schon untrennbar mit einem Namen verbunden. Claus, oder Teister, wie ihn die meisten nennen, der sozialpädagogische Leiter des Nachwuchsleistungszentrums des FCSP, gehört selbst zur aktiven Fanszene. Im letzten AFM-Mitglieder-Magazin *Young Rebels* wurde er vorgestellt. Man kann das Interview nachlesen auf der Internetseite der AFM. Für mich waren noch ein paar Fragen offen geblieben – Grund genug also, ihn kurzerhand im Viertel zum Gespräch zu treffen. Die Kontaktaufnahme fiel nicht schwer, hatten wir doch im Rahmen einer Präventionsmaßnahme im NLZ zum Thema Rassismus schon zusammengearbeitet.

Bevor ich meine erste Frage überhaupt stellen konnte, betonte Claus, dass ohne die Unterstützung der AFM die sportliche Nachwuchsarbeit des Vereins so nicht möglich wäre. Außerdem erzählte er mir, wie alles einmal mit dem Jugendtalenthaus begann, wie er erst 20 Stunden pro Woche, dann Vollzeit für den magischen FC arbeitete, und wie die Sache zu wachsen begann.

Ich wollte wissen, von welcher Größenordnung wir bei der Nachwuchsförderung beim FC Sankt Pauli eigentlich sprechen.

Man könne von mindestens 200 Spielern ausgehen, dazu kämen noch rund 20 hauptamtliche und natürlich etliche freie Mitarbeiter*innen sowie die Honorarkräfte. Das sei schon enorm, betonte er, schließlich habe man vor zehn Jahren noch mit drei Hauptamtlichen gearbeitet. Er erzählte begeistert, dass zur letzten Weihnachtsfeier sogar mehr als 120 Leute gekommen wären, die irgendwie mit der Nachwuchsarbeit zu tun hatten.

Das hörte sich auch für mich enorm an und ich hakte nach, was eigentlich am NLZ außer dem Training noch so vor sich ging.

Claus erzählte, dass zurzeit die Planung der Elternarbeit im Vordergrund steht und dass man schon ab der U10 auf Elternabenden über Karriere-Verläufe und die damit verbundenen Potentiale und Risiken sprechen möchte. Von da schlug er einen Bogen zu den bisher erfolgreich durchgeführten Präventionsprojekten, über den Umgang mit Sportwetten und Glückspiel, Rassismus und Doping bis hin zum aktuellen Projekt zur Burnout-Prävention. Er betonte ausdrücklich, dass er die Verbindlichkeit, die der DFB beim Thema Rassismus fordert, gut findet. Als Beispiel für Kultur- und Bildungsarbeit führte er einen Besuch der Ausstellung „Hamburger Fußball im Nationalsozialismus" mit einigen der Mannschaften im vergangenen Jahr an.

Wie war Claus als Student der Sozialpädagogik eigentlich zum FCSP gekommen, und was waren seine ersten Aufgaben gewesen?

Nach kurzem Nachdenken war er sich sicher, dass er 2004 gefragt wurde: Als AFM-Mitglied und Ehrenamtlichen wollte ihn der AFM-Vorsitzende Holger Scharf im Nachwuchsbereich sehen. Claus erinnerte sich, spontan gesagt zu haben: „Ich arbeite doch nicht für meinen eigenen Verein!" Scharf bat ihn, wenigstens die Stellenausschreibung zu entwickeln. Das tat er, trat aber trotzdem keine drei Monate später die Stelle selbst an.

Die erste große Sache war, eine Jugendspielerwohnung aufzulösen. Nicht gerade der perfekte Start, aber kurze Zeit später folgten die Konzipierung und der Aufbau des Jugendtalenthauses, was Claus als eine „geile Zeit" in Erinnerung geblieben ist.

Aus meiner früheren Zusammenarbeit mit ihm wusste ich, dass es in seinem Job schwer war, zur Ruhe zu kommen. Ich fragte ihn, wie stressig seine Aufgabe wirklich sei.

Claus bestätigte meinen Eindruck, seine Tätigkeit sei in der Tat „kein normaler Job“. Zwar wären die Kernarbeitszeiten von 10.00 bis 18.00 Uhr heute besser als früher, wo man erst um 22.00 Uhr aus den Sitzungen kam, aber man würde seine Tätigkeit eben immer mit sich herumtragen. Hinzu kommt noch die Mitarbeit im Betriebsrat, die ihm als Gewerkschafter aber eine Herzenssache ist. Claus fasste zusammen, dass es eben ein Job sei, bei dem man erst lernen müsse, abzuschalten, aber er könne es mittlerweile ganz gut.

Mit Hintergedanken an das Buch fragte ich weiter, wo es für ihn in seiner Arbeit eigentlich Überschneidungen mit den Fans des FCSP gäbe.

Claus musste etwas länger über die Frage nachdenken, beantwortete sie dann aber umso präziser. Auf die Fans würde er vor allem bei der Öffentlichkeitsarbeit für die AFM treffen. Er führte besonders die Ü50-Veranstaltungen der AFM mit Kulturprogramm auf dem Trainingsgelände an. Außerdem erwähnte er seine regelmäßigen Berichte auf den AFM Versammlungen, die den Zuhörern durch ihren humorvollen Charme sicherlich in Erinnerung geblieben sind. Aber auch an Spieltagen stellt Claus für Fans einen verlässlichen Gesprächspartner rund um das Thema Fußballnachwuchs dar.

Wo wir schon beim Thema Fans waren, war bei einem Verein wie unserem die Frage nach dem Ehrenamt nicht weit.

Claus stieg sofort ein und erzählte mir, wie unfassbar viel Ehrenamt im Nachwuchsbereich geleistet wird und wieviel Anerkennung er diesen Leuten zollt. Es beginne bei den neun festen Routen des Fahrdienstes für das NLZ und ende bei den Kuchenverkäufen an den Spieltagen, die den Teams ein bisschen Geld in die Mannschaftskassen spülten. Claus sah die Sache bildlich vor sich und ergänzte zwinkernd: „Da denkt man manchmal, gleich kommt Turnvater Jahn um die Ecke.“

Da absehbar war, dass es in unserem Buch viel um Fußball und Politik bzw. Fußball und Demokratie gehen würde, bat ich Claus, sich in Bezug auf die NLZ-Arbeit dazu ebenfalls zu äußern.

Das tat er gerne und berichtete, dass diese Themen in der pädagogischen Arbeit viel Raum einnehmen würden. Sein Wunsch sei es, im NLZ „Fußballer auszubilden, deren Horizont über das geschlossene Stadttor im Hamburg-Wappen hinausgeht“. Er erwähnte nochmals die rassismuskritische Arbeit und machte deutlich, dass man für alle Arten der Diskriminierung und der Benachteiligung sensibilisieren wolle. Vor allem an das Thema Homophobie im Fußball müsse man sich dringend heranwagen, aber auch gegen die Doppelmoral beim Thema Sportwetten etwas tun.

Das brachte ich mich zur Frage, was die jungen Spieler beim FCSP mitnehmen würden, was sie bei anderen Vereinen nicht vermittelt bekämen.

Claus, ganz Diplomat, wich geschickt aus und hielt erstmal fest, dass er auf keinen Fall andere Vereine schlechtreden wolle, aber man habe beim DFB-Ranking nicht umsonst die Höchstzahl von drei Sternen bei der NLZ-Zertifizierung erreicht. In den Konzepten und Angeboten sei langjährige Erfahrung deutlich zu erkennen. Man schaffe im Nachwuchsbereich eine Atmosphäre, die ein solidarisches Miteinander vermittele, wo man „für die Sorgen und Nöte“ der anderen jederzeit ansprechbar sei. Mit einem kleinen Lachen fügte er hinzu: „Bei uns haben die Jugendlichen keine Angst vor dem Pädagogen oder der sportlichen Leitung.“

Das brachte mich zu meiner vorletzten Frage, in der ich wissen wollte, welche Bedeutung das Vereinswesen für seinen Bereich habe.

Claus antwortete überzeugt, dass man sofort merken würde, dass man in einem Verein tätig sei. Dabei brachte er wieder die AFM ins Spiel, deren Mitglieder auf den Abteilungsversammlungen (AV) entscheiden konnten, was mit ihren Beiträgen im Nachwuchsbereich geschehen solle. Er erklärte das näher: „Die haben ganz demokratisch abgestimmt, dass es nicht nur um Steine, sondern auch um Beine gehen soll.“ Damit meinte er, dass man auf der AV entschieden hatte, mit den Geldern nicht nur Infrastruktur zu schaffen, sondern auch Personal zu beschäftigen. Der Verein, so Claus, sei also bis in den Nachwuchsbereich mitgliederbestimmt.

Als wir darüber sprachen, was die AFM alles ermöglichte, schien mir der passende Zeitpunkt für meine letzte Frage gekommen. Ich fragte Claus, was er machen würde, wenn er für ein Projekt unbegrenzte Finanzmittel hätte.

Auch hier musste der sozialpädagogische Leiter nicht lange nachdenken. Mit einem Augenzwinkern berichtete er, dass er gerne einmal ein Festival mit integriertem Turnier veranstalten würde. Dazu sollten alle NLZs eingeladen werden, alle Spieler, Eltern und Trainer sollten dabei sein. Dort sollte über zwei für ihn wichtige

Themen gesprochen werden. Zum einen über das Kindeswohl, also die Frage, was, wann und warum für die Jugendlichen zumutbar sei. Zum anderen würde er gerne über das Thema Spieler-Berater reden, die für ihn heute mehr zu Spieler-Vermittlern geworden zu sein scheinen. Anschließend sollte es das große Turnier mit Teams aller NLZs geben.

Aber Claus verriet mir auch seine private Utopie: er wollte mit dem Segelboot zum Spiel des FCSP bei Rosenborg Trondheim fahren und dabei große Teile der aktiven Fanszene an Bord haben.

Während wir noch diesem Traum nachhingen, musste er aber schon wieder aus dem Lokal stürmen. Er wäre sonst zu spät zum nächsten Termin gekommen. Zum Glück war das Stadion nicht weit.

Irgendwie musste Karlo doch eingeschlafen sein. Er schreckte hoch, als Freddy ihm einen Strohhalm ins Ohr steckte und hineinpustete. „Diggie, wir sind gleich da. Vor uns hängt schon ein Polizei-Motorrad“, sagte sie freudig. Früher hätte Karlo das aufregend gefunden, aber mittlerweile hatte er sich dran gewöhnt, dass rund um alle Spiele viel Polizei war, deren Aufgabe ihm und den anderen nicht immer klar wurde. Da sie relativ spät dran waren, fuhren die Busse direkt auf den Gästeparkplatz, wo schon die Busse der Ultras standen. Freddy und Karlo gingen relativ zügig in den Gästeblock, während einige andere noch draußen blieben und sich das eine oder andere Flaschenbier gönnten. Wenn es um Support ging, waren die beiden sich einig, dass der Suff auch mal warten kann. An Heimspieltagen trank Freddy fast nie, höchstens nach dem Spiel. Auswärts war schon immer große Party, aber innerhalb des Stadions galt es, einen klaren Kopf zu behalten und vor allem, genug Energie aufzusparen, um die Mannschaft zu unterstützen.

Auch wenn die Fanszene heute wieder alles gegeben hatte, war das Spiel miserabel ausgefallen. Die Rückfahrt verlief dementsprechend in getrübter Stimmung. Freddy hätte sich für diesen Fall eine Fahrt über Nacht gewünscht, dann hätte man den Frust wenigstens wegschlafen können. Frustriert entfuhr es Karlo: „So eine Scheiße, die haben gespielt wie die Amateure.“ Im spaßigen Ton kam es aus der Reihe davor zurück: „Was können denn die Amateure dafür, die liefern an der Hoheluft doch eine gute Show ab!“ Karlo fühlte sich pein-

lich berührt. Freddy konnte ihm ansehen, dass er mit dem Begriff Hoheluft nichts anfangen konnte: „Sie meint das Stadion Hoheluft, das gehört eigentlich dem SC Victoria Hamburg aus der Oberliga, aber unsere zweite Mannschaft spielt da auch. Müssen wir bei Gelegenheit mal hin." „Sind da überhaupt Leute?", fragte Karlo. Von vorn kam freundlich aber deutlich: „Wer hat den Trottel eigentlich in den Bus gelassen?" Freddy pöbelte ebenso freundlich zurück und wandte sich wieder an Karlo: „Der Verein ist durchaus mehr als die erste Herren-Mannschaft beim Fußball. Ich gehe zum Beispiel sehr gerne mit den VIII. Damen zum Handball, das ist der Fanclub, der da ziemlich aktiv ist. Aber zu fast allen Sportarten gehen Leute, um da zu supporten. Der Verein hat da ja einiges zu bieten! Du kannst ja in der Pause mal Bodo fragen, der ist im anderen Bus. Als langjähriger Amateurvorstand kann er dir sicher einiges erzählen." Als keine 30 Minuten später an der Raststätte Pfefferhöhe die nächste Pause folgte, klärte Bodo ihn gern auf.

Der FC St. Pauli aus amateursportlicher Sicht

von Matthias (Bodo) Bodeit

Sportverein oder Fußballclub? Da über die Bedeutung des Amateursports im FC St. Pauli gern fabuliert, diskutiert und manchmal sogar zu gestritten wird, sollte man sich dem Thema mal ganz sachlich nähern. So um das Jahr 1907 herum begann man im Turnverein St. Pauli von 1862 Amateurfußball zu spielen. Die sogenannte „Fußlümmelei" hatte somit eine sportliche Heimat auf St. Pauli gefunden, allerdings stießen die Kicker damit bei den Turnern nicht wirklich auf Begeisterung, und so sollte diese Verbindung nicht von Dauer sein. Nachdem 1923/24 in ganz Deutschland eine organisatorische Trennung zwischen dem Turnen und anderen Sportarten vollzogen wurde, als „reinliche Scheidung" bezeichnet, ging man auch auf St. Pauli getrennte Wege.

Und schon 1924 wurde ein eigener Fußballclub etabliert, der FC St. Pauli. Als Gründungstag definierte man den 15. Mai des Jahres 1910, in dem der Verein den Spielbetrieb im NFV aufgenommen hatte. Warum genau dieses Datum, lässt sich nicht mehr nachvollziehen, nehmen wir es einfach als gegeben hin. Ab jetzt wurde also unter dem Vereinsnamen FC St. Pauli Fußball gespielt. Somit lassen

Spielabteilung.

Spielzeit: Sonntags von 9 — 11 Uhr Schlagball und Faustball.
11 — 1 Uhr Fußball.

Die Fußballmannschaft ist in diesem Jahre, wenn auch nicht
großem Erfolge, so doch eifrig tätig gewesen. Sie war beteiligt
6 verschiedenen Spielen. Die beiden letzten fanden statt am 28. Juli
en Fußballklub „Nienstedten", Resultat 1 : 0 Sieg, und am 29.
ptember gegen Fußballklub „Borussia II", Resultat 1 : 6. Das
hste Wettspiel findet am 24. November in Nienstedten statt.

Der Spielausschuß.

„Die Fußballmannschaft ist in diesem Jahre, wenn auch nicht mit großem Erfolg, so doch eifrig tätig gewesen." Vereinsnachrichten des St. Pauli Turnvereins von 1862 aus dem Jahre 1907.

sich die Herren- und die Jugendfußballabteilung zeitlich 1924 bzw. 1910 verorten. Dasselbe gilt für die Schiedsrichterabteilung. In der Herrenfußballabteilung sollten im 21. Jahrhundert auch der Blindenfußball und Futsal ihre sportliche Heimat finden.

Neben dem Fußball nahmen die Kicker regelmäßig an großen Laufveranstaltungen in Hamburg teil, und im Clubheim auf dem Heiligengeistfeld gab es später eine Tischtennisplatte. Das sportliche Treiben wurde zusehends vielfältiger und im Fußballclub St. Pauli von 1910 e.V. entstanden die ersten Amateursportabteilungen. Den Anfang machte 1933 die Rugbyabteilung. Den Startschuss hierfür gaben die jüdischen Brüder Otto und Paul Lang mit ihrem Aufruf zum Aufbau eines Rugbyteams.

Die Rugbydamen nahmen erst Jahrzehnte später, nämlich 1989, den Spielbetrieb auf. Mit acht Deutschen Meister-Titeln in Folge sollten sie aber die erfolgreichsten Sportlerinnen im FC St. Pauli werden. Die Rugbyabteilung ist heute die zweitgrößte Amateursportabteilung im Verein.

Seit 1934 gab es einen weiteren Ballsport auf St. Pauli: Ein Damenteam spielte Handball am Millerntor. Nach zwischenzeitlicher Unterbrechung nahmen die Frauen den Spielbetrieb 1943 wieder auf. Die Männer begannen mit dem Handball erst Ende der 1940er, Anfang der 1950er Jahre. Heute ist die Handballabteilung des FC St. Pauli mit insgesamt 15 Teams am Start und stößt damit an ihre Grenzen. Dies ist nicht zuletzt dem Umstand geschuldet, dass der Stadtteil St. Pauli mit Sportstätten stark unterversorgt ist.

1935 kam dann der schnellste Ballsport der Welt zum Verein: Tischtennis wurde nun nicht mehr nur zum Spaß im Clubheim gespielt. Vor rund elf Jahren stand diese Sportsparte aufgrund der geringen Mitgliederzahlen kurz vor dem Aus, aber das konnte erfolgreich abgewendet werden. Seit gut fünf Jahren gibt es sogar einen Aufnahmestopp, da den mittlerweile über 100 Mitgliedern nicht mehr ausreichend Hallenzeiten zur Verfügung stehen. Es ist nicht verwunderlich, dass die Kampagne „St. Pauli braucht Sporthallen“ in der Tischtennisabteilung ihren Anfang nahm.

Erst nach dem Ende des Zweiten Weltkriegs gab es die nächste Gründung. 1947 wurde die Schachabteilung eingerichtet. Heim-, Trainings- und Wettkampfstätte ist traditionell das Clubheim. In den vergangenen Jahren hat die Schachabteilung die international beachteten St. Pauli Schach Open veranstaltet, nur 2016 ist diese Veranstaltung leider ausgefallen.

Möglicherweise bedingt durch die schwierige Nachkriegs- und Wiederaufbauzeit wurde erst 1969 eine weitere Abteilung im FC St. Pauli gegründet – die Bowlingabteilung. Wo heute die „Tanzenden Türme“ stehen, befand sich ein Bowlingcenter, und dort wurde ordentlich mit Bällen geholzt (die Kugel beim Bowling heißt Ball!). Später gab es dort den Musikmarkt Nr. 1 und den Mojo-Club. Heute findet das Training in Mundsburg, Wandsbek und Osdorf statt. Bowling-Jugendmannschaften gibt es übrigens erst seit 1989.

Gekegelt wurde hingegen bereits im St. Pauli Turnverein um 1920. Als Sportabteilung im FC St. Pauli wird Kegeln aber erst seit 1988 geführt. Diese Abteilung hat heute nur noch wenige Mitglieder. Wer also Lust hat, die Holzfiguren umzunieten, ist herzlich eingeladen. Zurzeit wird auf der Bundeskegelbahn in Mundsburg trainiert.

Bereits 1970 begannen junge St. Paulianerinnen im Verein gegen das Leder zu treten, zum Leidwesen der Männer, die damals noch glaubten, die Fußballkunst für sich gepachtet zu haben. Das kann man sich heute beim FC St. Pauli gar nicht mehr vorstellen, aber Frauenfußball war seinerzeit unerwünscht. Im Dezember 1972 wurde die Frauenfußballabteilung hochoffiziell aufgelöst, und es sollte fast zwei Jahrzehnte (bis 1990) dauern, bis wieder Frauen am Millerntor kickten. Aber auch in den 1990er Jahren wurden die Spielerinnen von manchen zunächst misstrauisch beäugt. „Junge

Punkerinnen, die mit Springerstiefeln auf dem Grandplatz der Feldstraße kickten", da mussten sich einige erstmal dran gewöhnen, so ist es mir von älteren FC St. Pauli-Mitgliedern zumindest mal berichtet worden. Von den Erfolgen der Fußballerinnen wird an anderer Stelle noch ausführlich die Rede sein.

2003 kam der American Football zum FC St. Pauli. Ein tolles Projekt mit gewaltpräventiver Arbeit. Harte Jungs, harter Sport und klare Regeln für alle. Gelegentlich durften die Jungs sogar im Millerntor ran und den Stadionrasen ordentlich durchpflügen. Ein spannender Sport, der sich durch viel Kampf und Herz auszeichnet. Bei St. Pauli bleibt der American Football vor allem durch den Trainer Campino Milligan in Erinnerung, der sich engagiert für den Sport und die Jugendlichen eingesetzt hat. Für die Arbeit mit „schwierigen" Jugendlichen wurde die Abteilung mehrfach ausgezeichnet. Leider musste sie vor gut zwei Jahren aufgelöst werden, da sie in eine finanzielle Schieflage geraten war und sich auch nicht mehr ausreichend ehrenamtliche Funktionäre fanden, um den Sport im FC St. Pauli weiter betreiben zu können.

2004 wurde schließlich die Radsportabteilung an den Start gebracht. Zuweilen beliebt man dort das FC im Vereinsnamen als Kürzel für FahrradClub zu verstehen. Diese Abteilung hat aktive Mitglieder weit über die Grenzen Hamburgs hinaus. Bei Rennen fallen die St. Pauli Radler*innen neben Erfolgen durch ihre Camouflage-Radkleidung und den Totenkopf im Zahnradkranz schon mal rein äußerlich auf. Diese Abteilung veranstaltet jährlich die sogenannte „St. Pauli Kaperfahrt".

Seit 2005 sind Sehbehinderte beim FC St. Pauli mit der paralympischen Sportart Goalball unterwegs. In der Tor- und Goalballabteilung wird auch Showdown angeboten, eine weitere Sportart für Sehbehinderte, die man oberflächlich betrachtet als Verschmelzung von Tischtennis, Tischkickern und Airhockey bezeichnen könnte.

2006 fand dann auch der Blindenfußball in der Herrenfußballabteilung seine Heimat. Dabei spielen immer fünf gegen fünf (five a side), wobei nur der Torwart sehen kann. Es ist ein durchaus schneller Sport, kein Tappen im Dunkeln. Seit 2008 gibt es die „FC St. Pauli keep your mind wide OPEN", ein mittlerweile internationales Turnier. Jugendliche Spieler des FC St. Pauli kommen inzwischen auch bei der Deutschen Nationalmannschaft zum Einsatz.

Es ist naheliegend, dass ein Kiezclub auch eine Boxabteilung hat. Allerdings fliegen die Fäuste erst seit 2007. Unter dem Motto „Rumble in the Kiez“ hatte man sich auch hier gewaltpräventives Arbeiten auf die Fahne geschrieben. Mit der Veranstaltung True School Boxing veranstaltete die Abteilung 2011 einen fantastischen Wettkampf, der aber leider auch deutlich machte, dass Schulsporthallen (wie die des Wirtschaftsgymnasiums St. Pauli an der Budapester Straße) als Austragungsorte kaum geeignet sind. Es ist fast aussichtslos, eine solche Halle von Donnerstag bis Montag geblockt zu bekommen, um die entsprechenden Aufbauten vornehmen zu können und auch ausreichend Zeit für den Abbau zu haben. Zudem hat der neue Betreiber jener Halle nicht nachvollziehbare Zuschauerhöchstzahlen festgelegt, die regelhaft bei 199 Personen liegen und somit Veranstaltungen dieser Größenordnung unmöglich machen.

2009 wurde die Triathlonabteilung gegründet, hauptsächlich auf Betreiben sportlich offenbar noch nicht ausgelasteter Mitglieder der Radsportabteilung. Auch sie hat schnell eigene Veranstaltungen etabliert, z. B. den jährlichen X-mas Run. Auf dem Sportfest zum 100. Geburtstag des FC St. Pauli auf dem Heiligengeistfeld 2010 organisierte sie einen Kindertriathlon.

Ebenfalls seit 2009 existiert die Tischfußballabteilung. Trainings- und Wettkampfstätte der braun-weißen Kicker-Academy ist, wie für die Schacher, das Clubheim. Regelmäßige Wettkämpfe und Turniere machen das Kickern beim FC St. Pauli zu einem gut besuchten Abendsportangebot.

Die Dart-Piraten sind seit dem 30.5.2011 aktiv. Neben dem Clubheim hat sich diese Abteilung mittlerweile einen zweiten Standort in der Domschänke aufgebaut. Bulls Eye und Triple Twenty sind des Darters Ziel, doch wer glaubt, dass man einfach nur mit hohen Treffern am Brett gewinnt, täuscht sich. Es wird geworfen, bis einer genau 501 Punkte erzielt hat – da kommt es auf echtes Fingerspitzengefühl und Peilung an.

Das Motto der Marathonabteilung lautet: „Alle auf die Straße“. Diese hat sich ebenfalls 2011 gegründet. Ihr jährlicher „FC St. Pauli Lauf gegen Rechts“ ist mittlerweile eine Institution in Hamburg. Ende Mai/Anfang Juni geht es jedes Jahr um die Alster und das mit politischem Anspruch: Die Einnahmen der Laufveranstaltung fließen in Projekte, die sich gegen Rechts engagieren.

Im März 2014 kamen die Harbour Girls zum FC St. Pauli. Seitdem wird Roller Derby unter der Totenkopf-Flagge praktiziert. Dieser rein weibliche Sport ist eine Symbiose aus Rollschuhfahren, Rugby, Punkrock und Womanpower. Beim Roller Derby wird ein Rundkurs in der Halle gefahren, bei dem sich zwei Teams gegenseitig blockieren bzw. versuchen, die Blockade zu durchbrechen. Die Wettkämpfe, sogenannte Bouts, sind gut besucht und bieten jede Menge sportlicher Unterhaltung, insbesondere Freunde lauter Gitarrenmusik kommen auf ihre Kosten.

Nicht mehr ganz klar zeitlich zu verorten ist die Existenz einer Leichtathletikabteilung, die es im FC St. Pauli in den Anfangsjahren gegeben haben soll.

Auch die Soft- und Baseballabteilung existiert nicht mehr, sie bestand in den 1990er Jahren und wurde ca. 2006 aufgelöst, ebenso wie die Cheerleader-Abteilung.

Eine Beachvolleyballabteilung gibt es zwar noch nicht, aber ein semiprofessionelles Beachvolleyballteam pritscht seit ein paar Jahren international für Braun-Weiß.

2010 haben wir unseren 100. Geburtstag gefeiert. Ein temporäre Ausstellung in Seeschiffcontainern auf dem heutigen Harald-Stender-Platz, ein großes Konzert mit namhaften Bands aus aller Welt im Stadion, unzählige kulturelle Veranstaltungen rund um das Millerntor, ein großes Vereinsfest auf dem Heiligengeistfeld und eine sportliche Sanktpauliade rundeten das Jubiläum ab.

An der Sanktpauliade nahmen die meisten Sporttreibenden Abteilungen des FC St. Pauli und einige Fangruppierungen, sowie die Geschäftsstelle des FC St. Pauli teil. Wettkämpfe wurden in den Disziplinen American Football, Boxen, Bowling, Blindenfußball, Fußball, Handball, Kegeln, Rugby, Schach, Tischfußball, Tischtennis, Torball und Triathlon ausgetragen. Aber auch das Wissen um den Verein und das Viertel sowie Regeln der Schiedsrichterei wurden abgeprüft. Mit einer großen Feier im Ballsaal der Südtribüne wurde die Sanktpauliade beendet und die Rugbyabteilung als Sieger gekürt. Anstelle von Medaillen bekamen alle Teilnehmer*innen einen speziell zu diesem Anlass angefertigten Fußballschal. Heute findet einmal im Jahr das Sanktpauliade-Fußballturnier an der Feldstraße statt. Neben den Sporttreibenden Abteilungen und einigen Fangruppierungen nimmt seit drei Jahren auch das FC Lampedusa-Team teil, mit Erfolg. Sie haben bereits zweimal das Turnier gewonnen.

Sportverein oder Fußballclub? Im Namen führen wir das FC, das hochoffiziell für Fußballclub steht und dennoch sind wir ein Sportverein mit 19 Sporttreibenden Abteilungen. Der Amateursport als Vereinszweck macht den Bundesligafußball rechtlich überhaupt erst möglich und Bestrebungen in Richtung anderer Rechtsformen als der des Vereins dürften bei uns am Millerntor keine Mehrheiten finden.

Nun haben wir beim FC St. Pauli durchaus eine Unternehmensstruktur mit vielen ausgegliederten, also weitgehend unabhängigen Abteilungen, aber der Bereich Profifußball gehört rein rechtlich nicht dazu. Einige Mitglieder meinen, dass Einflussmöglichkeiten auf das profisportliche Geschäft über die Mitgliederversammlung trotzdem faktisch gar nicht bzw. nur in geringem Maße bestünden. Und natürlich hat es auch immer wieder mal Versuche gegeben, das Thema „Ausgliederung des Lizenzspielbetriebs" beim FC St. Pauli zu platzieren. Bisher aber ohne Erfolg, und ich hoffe, das bleibt auch so.

Auch wenn verschiedene Leute meinen, man könne eine Linie zwischen Sporttreibenden und Fans ziehen, um die Meinungslage im Verein zu markieren, ist die Realität eine andere. Ein Vizepräsident des FC St. Pauli sprach in Bezug auf die Sporttreibenden einmal von den „konservativen Kräften im Verein". Das mag vielleicht auf einige Personen zutreffen, aber es beschreibt nicht die Vielfalt der Interessenlagen und Meinungen unter den Sporttreibenden. Darunter sind Menschen, die zwar beim FC St. Pauli ihren Sport ausüben wollen, beim Fußball aber ganz woanders verortet sind (auch beim HSV oder Hansa Rostock!). Und natürlich gibt es auch welche, die Fußball gar nicht interessiert. Und doch gehört das Herz der überwiegenden Mehrheit auch beim Fußball diesem Verein. Viele leben im Stadtteil, manche sind hier geboren und aufgewachsen. Nicht wenige sind auch Teil der aktiven Fanszene, organisieren sich in Fanclubs, engagieren sich im Stadtteil politisch, unterstützen Fanräume oder sind Mitglieder im 1910 – Museum für den FC St. Pauli e.V.

Bei den letzten Aufsichtsratswahlen wurde viel darüber diskutiert, ob nun die Fans und die AFM ihre Kandidaten mehrheitlich durchgebracht hätten und die Sporttreibenden „wieder mal“ das Nachsehen gehabt hätten. Ob nun im St. Pauli Forum, im Stadion oder in persönlichen Gesprächen: Diese Frage wurde sehr ernsthaft diskutiert. Ein Zeichen dafür, dass unsere Vereinswelt noch sehr fragil ist und wir gut daran tun, die zarte Pflanze ausreichend zu düngen und zu gießen. Genaugenommen haben die Sporttreibenden bei den besagten Aufsichtsratswahlen aber sogar vier zu drei „gewonnen“ (wenn man das denn so nennen möchte und Wert darauf legt). Da die Aufsichtsratsvorsitzende in der Handballabteilung *und* der AFM Mitglied ist, könnte man aber auch von einer Pattsituation sprechen. Die Abteilungen überschneiden sich eben bisweilen. So what?! Man sieht daran, was die Köpfe in unserem Verein zuweilen so bewegt und wie Lagerdenken immer mal wieder die Oberhand gewinnt.

Einmal, als auf einer Jahreshauptversammlung der „Verkauf des Stadionnamens“ zur Abstimmung stand, habe ich es erlebt, dass die Mitgliedschaft des FC St. Pauli tatsächlich mehr oder weniger einstimmig klar mit Nein votiert hat. Und das, obwohl auch hier vor der Versammlung viel spekuliert wurde, welche Gruppe wohl wofür stimmen würde. Man mutmaßte, dass es knapp werden würde, weil jedes Lager sein Stimmvieh in Stellung gebracht hätte. Am Ende war alles ganz einfach, eine nüchtern und sachlich vorgetragene Gegenrede und ein großes, klares „Nein“ erfüllte den Versammlungssaal. Das ist mein St. Pauli!

Was ich damit sagen will: Meine Leidenschaft als St. Pauli-Bewohner, FC St. Pauli-Fan, Vereinsmitglied und Sporttreibender heißt FC St. Pauli! Der Sportverein darin braucht den Fußballclub genauso existenziell wie der Fußballclub den Sportverein. Nur so kann es dieses „Wunderwerk der Emotionen, das sich jeden Tag aufs Neue erfindet und dabei weitgehend authentisch bleibt“ geben.

In diesem Sinne: Möge uns der Himmel nicht auf den Kopf fallen und wir uns selbst nicht gegenseitig im Wege stehen.

Forza FC St. Pauli.

Nach dem Gespräch mit Bodo, das die gesamte Pause eingenommen hatte, hoffte Karlo nun auch, dass der ersten Mannschaft der Himmel nicht auf den Kopf fallen würde, sah es doch sportlich zur Zeit nicht so gut aus. Aber ihm war die Idee gekommen, dass er bei

St. Pauli ja auch mit dem Boxen weitermachen könnte. Das hatte er in der Pfalz zwar hauptsächlich angefangen, um fit zu sein, falls es mit Nazis oder anderen Spacken mal zum Stress kommen sollte, aber es schadete sicherlich auch in Hamburg nicht. Als er Freddy davon erzählte, meinte sie: „Na, da hat sich das Gespräch wohl gelohnt. Und ein bisschen Sport könnte dir langsam mal wieder guttun, du hängst ja nur an deiner Uni rum." Karlo war von seinem Plan so angetan, dass er über die spitze Bemerkung einfach hinwegging. „Aber ich würde mir auch gerne mal was anderes anschauen als immer nur die ersten Herren. Hast du Bock, mal mitzukommen?" Freddy nickte nur, da sie den Mund gerade voller Bulgur-Salat und trockenem Brot hatte, die Würste waren seit der Hinfahrt schon alle. Karlo war von der Breite der Sportarten begeistert und fing an, die 19 Abteilungen nochmal zu rekapitulieren. Wenn man die AFM (Abteilung Fördernde Mitglieder) dazurechnete, kam man sogar auf 20. Jemand warf ein, dass es noch eine Abteilung für Subbuteo Tischfußball gab, da die ein Poster im Fanladen hängen hatten, aber Genaueres wusste keiner, und so vertrieb man sich die Rückfahrt mit munteren Spekulationen. Die Busse kamen am späten Abend wieder in Hamburg an und der Tag endete für Freddy und Karlo da, wo er begonnen hatte: im Jolly Roger.

Ein paar Wochen später rief Freddy Karlo an: „Erinnerst du dich noch, dass wir mal was anderes sehen wollten?" Ohne Karlo zu Wort kommen zu lassen, sprach sie weiter: „Ein paar Leute und ich wollen uns gleich die ersten Frauen gegen Bremen an der Feldstraße angucken. Kommst du mit?" Auf so einen Gelegenheit hatte Karlo nur gewartet und machte sich gleich auf den Weg. In der Bahn saßen noch andere, die man an ihren Buttons, Schals und Shirts sofort als St. Paulianer erkannte. Karlo machte keine Ausnahme, trug er doch den neusten Merchandise, den es im Fanladen zu erwerben gab, und sogar aus dem Fanshop waren ein paar Sachen dabei. Er fand mittlerweile, dass man da ruhig etwas kaufen konnte. Immerhin war ja nun auch der Totenkopf wieder in Hand des Vereins, und er hatte gehört, dass der Fanshop viele gute Aktionen der Fanszene unterstützt hatte.

Während er so darüber nachdachte, stiegen an den Landungsbrücken zwei weitere St. Paulianer zu. Sie unterhielten sich gerade über die Feldstraßen-Plätze und einer von beiden, der mit Kai angesprochen wurde, war offensichtlich der Trainer der Frauenmannschaft. Da die beiden ziemlich laut sprachen, konnte er einiges aufschnappen.

Claus „Bubu“ Bubke – Anekdoten von unserem Kult-Zeugwart

von Kai Czarnowski

Seit nunmehr sieben Jahren ist Bubu der König der Kunstrasenplätze an der Feldstraße. Er wirkt vielleicht nicht immer freundlich. Wenn man ihn näher kennt, weiß man jedoch, dass er ein großes Herz hat und vor allem immer geradeaus ist. Ob in den 25 Jahren als Zeugwart bei den Profis oder als Platzwart der Feldarena – Bubu ist sich immer treu geblieben.

In all den Jahren hat er viele Anekdoten zum Besten gegeben aus seiner Zeit bei den Profis. Ein paar habe ich mit seiner Zustimmung aufschreiben und veröffentlichen dürfen.

Uli Maslo kam vorm Training zu Bubu und sagte: „Bubu, wenn mein Handy klingelt, gehst du ran und kommst auf den Platz zu mir, das Gespräch ist wichtig!“ Das Telefon klingelte und Bubu störte Maslo beim Trainingsbetrieb. Woraufhin dieser sich dann unerwartet echauffierte und Bubu zusammenstauchte, wie das angehen könne, dass er das Training stört. Bubu ging vom Platz und warf das Handy auf die nächstbeste Koppel, von der Uli Maslo sich nach dem Training die Einzelteile zusammengesucht hat.

Zeugwart Bubu wollte sich im Trainingslager schon früher vom Abendbrot verabschieden, doch Willy Reimann ließ ihn nicht gehen. Eine Stunde später beendete Reimann das Abendbrot und sagte: „Jetzt könnt ihr alle gehen, auch du darfst jetzt los, Bubu!“ Bubu stand auf, ging in den Keller, packte die dreckige und stinkende Wäsche des Trainingstages zusammen, marschierte nach oben. Mit den Worten: „Du hast mich nicht gehen lassen, jetzt mache ich keine Wäsche mehr, ihr könnt den Scheiß morgen noch mal anziehen“, warf er sie Willy Reimann vor die Füße.

Über die Präsidenten hat Bubu eine eigene Meinung. Mit Papa Heinz Weisener erlebte er Folgendes: Das Präsidium tagte, als Bubu in die Besprechung reinplatzte, weil er was von Weisener wollte. Leider machte Bubu den Fehler, ihn mit Vornamen anzusprechen. Darauf bat Weisener ihn vor die Tür und meinte: „Bubu, wie kannst du mich Heinz nennen! Das heißt Herr Weisener oder Herr Präsident!" Worauf Bubu konterte: „Alles klar Herr Weisener, und ab morgen bin ich dann Herr Bubke für Sie!" Damit ließ er Heinz Weisener stehen.

Beim Spiel gegen Borussia Dortmund kam Jens Lehmann zu Bubu und bat ihn um Bälle zum Warmmachen. Bubu gab ihm ein Netz mit zehn Bällen, worauf Lehmann fragte: „Weißt du nicht, wer ich bin?" Bubu sagte: „Jens Lehmann bist du, ja und?" Lehmann: „Ich bin Nationaltorwart und es gewohnt, mich vor den Spielen mit neuen Bällen warm zu machen!" Bubu nahm das Ballnetz zurück und ließ Lehmann mit den Worten stehen: „Und heute musst du dich dann wohl mal ohne Bälle warm machen!"

Bubu hat natürlich noch viele andere Geschichten erlebt in seinen 25 Jahren als Zeugwart, aber alles ist dann doch nicht für die Öffentlichkeit bestimmt. Er hat so viele Trainer und Spieler kommen und gehen sehen und war zusammen mit Wolli Wollmann immer eine der wenigen Konstanten. Er war nicht nur Zeugwart, sondern für viele Spieler auch Organisationschef für Bier und Kippen, wobei er stets alle gleich behandelt hat. „Du kannst nicht einem zwei Schachteln Zigaretten besorgen und dem anderen nicht", war seine Philosophie. Für ihn war es eine schöne Zeit. „Aber bist du erstmal weg, dann bist du weg!", so sein Statement zum Abschluss unseres Gespräches. Ich selbst habe ihn viele Jahre – wie andere auch – auf der Gegengerade immer mit den Worten begrüßt: „Bubu, wie machst du das!"

Karlo hoffte, diesen Bubke auch heute beim Spiel zu treffen. In diesem Moment fuhr seine Bahn in die Station Feldstraße ein. Freddy holte ihn ab. „Ich will dir gerne Uwe vorstellen. Der ist freier Journalist, wir kennen uns schon 'ne Weile." Uwe gab Karlo die Hand: „Und Freddy und du, ihr seid zusammen in Eilbek aufgewachsen?" Freddy sprang dazwischen: „Ne, der kommt aus dem Süden. Aber langsam macht er sich. Heute ist er zum ersten Mal bei den Frauen." Bevor Karlo dazu was sagen konnte, ergriff Uwe das Wort: „Dann müssen wir dich wohl mal auf den Stand der Dinge bringen!"

Kampf um Respekt – Frauenfußball beim FC St. Pauli

von Uwe Toebe

Erst am 31. Oktober 1970 hatte der DFB beschlossen, Frauen das Spiel mit dem Ball überhaupt zu erlauben. Allerdings wurde die Spielzeit auf 70 Minuten begrenzt, Stollenschuhe durften nicht getragen werden und eine sechsmonatige Winterpause war einzuhalten. Im selben Jahr gab es einen ersten Versuch, Frauenfußball beim FC St. Pauli zu etablieren. Das damalige Team nahm ein Jahr später an der neugegründeten Frauenliga des Hamburger Fußballverbandes teil.

Die Entscheider im Verband (natürlich allesamt Männer – erst sieben Jahre später wurde eine Frau zur Frauenfußballbeauftragen bestimmt) übertrugen ihr konservatives und damit arg beschränktes Frauenbild eins zu eins auf den Fußball, der eine männliche Domäne bleiben sollte. Und es so für viele Jahre tatsächlich auch blieb.

Auch der in Frauenfragen weitgehend rückständige FC St. Pauli war über das neue Damenteam unglücklich und ergriff 1972 die erste Gelegenheit, der revolutionären Idee Adieu zu sagen. Die Elf hatte in der Debütsaison sportlich mit guten Leistungen für Aufsehen gesorgt, doch gab es im folgenden Sommer aufgrund einiger Abgänge Probleme mit der Kaderzusammenstellung. Das Präsidium meldete das Team prompt von der Liga ab, um es im Dezember 1972 schließlich ganz aufzulösen.

Die ersten Absätze dieses Kapitels verraten schon, worum es im Frauenfußball seit Jahrzehnten in erster Linie geht – nicht nur beim FC St. Pauli. Der Kampf um Anerkennung und Respekt bestimmte von Beginn an das Handeln der Akteure.

Ein zweiter braun-weißer Versuch

1990 kam es zum zweiten Anlauf. Wieder wollten Frauen in braunweißen Trikots gegen den Ball treten, wieder trafen sie auf Widerstände. Sie wurden erst einmal der Jugend(!)abteilung angegliedert. Immerhin fanden die Frauen in Vizepräsident Christian Hinzpeter einen Fürsprecher. Er unterstützte die kleine Schar, die unverdrossen Woche für Woche um Trainingszeiten und Umkleidekabinen kämpfte, regelmäßig mit sexistischen Vorurteilen konfrontiert wurde und dennoch keinen Schritt zurückwich.

Im Ligabetrieb blieb der FC St. Pauli erst einmal ein kleines Licht, für etliche Jahre das kleinste überhaupt. So berichtete der Hamburger Boulevard Ende der 1990er Jahre in einem Zeitungsartikel, der im Schaukasten des Vereinsheims bei der damaligen Wirtin Brigitte auf Leserschaft wartete, von der schlechtesten Elf Hamburgs, die einmal mehr die Saison als abgeschlagene Tabellenletzte der untersten Liga abgeschlossen hatte, was zu diesem Zeitpunkt die Bezirksliga war.

Vereinspolitisch sorgte zu diesem Zeitpunkt erstmals eine der Gründerinnen für Aufmerksamkeit. Tatjana Groeteke wurde in den Aufsichtsrat gewählt und schließlich, als erste Frau im deutschen Fußball überhaupt, an dessen Spitze.

Im Frühling 2000 stieß ich auf den Frauenfußball beim FC. Die damalige Situation stellte sich wie folgt dar: Jedes Tor war etwas Besonderes, ein Punktgewinn gelang selten, ein Sieg fast nie. Das Interesse der Öffentlichkeit tendierte gegen Null, es gab in der Tat Spiele mit einem einzigen Zuschauer. Heimspiele auf den zugigen Grandplätzen am Bunker wurden allenfalls von Freunden und Verwandten besucht.

0:25 gegen den HSV

Knut Kahlbom war der damalige Trainer. Das Team verstand sich als Kollektiv, das immer auch eine politische Aufgabe hatte, die eigentlich wichtiger war, als das sportliche Ergebnis auf dem Platz. Gekämpft wurde gegen Sexismus, für die Gleichberechtigung und so nebenbei für zahlreiche andere linke Überzeugungen. Daran konnte auch eine 0:25-Niederlage im November 2000 im Pokal gegen die Zweitvertretung des Hamburger SV nichts ändern.

Auch wenn es hier hauptsächlich um die sportlichen Aspekten gehen soll, lassen sich beide Seiten – wie eigentlich immer im Fußball – nicht voneinander trennen. Die gesellschaftlichen Hintergründe wirkten insbesondere bei den St. Pauli-Fußballfrauen stets immens auf das Team, und später, als endlich eine eigenständige Formation innerhalb des Klubs gegründet worden war, auf das Abteilungsleben.

Je engagierter sich das Team abseits des Platzes für seine Ziele einsetzte, desto weniger erfolgsorientiert gab es sich auf dem Grand. Auf Fairness wurde gesteigerter Wert gelegt. Fast nie wurde über Schiedsrichterentscheidungen (die Schiedsrichteraufgabe versahen übrigens Anfang des Jahrtausends grundsätzlich immer Männer) diskutiert, umstrittene Einwürfe grundsätzlich hergegeben und Grätschen waren ganz wenigen Spielerinnen vorbehalten.

Zwei Anekdoten spiegeln das das damalige Spannungsfeld gut wieder. Bei einem Auswärtsspiel gegen Eintracht Elbe glänzte der angesetzte Schiedsrichter durch Abwesenheit. Der gegnerische Trainer sprang nach Absprache ein. St. Pauli war nah am Punktgewinn dran, als der Unparteiische völlig korrekt einen Freistoß für die Eintracht gab. Aus über 30 Metern segelte der Ball Richtung Gästetor und schien weit über das Ziel hinauszufliegen. Ein lauter Pfiff ertönte, mit dem offensichtlich ein Abstoß angekündigt werden sollte. Die Braun-Weißen drehten sich von der noch immer durch die Luft treibenden Kugel weg, die sich aber plötzlich senkte und an die Latte sprang. Elbe reagierte schnell und schob den Abpraller über die Linie. Der Schiedsrichter entschied sich um und zeigte zur Mittellinie. Die St. Paulianerinnen schauten sich und den Mann in Schwarz irritiert an. Der Trainer schleuderte einige wenige Worte in den Raum, fand sich aber mit seinem scheinbar unvermeidlichen Schicksal ab: Das Tor sollte gegeben werden. Bis der einzige anwesende Fan regelrecht explodierte, gar mit dem Sportgericht drohte und auf die Kapitänin einredete, die jetzt erst zum Schiedsrichter ging und ihm eine alternative Sichtweise auf die aktuelle Situation mitteilte. Nämlich, dass er kurz davor stand, nach einer ersten nicht nachvollziehbaren Fehlentscheidung nun auch noch tatsächlich einen schweren Regelfehler zu begehen, der im Gegensatz zur Tatsachenentscheidung des unredlichen Pfiffes natürlich anfechtbar war. Das Wunder geschah, der Treffer wurde annulliert und das Spiel regelkonform mit Abstoß fortgesetzt.

Im Verlauf der Jahre wurde ich angesprochen, ob ich nicht als „Manager“ einen Beitrag leisten wollte. Das tat ich und übernahm die Spielerinnenpässe und diverse kleinere Aufgaben. Zudem brauchte das Team damals neue Trikots. Mit Abwehrspielerin Andrea Poll zusammen gelang es mir, einen Sponsor aus dem direkten Umfeld der Fans zu überzeugen, einen neuen Satz Hemden und Hosen zu spendieren. Auf einer Weihnachtsfeier verkündete ich dies und wurde prompt einige Wochen später „gefeuert“. *Zwei* Männer in *verantwortungsvoller* Position waren dann doch mindestens einer zu viel in den Augen der Mehrheit des auf Selbstbestimmung achtenden Teams.

Folglich zog ich mich auf meinen Posten als Zuschauer zurück. Von denen gab es nun immer mehr. Sie rekrutierten sich damals zu großen Teilen aus der Punkrockkneipe Max-Bar. Der dortige FC St. Pauli-Fanklub Dianas Darlings erhielt im Gegenzug bei Fußballturnieren des Fanladens tatkräftige Unterstützung auf dem Rasen – daran hat sich bis heute nichts geändert.

In diesem Umfeld avancierte das Team zu einer eigenständigen Abteilung, ein erstes Mädchenteam wurde gegründet und allmählich wurden die sportlichen Ergebnisse besser. Knut gab 2004 nach vielen Jahren den Trainerstuhl an Kai Czarnowski weiter.

Dank einiger Neuzugänge wuchs das spielerische Potenzial. 2006 konnte man erstmals eine Saison mit mehr Siegen als Niederlagen und einem positiven Torverhältnis beenden. Mit Sonja Fliegel stieß erstmals eine Spielerin zum Team, die zuvor dauerhaft auf höherklassigem Niveau gespielt hatte – sie kam ausgerechnet vom HSV. Ihren Freistoßtoren in den Winkel sollten die Fans in den kommenden Jahren schon beim Anlauf huldigen.

Der zunehmende Erfolg ließ den politischen und gesellschaftskritischen Teil zunehmend in den Hintergrund treten, was nicht von allen Mitgliedern gutgeheißen wurde. Deshalb wurde die Bildung eines zweiten Teams beschlossen, um beiden Seiten gerecht zu werden. Ausgerechnet in dieser Phase schafften nun die „Ersten Frauen" ihren ersten Aufstieg – in die fünftklassige Landesliga. Dort behauptete sich das Team und nahm die Einladung des Verbands an, als Fünfter des Klassements nur ein Jahr später in die Verbandsliga aufzurücken.

Das schlimmste Jahr der Abteilungsgeschichte

Die Annahme dieses Geschenks entpuppte sich als schwerwiegender Fehler. Zahlreiche Stammspielerinnen wie Fliegel verletzten sich schon in der Vorbereitung oder in den ersten Saisonwochen schwer. Der FC St. Pauli war von Beginn an in der höchsten Hamburger Spielklasse nicht konkurrenzfähig. Im Frühjahr 2011 griff dann der ehemalige St. Pauli-Profi Flemming Nielsen, der zu diesem Zeitpunkt die B-Mädchen trainierte, nach der Macht und wollte das Verbandsliga-Team übernehmen. Damit stieß er auf entschiedenen Widerstand und scheiterte schließlich. Dafür entbrannte ein heftiger Kampf, der viele der altgedienten Abteilungsmitglieder an offensichtlich nur scheinbar überwundene Zeiten erinnerte, in denen Bevormundung Alltag war. Gegen die Satzung, aber mithilfe des Präsidiums des Vereins sowie der Rugbyabteilung (in der das Fußballteam nun startete), meldete Nielsen seine B-Mädchen an der Fußballabteilungsleitung vorbei beim Hamburger Fußballverband als drittes Frauenliga-Team für die folgende Saison an. Am Ende der heftigen Auseinandersetzung scheiterte sein Plan aber und er verließ mit dem Großteil der B-Mädchen den Verein Richtung Eimsbütteler TV. Zurück blieb ein tiefer Riss durch den FC.

In diesen düsteren Monaten stiegen die ersten Frauen sang- und klanglos als Tabellenletzte wieder ab. Und doch barg diese Zeit den Schlüssel zu einer kaum für möglich gehaltenen Erfolgsserie – weil Kai und sein Team dem Druck standhielten und die Abteilungsleitung um Suzann Edding souverän auf Kurs blieb.

Tore, Titel, Sensationen

Nach zwei emotionsgeladenen Aufstiegen bis in die Regionalliga Nord, die aktuell dritthöchste Spielklasse, gelang dort 2017 der souveräne Klassenerhalt. Der HSV wurde 2016 im Pokalhalbfinale erstmals verdient geschlagen. Großen Anteil daran hatte die erste ehemalige Bundesligaspielerin des FC, die vom FSV Gütersloh nach St. Pauli gewechselte Mittelfeldspielerin Nina Philipp, die mit 41 Treffern zur Torschützenkönigin der Verbandsliga gekrönt wurde. Die anschließende Endspielniederlage gegen Bergedorf verfolgten fast 1.200 begeisterte Zuschauer. Mittlerweile haben sich zwei sehr engagierte Fanclubs (Ey, die Hunde und Die üblichen Verdächtigen) gegründet und in der Regel sind bei Heimspielen rund 200 Fans anzutreffen, von denen viele auch regelmäßig die Auswärtsspiele verfolgen.

Die Abteilung ist mit Jugendteams bis hinunter zu den D-Mädchen sehr breit aufgestellt und wird von der Abteilung der Fördernden Mitglieder (AFM) des Gesamtvereins sehr großzügig unterstützt. Zahlreiche aktuelle und frühere Spielerinnen bringen sich als Trainerinnen ein. Dieses Engagement zeigt Wirkung. Mit Außenbahnspielerin Lynn Isken und Innenverteidigerin Francis Wernecke zählen zwei Talente aus der eigenen Jugend nunmehr zu wertvollen Stützen in der Regionalliga. Nach Aussagen der Trainerinnen haben weitere zahlreiche Nachwuchsspielerinnen das Potenzial, den Sprung nach oben zu schaffen.

Die Zielrichtung der ersten Frauen ist klar der sportliche Erfolg. Das zweite Team der Abteilung, in dem sich zunehmend ehemalige Spielerinnen der ersten wiederfinden, knüpft eher an die traditionelle politische Arbeit an, wobei der Kampf gegen Sexismus und Homophobie im Vordergrund steht. Ein drittes Team wurde gegründet, das als Bindeglied zwischen der Regionalligavertretung und den B-Mädchen vorgesehen ist. Hinzu kommt eine Ü30, die auf dem Siebener-Feld um Punkte kämpft.

Was bringt die Zukunft?

Nachdem der HSV überflügelt worden ist und Bergedorf sein Regionalligateam aufgelöst hat, ist der FC St. Pauli drauf und dran, zur Nummer eins im Hamburger Frauenfußball zu avancieren. Einzig Bramfeld steht dem noch im Wege. Die Zukunft bleibt sehr spannend an der Feldstraße. Wird die Abteilung ihren Weg fortsetzen können?

Die Abteilung lebt neben den AFM-Geldern für die Jugend vor allem vom Einsatz der Beteiligten. Keine Spielerin bekommt Geld, die Trainer – egal ob Jugend oder Regionalliga – werden mit gerade mal 50 Euro im Monat entlohnt. Der Eintritt zu den Spielen ist gratis, sogar zu den Auswärtsspielen dürfen die Fans ohne Kosten im angemieteten Teambus mitfahren. Sponsoren sind seit einigen Jahren nach einem Beschluss auf einer Abteilungsversammlung nicht mehr erlaubt.

Aufgrund des sportlichen Erfolgs sind neue Spannungsfelder entstanden. Einerseits hat Kai seinen Abschied angekündigt – das Team, mit dem er so viele Erfolge feierte, ist ihm quasi entwachsen. Für die Ausweitung und Verbesserung der Trainingszeiten ist die Unterstützung des Gesamtvereins gefragt. Warum sollten die ersten Frauen beispielsweise in Zukunft nicht einmal in der Woche auf dem Trainingsgelände der Profis trainieren dürfen? Das ist nur eine der vielen Fragen, die bald beantwortet werden müssen. Mit dem Erfolg wachsen auch die Ansprüche des Verbands. Was passiert, wenn einmal der Aufstieg in die 2. Liga gelingen sollte? Wo sind die Grenzen eines Teams, das immer besser wird und im Grunde doch vor allem von der eigenen Leidenschaft, der Liebe zum Spiel und der Unterstützung der Fans lebt?

Die „Jahrhundert-Elf" des Autors:

Annette Matthes – Romina Garcia-Hinsch, Tine Kreisch, Sanna Barudi, Lydia Bernstein – Ann-Sophie Greifenberg, Nina Philipp, Tarja Kühne, Inga Wassmuss – Marisella Hirschmann, Sonja Fliegel

Anmerkung: Annette ist eigentlich rechte Außenläuferin, kann dort alles spielen und würde dort in dieser Elf eigentlich auch hingehören. Sie war jedoch auch immer bereit, in der Not im Tor auszuhelfen.

Karlo war verblüfft, dass es so lange gedauert hatte, bis sich der Frauenfußball überhaupt etabliert hatte. Während des Gesprächs hatten sie bereits den Eingang zum Vereinsgelände des SC HANSA von 1911 e.V. an der Feldstraße 71 erreicht. Dort, im Schatten des Millerntors, sollten die Frauen spielen. Die Atmosphäre war gemütlich und erinnerte Karlo ein bisschen an die kleinen Sportplätze, die es rund um Kaiserslautern gab. Bier und Wurst wurden angeboten, aber als Veganer konnte er nichts essen. Die St. Pauli-Frauen entschieden das Match 2:1 für sich. Nach dem Spiel gesellte sich die Spielerin mit der Nummer 16, Sanna, zu der kleinen Gruppe, da sie Uwe und Freddy kannte. Nachdem sie das Spiel ausgewertet hatten, fragte Karlo, wie sie zum Team gekommen war.

Das hier ist Fußball, das hier sind D(r)amen …

von Sanna Barudi

Als ich im Oktober der Saison 2011/12, vom Mellendorfer TV kommend, zum Team stieß, war mir nicht klar, welch harte Zeit die Abteilung gerade überstanden hatte. Frohen Mutes und voller Energie stand für mich fest, dass ich hier in Hamburg und bei St. Pauli einen Neuanfang wagen wollte. Auf das erste Training folgte schon sehr schnell das erste Spiel, morgens gegen 10 Uhr, irgendwo in Hamburg. Mein Trainer Kai sammelte mich an einer Bushaltestelle ein, denn ich kannte mich schließlich in der Stadt noch gar nicht aus und war etwas spät dran. Schnell in die Umkleide, Schuhe geschnürt und ab auf den Platz. Wir nahmen die drei Punkte mit und ich erzielte mein erstes Tor, woraufhin ich mit „Willkommen im Team!" beglückwünscht wurde.

Die Saison 2011/12 schlossen wir auf dem 4. Platz ab. Die darauffolgende Saison) sollte schon einen kleinen Vorgeschmack bieten von dem, was noch kommen sollte. Nachdem wir in zwei aufeinander folgenden Spielen den „Matchball" zum Aufstieg nicht versiegeln konnten (uns fehlte nur noch ein Punkt), gelang uns am vorletzten Spieltag in Schnelsen der erlösende 6:0 Sieg und die damit einhergehende Vize-Meisterschaft, sowie der Aufstieg in die Verbandsliga Hamburg.

Nun stand uns eine neue Aufgabe bevor. Wir waren alle sehr gespannt, zumal einige noch die Verbandsligasaison 2010/11 und den damit verbundenen Abstieg in den Köpfen hatten. Was würde auf uns zukommen? Und würden wir es diesmal schaffen, die Klasse zu halten? Die Antwort lautete kurz und knapp: Ja! Wir übertrafen uns selbst und erspielten in der Saison 2013/14 sowie 2014/15 den jeweils dritten Platz.

Nun stand die wohl härteste Saison bevor, die ich persönlich in meiner Spielerinnenlaufbahn bisher erlebt habe. Ein Jahr, in dem wir unzählige Spiele absolvierten, sehr viel trainierten, lachten, weinten, kämpften, feierten und am Ende die Meisterschaft für uns entscheiden konnten. Neben den Ligaspielen schafften wir es ins Oddset-Pokalfinale. Ein steiniger Weg, der einige interessante Zwischenstopps zu bieten hatte.

Als Kai und ich einige Wochen nach dem Viertelfinalsieg gegen Wellingsbüttel zum Hamburger Fußballverband fuhren, um die Auslosung der Halbfinalspiele live mitzuverfolgen, konnten wir nicht ahnen, dass unsere Traumkombi tatsächlich zustandekommen würde. Im Topf waren noch: Walddörfer SV, Bergedorf 85, HSV und FC St. Pauli. Als schließlich die Partie Walddörfer vs. B85 gezogen wurde, war klar, dass wir angekommen waren. Nach all der harten Arbeit würden wir uns im Halbfinale auf Augenhöhe begegnen und hätten erstmals die Chance, den HSV in einem Pflichtspiel zu besiegen. Halbfinalheimspiel, Derby, Flutlicht, Mittwochabend, 400 zugelassene Zuschauer*innen. Pyro und ein 4:1 Heimsieg gegen den HSV! Das war er, unser Finaleinzug! Ein magischer Abend, der allen, die daran mitwirkten, ob als Zuschauer*in, Trainer, Betreuerin oder Spielerin in Erinnerung bleiben wird.

Vom Halbfinalspiel beflügelt, schlugen wir die Zielgerade zur Meisterschaft ein und konnten in Wellingsbüttel zwei Spieltage vor Saisonende die Hamburger Meisterschaft klarmachen.

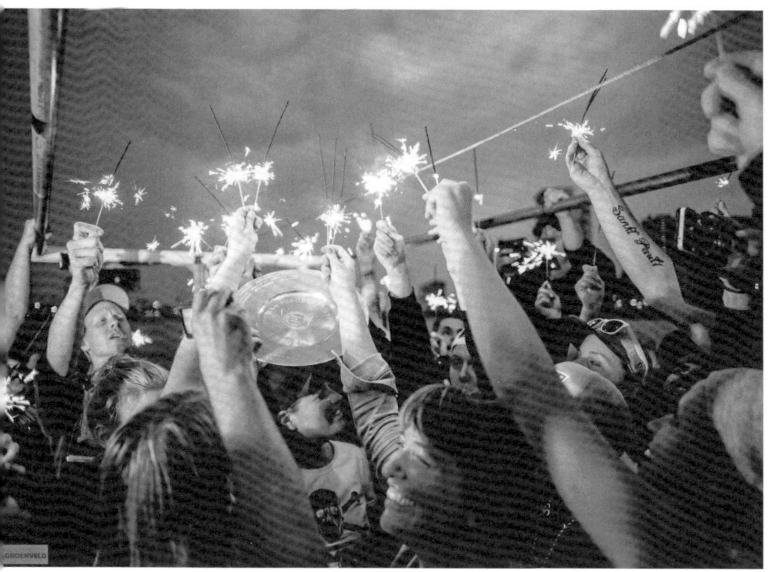

Meisterfeier der 1. Frauen auf der Barkasse „FC St. Pauli" 2016.

Doch die Meisterschale sollte es erst am letzten Spieltag in Eilbek geben. Ein gutes Gefühl, doch immer hatten wir Hintergedanken: #wirsindnochnichtfertig. An diesem Abend blendeten wir jedoch alles aus und feierten ausgiebig auf der St. Pauli-Barkasse mit den Fans.

Montagmorgen, Kater und um eine Meisterschale reicher – was für ein Gefühl! Schließlich schrieben wir gerade Geschichte, denn wir holten erstmalig die Hamburger Meisterschale der höchsten Spielklasse Hamburgs in unsere heimische Feldarena. Doch zum Freuen und Ausruhen blieb nicht viel Zeit, denn vier Tage später sollte schon das nächste Highlight auf dem Plan stehen: Oddset-Pokalfinale.

Nachdem schon im Halbfinale unsere Erwartungen übertroffen wurden, waren wir beim Pokalfinale sprachlos. Das Ding verloren wir zwar 1:3 gegen Bergedorf 85, doch wir spielten vor einer sagenhaften Kulisse mit 1.122 Zuschauer*innen, wovon knapp 900 St. Paulianer*innen waren und ordentlich Stimmung machten. Das Bier war nach nicht einmal 30 Minuten ausverkauft und einige Fans sorgten schnell für Nachschub beim Kiosk. Mehrere Rekorde in jeder Hinsicht wurden beim Hamburger Frauenfußball an diesem Tag gebrochen, doch auch das Pokalfinale war noch nicht das Ende der Saison. Wenige Tage später galt unsere Aufmerksamkeit dem höchsten Ziel: Aufstieg in die Regionalliga Nord. Drei Teams (ein Team aus Schleswig-Holstein, ein Team aus Bremen, ein Team aus Hamburg) spielten in einer Relegationsrunde um den Aufstieg in die dritte Spielklasse. Nur das erstplatzierte Team der drei Rivalinnen würde ab der kommenden Saison in der Regionalliga Nord spielen. Dafür mussten wir noch einmal alle Kräfte bündeln, die Blessuren von unserer Betreuerin Wibke behandeln lassen und mit voller Konzentration ins Heimspiel gegen TuRa Meldorf gehen. Das Spiel spiegelte die vorangegangenen Monate, die harte Saison war uns anzumerken. All das Training, all der Schweiß und all die gewonnenen Spiele nutzten nun nichts mehr, denn es ging im direkten Vergleich zur Sache. Mit einem Sieg konnten wir unserem Ziel ein ganzes Stück näherkommen, mit einer Niederlage das ganze jedoch in die Ferne rücken lassen. Wir trennten uns 1:1 unentschieden und wählten somit den spannendsten Weg, denn nun musste ein Sieg gegen Schwachhausen her, um noch weiter im Rennen zu bleiben. Sieben Tage später fuhren wir am wohl heißesten Tag des Jahres 2016 nach Bremen, um in Schwachhausen einen möglichst hohen Sieg einzufahren und uns dadurch eine bessere Ausgangslage zu verschaffen. Nach 90 Minuten stand es 4:0 für uns und damit hatte die eigentliche Horrorshow begonnen. Das Schicksal lag nun schließlich nicht mehr in unseren Händen, denn Schwachhausen spielte die Woche darauf in Meldorf, und Meldorf dürfte nicht höher als wir gewinnen. Mit ca. 60 Leuten fuhren wir ins schleswig-holsteinische Land, um uns das Spektakel anzuschauen. Schwachhausen haute nochmal alles rein, die sympathische Truppe kämpfte, obwohl sie selbst keine Chance mehr auf den Aufstieg hatte, bis zum Schluss. Als es nach knapp 55 Minuten 3:0 für Meldorf stand, waren wir den Tränen nahe. Die letzten 35 Minuten waren emotionaler, anstrengender und kräfteraubender als die ganze bisher gespielte Saison. In der 92. Minute ertönte schließlich der Schlusspfiff und wir konnten es kaum glauben: Schwachhausen hat nur 3:0 gegen Meldorf verloren und somit unseren Aufstieg klargemacht. Die Tränen flossen in Mengen, diverse andere Getränke ebenfalls. Das Ziel war erreicht und es stand fest: Regionalliga Nord, wir kommen!

Und nun sind wir hier. Wir sind angekommen in Norddeutschlands Fußballelite, nachdem wir, unsere Abteilung und alle Mitbeteiligten jahrelang nachhaltig für diesen Erfolg geackert haben. Es ist nicht nur das Meisterinnenteam 2015/16 inklusive des Trainer*innenstabs um Kai, Wibke, Chaly und Jörn, sondern es sind auch viele Menschen, die uns stets begleitet haben. Es war schließlich nicht immer einfach. Mit dem Erfolg wurden wir auch in der Öffentlichkeit präsenter und immer mehr Leute fanden den Weg in die Feldarena, um uns zu supporten. Es haben sich sogar zwei offizielle Fanclubs gegründet. Aber auch der Druck wurde immer größer. Das Team hat sich mit den Jahren verändert. Einige verließen uns, andere blieben, manche unterstützen das Team und auch die Abteilung mit ihrem Engagement weiterhin. Doch unseren Prinzipien, den Werten und uns selbst sind wir immer treu geblieben, denn wir wollen niemals vergessen, woher wir kommen. Wohin uns der Weg führt, das werden wir sehen. Aber wenn wir weiter in nachhaltigen Schritten planen und arbeiten und bereit sind, uns treu zu bleiben und gleichzeitig Veränderungen positiv aufzunehmen, dann hoffe ich, dass wir die Zukunft mitgestalten und meistern können.

Denn *das hier ist Fußball, das hier sind D(r)amen …*

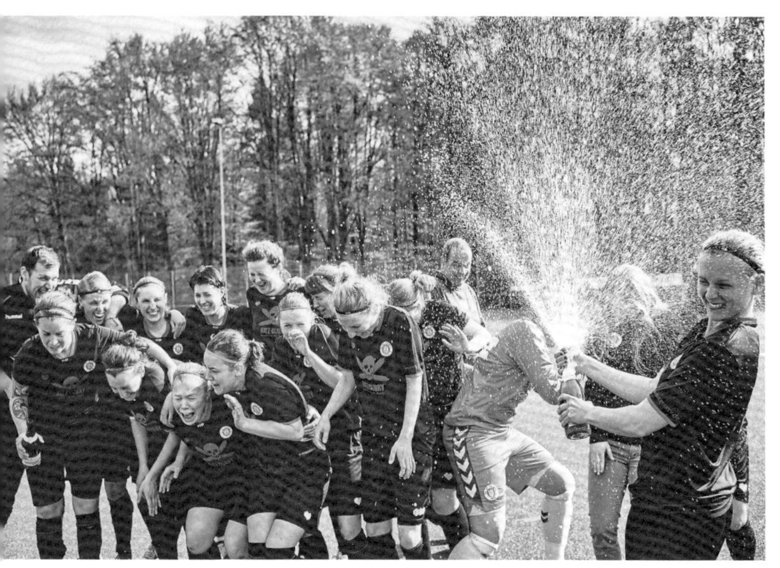

Aufstieg in die Regionalliga 2016.

Mittlerweile waren noch anderen Leute zu der kleinen Gruppe gestoßen, darunter einige eingefleischte Fans des Teams. Als Karlo mehr über die Fanclubs wissen wollte und wie die Auswärtsfahrten organsiert wären, entgegnete sie: „Da bin ich nicht ganz die richtige Ansprechpartnerin. Aber du kannst bestimmt unseren lieben Mr. Spitzfindig hier löchern." Mr. Spitzfindig, der seinen Namen gehört hatte, schaute interessiert auf. Karlo richtete seine Frage an ihn und Mr. Spitzfindig meinte: „Am besten lässt sich das an einem Beispiel von 2015 erklären."

Frauenpokal-Halbfinale 2015

von Mr. Spitzfindig

FC St. Pauli – Bergedorf 85 1:6 (1:1)
Feldstraße 25.03.2015 – 400 Zuschauer (10 Gästefans)

Seit das U23-Team 2014 nach Norderstedt verbannt wurde, fallen die Spiele der Amateurmannschaft für viele Menschen als Zweitvergnügen aus. Zu lang ist der Weg in die Vorstadt – traditionelles hsv-Gebiet! Und auch der SC Norderstedt (oder wie der Verein nach zahllosen Konkursen heute auch immer heißen mag) ist in der Vergangenheit nicht durch besondere Gastfreundschaft aufgefallen. So kam es, dass diverse Menschen neben den Handballern die erste Frauenmannschaft für sich entdeckt haben. Früher war das eine reine Spaßtruppe mit vielen bekannten Gesichtern aus der Fanszene, doch in letzter Zeit spielte man leistungsorientierter, was sich in dieser Saison (2014/15) in einem 3. Tabellenplatz in der Verbandsliga (4. Liga) niederschlug. So richtig geliebt oder ernst genommen wurde die Frauenfußballabteilung in der Vergangenheit nie, alles musste sie sich erkämpfen. Umso schöner, dass nun an Sonntagmorgenden oder -mittagen (die häufigsten Anstoßzeiten) um die 100 Leute erscheinen, erfolgreichen Fußball mit vielen Toren gucken und nebenbei ein nettes Pläuschchen halten. Genau das Richtige, um nach einer verrauchten Nacht ein wenig frische Luft zu genießen! 100 Zuschauer hört sich nach nicht soooo viel an, ist aber im Frauenfußball quasi schon Zweitliganiveau, denn normalerweise verlieren sich da nur die Trainer, Freunde und Verwandte an der Außenlinie. Ein paar Jungs und Mädels vom Supportblock der Gegengrade machen sogar ein bisschen Stimmung mit Fahnen, Transparent und Gesängen.

Neben der erfolgreichen Punktspielsaison lief es aber auch im Pokal super, unvergesslich das Viertelfinale, als an der Feldstraße durch zwei Freistöße aus 50 Meter innerhalb von fünf Minuten 2:1 gegen Niendorf gewonnen wurde. So etwas habe ich noch nie erlebt, wenn auch die hochstehende Sonne und die gegnerische Torfrau ein bisschen mitgeholfen hatten.

Nun ging es also im Halbfinale gegen Bergedorf 85. Diese spielten eine Liga höher, führten die Tabelle an und waren also kurz vor dem Aufstieg in die 2. Bundesliga (Nord). Nicht allzu rosige Aussichten also für die Frauen von St. Pauli. Im Vorfeld war innerhalb der Fanszene kräftig mobilisiert worden. 500 Zuschauer waren das Ziel, das mit geschätzten rund 450 Leuten wohl auch fast erreicht wurde. Wie man hört, hat jeder vierte Bundesligaverein weniger Zuschauer, von daher also eine sehr gute Quote.

Zum Anpfiff gab es ein bisschen Luftballongewedel und es wurden drei große Fahnen geschwenkt, was natürlich sofort wilde Proteste und „Fahne runter"-Sprechchöre nach sich zog. „Wir sind hier ja nicht in Berlin!" Hat die Fahnenschwenker nicht weiter interessiert, was alle sehr intolerant fanden. Da sie aber hinter den Zuschauern standen, haben diese sich irgendwann wieder umgedreht und lieber das Spiel verfolgt. Dieses begann mit einer faustdicken Überraschung: Nach nur zehn Minuten stand es 1:0 für St. Pauli. Große Freude bei 440 Zuschauern, nur die zehn Bergedorfer guckten dumm aus der Wäsche. St. Pauli hielt weiter gut mit, aber Bergedorf kam besser ins Spiel und nach einer halben Stunde fiel der Ausgleich. Bis zur Halbzeit war das Spiel weiterhin sehr ausgeglichen und leise Hoffnungen auf eine Sensation und einen Europapokalauftritt in der Folgesaison machten sich breit.

Leider war es aber so, dass die beste Bergedorferin (von 40 Toren in der Saison gingen 20 auf ihr Konto) jobbedingt erst zur zweiten Halbzeit kommen konnte, dann eingewechselt wurde und nach fünf Spielminuten schon zweimal getroffen hatte. Schon lag St. Pauli mit 1:3 zurück. Allgemeine Ernüchterung und Verwunderung darüber, warum die auf einmal so gut spielten. (Das mit der jobbedingten Spätankunft hab ich erst am nächsten Tag erfahren.) Erstaunlich, was eine Spielerin ausmachen kann! Die Schiedsrichterin (auch beide Linienrichterinnen waren Frauen, nicht wie sonst immer 60-jährige Männer mit dicken Bäuchen, die sich das ganze Spiel nicht aus dem Mittelkreis rausbewegen) gab dann einen Elfer für St. Pauli nicht, der das Spiel zwar noch mal hätte spannend machen können, ein Ausscheiden aber wohl auch nicht verhindert hätte. Dafür trat Bergedorf zu souverän auf und St. Pauli erwies sich mit fortschreitender Spieldauer als deutlich unterlegen. Drei weitere Tore sollten noch fallen – das Endergebnis meiner Meinung nach zwei Tore zu hoch.

Es war aber trotzdem ein schöner Abend, die Zuschauer hatten Spaß, die Spielerinnen auch, und es wäre schön, wenn beim nächsten Mal einige von den 450 Leuten wiederkämen. Es kostet nicht mal Eintritt. (Die Termine gibt's auf der Seite der 1. Frauen oder dem AFM-Newsletter.)

Nach dem Spiel ging's dann noch ins Jolly, wo ich wieder mal ganz froh über unsere Fanszene war. Das zeitgleich stattfindende Länderspiel lief nicht und niemanden hat es gestört. Toller Laden mit tollen Gästen. Ausschreitungen gab es keine, obwohl kein einziger Polizist, aber ganz viele Menschen in Schwarz vor Ort waren. Nur das ewige Rummeldiscogeballer vom Dom ist unfassbar nervig. Kann man den nicht nach Norderstedt verlegen und dafür ein Amateurstadion auf dem Heiligengeistfeld bauen?

Beim Stichwort Jolly machte sich das Grüppchen auf den Weg. In der Kneipe waren schon zahlreiche Anhänger von Fortuna Düsseldorf zu Gast, gegen die die Herren am nächsten Tag spielen sollten. Karlo fand es gut, dass das Jolly den gegnerischen Fans prinzipiell offenstand, jedenfalls solange keine offene Antipathie zwischen den St. Paulianern und den anderen Fans vorlag. Das allerdings machte den Kreis der willkommenen Fans dann schon wieder enger. St. Pauli war nun mal nicht wirklich beliebt bei anderen Vereinen. Für Karlo war es eine willkommenen Abwechslung, mal entspannt mit den Düsseldorfern zusammenzusitzen. Er konnte beobachten, wie die Düsseldorfer auch ein paar Aufkleber in das Meer aus Stickern einbrachten. Keine fünf Minuten später allerdings kam jemand, der einen Düsseldorfer Sticker mit einem „Fanclub Braunweißer Bio-Beißer"-Sticker überklebte. Karlo stutzte, aber Freddy blieb entspannt: „Bei den tausenden Stickern hier fällt das ja nicht auf. Mir wäre es egal, aber manche Leute finden es blöd. Diese ganze Sticker-Politik ist wohl eher was für deine Generation." Sie wandte sich wieder ihren Gesprächspartnern zu.

Karlo fiel später nicht ganz so betrunken auf Freddys Couch, denn für das anstehende Heimspiel am nächsten Tag wollte er früh im Viertel sein. Wie immer konnte er bei Freddy nicht ganz so gut schlafen, da das Kiezvolk draußen einfach zu laut war, und so griff er wie immer zum Laptop. Nachdem er sich ein bisschen über Düsseldorf und die Fanclubs der Fortuna informiert hatte, stieß er im Netz auf ein interessantes Projekt mit dem Namen „MillernTon". Von einem gewissen Maik war dort eine Beschreibung des Projektes zu lesen.

Ein Verein zum Anhören – Der Podcast MillernTon

von Maik Krükemeier

Es gibt unendlich viele Geschichten, die man über den FC St. Pauli erzählen kann. Viele kann man in Büchern nachlesen, wobei zwischen wohlüberlegt aufgeschriebenen und mündlich erzählten Geschichten immer ein Unterschied besteht. Es klingt doch immer unmittelbarer und ungeschliffener, wenn man mit den Protagonisten selbst ins Gespräch kommt. Beim FC St. Pauli gibt es dafür wohl mehr Gelegenheiten als bei den meisten anderen Vereinen der oberen Ligen, als prominentestes Beispiel seien hier nur die Talk-Shows in den Fanräumen erwähnt, bei denen sich meist zwei Spieler den Fragen des Moderators sowie des Publikums stellen. In so einem Rahmen, abseits der medialen Öffentlichkeit, erlebt man Fußballprofis eher selten. Zugegebenermaßen gibt es ähnliche Runden aber auch bei anderen Vereinen (selbst beim Nachbarn), daher widmet sich dieser Text einem anderen Format, das zumindest deutschlandweit ein Alleinstellungsmerkmal darstellt: Dem St. Pauli-Podcast MillernTon.

Der Podcast ist das im Medienbereich derzeit wohl am schnellsten wachsende Genre. Der Podcast MillernTon wird im Blog des Fanzines Der Übersteiger veröffentlicht, einem der, nebenbei bemerkt, ältesten noch existierenden Print-Magazine im Fußball-Fanbereich. Es erscheint bereits seit 1993 und hat mit Blog, facebook, twitter und eben auch Podcast, den Schritt in die neuen Medien geschafft.

Nun sind Fußballpodcasts im Jahr 2016 das, was Fußballblogs vor rund fünf Jahren waren, sie schießen bei jedem Verein wie Pilze aus dem Boden, was einerseits mit der vereinfachten Aufnahmetechnik zusammenhängt, andererseits aber natürlich auch mit der einfachen Möglichkeit des Konsums über Smartphones. Da die Sendungen oftmals die normale Länge eines Fußballspiels überschreiten, sollte niemand diese staunend vor dem Computer sitzend anhören müssen. Stattdessen werden sie heruntergeladen und dann unterwegs gehört. Klassische Hörgelegenheiten sind neben dem Arbeitsweg auch die Laufstrecke, Auswärtsfahrten oder (Ja, man hört das immer wieder!) der Hausputz.

Das Besondere am MillernTon sind zwei Aspekte: Erstens ist die Gesprächsrunde immer sehr breit aufgestellt. Mit zwei Vertretern vom Übersteiger-Fanzine, je einem Mitarbeiter des Fanladens, des 1910-Museums, des Supportblocks und der Spielreportage des AFM-Radios sowie einem Fan der Kategorie „nicht-organisiert" ist bereits bei der Stammbesetzung ein guter Querschnitt des Vereins bzw. der Fanszene gegeben. Zweitens, und hier kommt das Besondere des FC St. Pauli zum Tragen, wird die Fanszene hier ernster genommen und mehr geschätzt als in anderen Vereinen. Während bei anderen Clubs Anfragen von Fanmedien häufig nicht einmal beantwortet werden und daher selbst kürzeste Interview-Schnipsel schon als Erfolg gewertet werden müssen, hat der MillernTon in schöner Regelmäßigkeit Gäste aus dem Verein, die in der durchaus speziellen Atmosphäre des Konferenzraums der Fanräume während der zwei- bis dreistündigen Sendezeit frei von der Leber weg aus ihrem beruflichen Alltag erzählen. Der Verein gibt hier freiwillig die Kontrolle über die Aussagen ab und in die Hände des unabhängigen Fanmediums. Es braucht oft einige Minuten, in denen der Gast die Runde vorsichtig abtastet und noch versucht, sich an den mühsam im jahrelangen Medientraining erarbeiteten Floskeln entlang zu hangeln, bis es dann schnell unterhaltsam wird und man Dinge erfährt, die in „normalen" Interviews gar nicht gefragt und noch weniger erzählt werden würden.

Die Gäste

Fabian Boll beispielsweise erläuterte in Folge 6 ausführlich seine Meinung zum Thema Spielernoten, wie er das Verhalten von Schiedsrichtern gegenüber Spielern bewertet und warum er findet, dass die Einzelstatistiken zu Spielern durchaus mit Vorsicht zu genießen seien. So seien „gelaufene Kilometer" zwar schön und gut, solange dabei aber nicht zwischen „im Ballbesitz gelaufenen" und

„nur dumm hinterhergelaufenen“ Kilometern unterschieden werde, sei diese Angabe wenig hilfreich, genauso wie der beste Sprintwert, wenn dieser in einer Spielpause bei einer kleinen Einlage im Mittelkreis erzielt wird.

Auch Thomas Meggle war schon zu Gast, im Mai 2014 noch in seiner Funktion als Trainer der U23. Sehr hörenswert, was er damals über die Entwicklung von jungen Spielern erzählte, auch hier weit über das hinaus, was man in einschlägigen Interviews sonst so zu lesen und hören war, da in einem Podcast einzelne Themen natürlich auch viel stärker vertieft werden können.

Gäste wie Sebastian Schachten, Jan-Philipp Kalla oder Robin Himmelmann machten deutlich, dass es auch für Spieler immer noch etwas Besonderes ist, für diesen Verein zu spielen. Natürlich sind sie alle Profis, die in erster Linie einem Beruf nachgehen um Geld zu verdienen. Beim FC St. Pauli gibt es aber, wenn man sich denn darauf einlässt, mit Projekten wie Viva con Agua, den FC St. Pauli Rabauken, KIEZHELDEN und vielen anderen immer wieder Möglichkeiten, sich außerhalb des reinen Profisports einzubringen und das Gesamtgefühl FC St. Pauli in der ein oder anderen Form mitzuerleben und vielleicht sogar mitzugestalten.

Der Verein wird auch abseits des Profifußballs beleuchtet. Mit Wolf Schmidt, bekannt aus der Live-Reportage des AFM-Radios, sitzt der Trainer der Blindenfußball-Mannschaft des Vereins mit am Tisch, wodurch diese Sparte zum Beispiel immer wieder Thema in den Sendungen ist.

Als der Verein mit KIEZHELDEN eine neue Plattform für soziale Projekte installierte, stand Dorit Moysich als Projektverantwortliche Rede und Antwort. Zu den Jahreshauptversammlungen kamen schon zwei Mal Kandidaten oder Vertreter des Aufsichtsrates zu Wort, auch Vereinspolitik wird hier also beleuchtet.

Im Sommer 2016 war Inga Schlegel zu Gast, die Kapitänin des Frauenfußballteams, das aktuell als Aufsteiger in der Regionalliga Nord für Furore sorgt. Der Verein ist eben mehr als nur 90 Minuten Profifußball am Wochenende.

Präsident Oke Göttlich war im November 2015 eingeladen, kurz nachdem der neue Ausrüstervertrag mit Under Armour bekannt gegeben worden war. Dieses Unternehmen wurde und wird aufgrund seiner Jagd-Sparte und seinem recht martialischen Werbe-Auftritt in den USA von der Fanszene sehr kritisch betrachtet. Nun ist es schon an sich unüblich, dass ein Vereinspräsident sich für ein solches Format (ungekürzt, ungeschnitten) fast vier Stunden Zeit nimmt, um mit Fans über zahlreiche Themen zu diskutieren. Aber diese Folge wurde auch über die Vereinsgrenzen hinaus besonders wahrgenommen. Wie offen hier mit kritischen Themen umgegangen wurde, fand durchaus Beachtung. Auch die eher neutrale, aufklärende Haltung des Vereins zur Hamburger Olympiabewerbung (kurz vor dem negativ ausgefallenen Bürgerentscheid) wurde von vielen sehr positiv aufgenommen. Hier gibt es zwischen Verein und Fans und aktiven Vereinsmitgliedern eine Diskussionskultur auf Augenhöhe, ohne Meinungshoheit, ergebnisoffen.

Sehr erfrischend war auch der Auftritt von Philipp Heerwagen. In den knapp zweieinhalb Stunden hatte man bei ihm immer das Gefühl, er sei inzwischen fast mehr Fan dieses Vereins als Angestellter auf dem Rasen, letzteres sei eher ein angenehmer Nebeneffekt. Seinen Job übt er selbstverständlich weiterhin mit absoluter Professionalität aus, allerdings nimmt er die bereits erwähnten Möglichkeiten sehr bewusst wahr. Unter anderem war er bereits mit Viva con Agua in Äthiopien unterwegs, ein alles andere als gewöhnlicher Urlaub für einen aktiven Profifußballer. In der Sendung nahm man ihm ab, dass er inzwischen hier spielt, weil er es will – und auch für ein paar Euro mehr nicht wechseln würde.

Schließlich gab es im September 2016 eine Folge mit Andreas Rettig. Gute zwei Stunden, in denen er allerlei Anekdoten aus seiner Zeit in Freiburg, beim 1. FC Köln, dem FC Augsburg und der DFL erzählte – wieder schwer vorstellbar, dass ein Gespräch mit dem aktuell verantwortlichen Geschäftsführer bei anderen Vereinen so offen und unterhaltsam verlaufen könnte.

Das Format des MillernTon mit einer vergleichbaren Stammbesetzung wäre sicher auch anderswo erfolgreich und unterhaltsam, ähnliche Varianten gibt es ja auch. Aber erst durch die Unterstützung des Vereins, der hier gerne und oft Spieler oder Mitarbeiter in die Gesprächsrunden entsendet, bekommt der MillernTon seinen besonderen Charme, der ihn zu *dem* besonderen Podcast macht, den dieser Verein und seine Fanszene eben auch verdient.

Karlo hatte sich fast bis zum Morgengrauen zahlreiche Beiträge auf der Seite angehört. Er ärgerte sich, dass er die Seite nicht schon in Kaiserslautern kannte, hätte er doch als Auswärtiger viele Dinge mitverfolgen können. Aber nun hatte er sich umfassendes Wissen draufgezogen und begann sogleich beim Frühstück, es an Freddy auszutesten. Da sie wesentlich später aus dem Jolly zurückgekehrt war, antwortete sie eher einsilbig und ließ die Vorträge über sich ergehen. Als Karlo von Jan-Philipp Kalla anfing, kam ein bisschen Leben in sie. „Siehst du den Schuh da drüben? Der ist von ihm." Sie zeigte auf ein kleines Bord, wo sie allerlei Vereins-Nippes stehen hatte. „Von der Sonderzug-Tour nach Darmstadt 2015. Als da alle auf den Rasen stürmten, sind wir auch mit rauf. Da kam ich irgendwie an den Schuh. Ich weiß sogar, wer den anderen hat! Die Skinheads hatten damals Besuch aus Marseille und so ein kleiner Glatzkopf von denen hat den anderen Schuh, der ist jetzt also in Frankreich. Der war total klein." Karlo wunderte sich: „Wieso war der andere Schuh kleiner?" Freddy fauchte: „Doch nicht der Schuh! Der Typ aus Marseille, du Trottel!" Beide lachten. Karlo mochte diese Art Anekdoten. Die machten ihm St. Pauli irgendwie noch sympathischer.

Die beiden brachen schon gegen 10.30 Uhr zum Stadion auf, um sich dort mit den anderen Leuten aus Freddys Fanclub zu treffen. Karlo gehörte nun schon irgendwie fast dazu und alle hießen ihn freundlich willkommen. Der Fanclub hatte sich bereit erklärt, heute für eine Soli-Sache Flyer zu verteilen, aber sie hatten vergessen Karlo zu fragen. Er stand also plötzlich alleine da und wusste nicht so richtig, wohin. Der Platz vor der Gegengerade füllte sich langsam. Der Fanladen und die Fanräume öffneten und Karlo organisierte sich erstmal eine Mate. Anschließend lief er ein bisschen herum und hoffte, ein bekanntes Gesicht zu treffen. Er begann, sich die zahlreichen Stände vor dem Stadion anzuschauen. Neben Fair-Trade-Kaffee und dem Merchandise, mit dem man die Fanräume unterstützen konnte, fiel ihm vor allem der Stand des FC Lampedusa auf. Er hatte bisher nie die Zeit gefunden, sich darüber mal genauer zu informieren. Er wusste, dass die früher eigenständige Mannschaft nun zum FC St. Pauli gehörte und aus geflüchteten Menschen bestand. Er fragte erstmal, ob er ein paar von den ausgelegten Stickern haben könne. Die Menschen hinter dem Stand gaben ihm noch einen Flyer dazu, und so kamen sie ins Gespräch.

We are here to play – We are here to stay!!

von FC Lampedusa St. Pauli

Der FC Lampedusa St. Pauli ist ein Fußballclub, gegründet Anfang 2014 mit Spielern der Lampedusa-in-Hamburg-Gruppe, der West-Afrikanischen Migranten, die in Libyen gearbeitet haben, bevor sie vor Gewalt und Krieg übers Mittelmeer auf die italienische Insel Lampedusa flüchten mussten. Über 300 der sogenannten Lampedusa-Flüchtlinge kamen damals nach Hamburg und mussten auf der Straße leben, weil der Hamburger Senat darauf bestand, dass sie nach Italien zurückzukehren hätten. 80 dieser Geflüchteten wurden in der St. Pauli Kirche aufgenommen, in der gesamten Nachbarschaft willkommen geheißen und mit Hilfe der lokalen Community und der Fans des FC St. Pauli unterstützt. Hier hat der FC Lampedusa St. Pauli seine Wurzeln. Seit März 2015 heißen wir alle Geflüchteten und Migrierten ab 16 Jahren im Team willkommen, unabhängig von Herkunft, Nationalität, Ethnie, Religion, sexueller Orientierung, Selbstdefinition, Begabung, Vermögen oder was auch immer. Es ist nicht wichtig, wie die Spieler nach Hamburg gekommen sind, wie lange sie hierbleiben werden oder dürfen, ob sie Papiere haben oder nicht. Es braucht kein Papier, um ein Teil des Teams zu sein. Jeder soll Fußball spielen dürfen. Die Coaching Crew besteht zur Zeit aus vier Frauen, die das Team ehrenamtlich managen, organisieren und trainieren und die alle aus der Frauen- und Mädchenfußball-Abteilung des FC St. Pauli kommen. Nach jahrelanger Unterstützung durch den gesamten Verein und seine Fans ist der FC Lampedusa St. Pauli nun als offizielles Refugee-Team ein Teil des FC St. Pauli geworden.

Beim FC Lampedusa St. Pauli spielen mehr oder weniger 40 Spieler aktiv Fußball, sie kommen wöchentlich zum Training, spielen Freundschaftsspiele und Turniere. Eine der größten Schweinereien der Europäischen Migrationspolitik und der Deutschen Gesetze ist die Abschiebepraxis. Nahezu jeden Monat verlieren wir begabte junge Menschen, Freunde, Genossen, Spieler, Ansherzgewachsene, die abgeschoben oder zur Ausreise gezwungen werden, die jüngsten sind nicht mal 16 Jahre alt. Einige alleine, andere mit ihren Familien. Die Hansestadt Hamburg schiebt am liebsten in den Schulferien und mitten in der Nacht ab und verbreitet damit auch bei allen anderen Angst und Schrecken. Nicht wenige kaufen dann „freiwillig“

Bustickets, um sich und ihre Kinder dem nicht auszusetzen. Wieder andere verlassen die Stadt oder das Land in der Hoffnung, in einem anderen westeuropäischen Land ein sicheres Plätzchen und eine Zukunft für sich zu finden. Manche von ihnen werden wieder nach Hamburg zurück geschoben und erscheinen plötzlich wieder zum Training. Es ist unvorstellbar, was die Festung Europa sich für unmenschliche Strategien ausdenkt. Beim FC Lampedusa St. Pauli gelten alle als Spieler des Clubs, auch wenn Einige zur Zeit nicht zum Training und zu Spielen kommen können.

Wir spielen Freundschaftsspiele und Turniere, besuchen antirassistische Fußball-Events, linke Freizeitfußballer, andere Fußball-Projekte, in denen auch Geflüchtete spielen, wir spielen Street-Soccer oder Testspiele gegen A-Junioren-Teams anderer Vereine. An einem geregelten Spielbetrieb wollen wir nicht teilnehmen, dafür haben wir keine Zeit, und einige unserer Spieler erst recht nicht. So können wir alle zusammen vom ersten Tag an spielen. Dabei ist unwichtig, wie alt oder begabt ein Spieler ist. Und es spielt keine Rolle, wie lange man schon in Hamburg ist, wie lange man bleibt oder bleiben darf. Schon zweimal sind wir zu antirassistischen Fußballturnieren des FC Winterthur in die Schweiz gefahren. 2016 sind wir sogar mit minderjährigen unbegleiteten Flüchtlingen und jungen Asylbewerbern dorthin geflogen. Alle Grenzen zu überfliegen, war ein tolles Gefühl. Von oben sind sie unsichtbar, und für uns sind sie ohnehin unnatürlich.

WE ARE FAMILY! Wir sind angekommen

Am 30. Juli 2016 war es soweit: beim Vorbereitungsspiel unseres FC St. Pauli gegen den Europa League Sieger FC Sevilla wurde bekanntgegeben, dass der FC Lampedusa Hamburg nun offiziell das Flüchtlings-Team des FC St. Pauli ist. Aus diesem Anlass durfte nahezu der gesamte FC Lampedusa mit ins Stadion einlaufen. Zwei Trainerinnen aus der Coaching Crew wurden eingeladen, kurz vorher mit dem Stadionsprecher ein paar einleitende Worte auf dem heiligen Rasen zu sagen. Man wird kaum etwas verstanden haben, aber in diesem Falle wussten wohl fast alle, worum es geht, da wir aus der Kabine schon vorher durch das Stadion zum Spielertunnel gelaufen waren. Unter dem Beifall der Fans – Gänsehaut pur.

Natürlich waren alle ganz aufgeregt. Das steigerte sich noch, als die St. Pauli Spieler einfach nicht auftauchen wollten. Das bot Gelegenheit, die wartenden FC-Sevilla-Spieler darüber aufzuklären, was hier heute überhaupt passiert, und warum mehr oder weniger erwachsene „Einlauf-Kinder" neben ihnen standen, in gelb-rot-gestreiften Trikots und Fußballschuhen. Wie gut, dass einer unserer Spieler Spanisch-Muttersprachler ist. Offenbar hatte den Sevillanos vereinsintern keiner übermittelt, dass beim Testspiel ein Team aus Geflüchteten mit einlaufen sollte, die damit offiziell in den Verein aufgenommen würden. Die Spieler aus Sevilla fanden das super. Und dann war richtig was los: Die FC St. Pauli-Spieler kamen und klatschten erst mal alle aufgeregten FCL-Spieler ab. Ewald, gut gelaunt wie immer, begrüßte den FC Lampedusa, der noch Hamburg hieß. Jetzt aber, Leute, los geht's! Kapitän Mooto vorneweg mit dem Schiedsrichter, der ihn gleich ganz großerbrudermäßig an die Seite nahm, um ihm durch seinen großen Auftritt zu helfen. Danke dafür! Rein ins Stadion unter dem Applaus der über 17.000. Was für eine Kulisse. Mooto durfte den symbolischen Anstoß ausführen und spielte im wahrsten Sinne des Wortes den

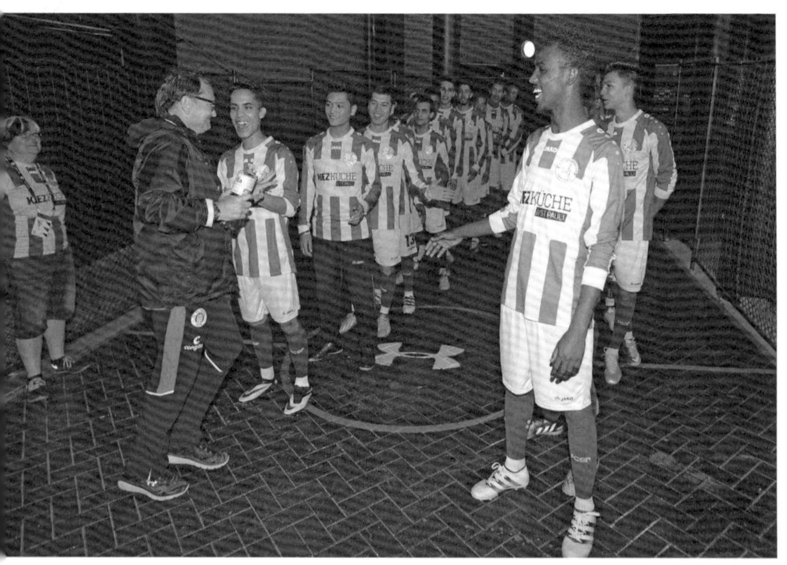

Der FC Lampedusa Hamburg geht in den Tunnel des Millerntors und kommt als FC Lampedusa St. Pauli wieder raus. Begrüßung mit Ewald Lienen im Tunnel.

Ball an den FC St. Pauli zurück. FCL Keeper Manuel hatte vor dem Spiel großes Interesse an den Handschuhen vom spanischen Torwart signalisiert und tatsächlich kam David Soria nach Abpfiff zum Zaun der Südkurve und übergab ihm seine Handschuhe.

Wir sind alle Alabana …

Egal ob, aus Asmara oder Zivinice, die Spieler kommen aus allen möglichen Ecken der Welt, sprechen viele verschiedene Sprachen und haben unterschiedliche Aussichten in Deutschland bleiben zu dürfen oder auch nicht. Uns geht es um viel mehr als nur um Fußball. Für die meisten sind das Training, die Spiele und unsere Ausflüge ein wichtiges Stück Alltag, Lebensfreude und Glück. Oft ist es auch Ablenkung vom beengten und bedrückenden Alltag in den Geflüchtetenunterkünften und Lagern. Der FC Lampedusa St. Pauli ist eine sportliche „Heimat", in der die Menschen mehr sind als nur Flüchtlinge – richtige Fußballspieler eben.

Wir werden auch in Zukunft jeden Spieler als bleibenden Teil des Teams ansehen, der abgeschoben, ausgewiesen oder gezwungen wird, das Land zu verlassen. Wir werden offen bleiben für Ankommende, Durchreisende, Vorübergehende, Kurzhierseiende, Hierbleibende und Angekommene. So wird der FC Lampedusa St. Pauli wachsen und gedeihen, gewinnen und verlieren, jubeln und weinen, begrüßen und verabschieden – bis alle bleiben – wo sie wollen!

Ja, Fußball ist politisch!

Im Juni 2015 kamen drei befreundete Teenager zum FC Lampedusa St. Pauli, um mit uns Fußball zu spielen. Sie waren 14 und 15 Jahre alt, zwei wohnten in der gleichen Flüchtlingsunterkunft und die drei waren und sind einfach Freunde. Sie freundeten sich auch schnell mit allen anderen Spielern an und wir hatten immer viel Spaß. Zwei dieser Jungs sind mit ihren Familien aus Ländern des ehemaligen Jugoslawien geflüchtet, vertrieben worden oder migriert, die Definition von Migration spielt für uns keine Rolle.

Mitte März 2016 kam um 2.00 Uhr nachts die Polizei in das Zuhause des einen, mittlerweile 16-Jährigen, nahm ihm das Handy ab, beaufsichtigte das Sachenpacken und verfrachtete die Familie in einen Kleinbus, um sie nach Berlin zu einem stillgelegten Flughafen zu fahren. Alle Mitbewohner, darunter seine Freunde, mussten hilf-

Niemand hat unser Projekt bisher besser auf den Punkt gebracht, als unser Freund Nick Davidson, Autor des ersten englischsprachigen Buches über den FCSP: Pirates, Punks and Politics. Den vollständigen Artikel findet Ihr hier: http://outside-left.blogspot.de/2016/08/refugees-united-fc-lampedusa-st-pauli.html

los zusehen. Sein bester Freund wusste sofort: Charter-Sammel-Abschiebung. Sie würden sich so schnell nicht wiedersehen.

Warum lassen wir es zu, dass Kinder und Jugendliche mitten in der Nacht abgeholt und deportiert werden – irgendwohin, wo ihre Eltern sie aus guten Gründen weggebracht haben! Einmal sagte dieser Junge zu uns Trainerinnen: „Ich bin gar nicht geflüchtet – ich wurde geflüchtet – und nun soll ich wieder raus, von Zuhause – mich hat keiner gefragt."

Genauso schlimm ist die Geschichte seines Freundes. Aus einer gemischt-ethnischen Familie stammend, haben seine Mutter und er eine andere Staatsbürgerschaft als der Vater und die kleineren Brüder. Vertrieben aus seinem Geburtsland aufgrund der ethnischen Zugehörigkeit des Vaters, hatte die Familie vorher jahrelang versucht, sich woanders eine Zukunft aufzubauen, bis die Eltern sich entschieden nach Hamburg zu gehen, um ihren Kindern ein menschenwürdiges Leben und eine vernünftige schulische Ausbildung zu ermöglichen. Die Angst vor der Ablehnung bestimmte von da an auch ihren Alltag.

Wir haben so viel zusammen erlebt. Die erste Liebe, die Angst davor, der Liebsten sagen zu müssen, dass man vielleicht nicht hierbleiben darf, den ersten Liebeskummer, das ständige Gefühl der Hilflosigkeit und der Fremdbestimmung, die Angst beim nächsten Spiel oder Turnier oder der nächsten Wochenendfahrt gar nicht mehr dabei sein zu können, die ständigen kurzen Verlängerungen der Duldungen.

Wir haben Papiere geschrieben, warum die „Räumliche Beschränkung auf die Hansestadt Hamburg" für einen 14-Jährigen bitte aufgehoben werden muss, damit auch er hinter den Stadtgrenzen Hamburgs Fußball spielen kann oder mit nach Köln zum Freundschaftsspiel mit einem anderen Fußball-Projekt für Geflüchtete fahren kann.

Wir haben ihn getröstet, wenn er verzweifelt war und versucht, ihm die Angst vor dem nächtlichen Auftauchen der Polizei zu nehmen.

Ende Juni musste auch diese Familie Bustickets kaufen. Vorher musste der Vater noch selber eine schriftliche Bestätigung einholen, dass der Staat, dessen Staatsbürgerschaft er und die kleineren Söhne mittlerweile haben, bereit ist, auch seine Frau und seinen erstgeborenen Sohn aufzunehmen – sonst wäre die Mutter mit dem inzwischen 15-Jährigen in *ein* Land und der Vater mit den 13- und 6-jährigen Söhnen in ein *anderes* Land abgeschoben worden.

Ausgeflogen, abgeschoben, zur „Ausreise" gezwungen und der Freunde, Mitschüler*innen und Mitspieler sowie des Zuhauses beraubt, wollen beide Jungs einfach nur „nach Hause" zurückkommen. Nach Hause, wo jetzt der Dritte im Bunde allein zurückgeblieben ist, traurig, einsam, traumatisiert von den Erlebnissen der nächtlichen Abschiebung seines besten Freundes, enttäuscht, auch noch den anderen verloren zu haben, frustriert, wissend, dass er keinen von ihnen besuchen kann, da er selbst ein geflüchteter Teenager ist.

Szenen einer VerabschieBung

Und genauso geht es leider weiter. Schon wieder müssen wir uns von zwei Spielern verabschieden!

Zwei junge Menschen, ihre drei Geschwister und deren alleinerziehende Mutter, die hier eine Zukunft, Schule, Freunde und ein Fußballteam gehabt hätten. Und das auch noch zum Wintereinbruch! Sie werden im sogenannten West-Balkan als Roma systematisch diskriminiert und ausgegrenzt werden, ohne Bildung, ohne jegliche Unterstützung, ohne Fußball.

Zentraler Busbahnhof der „Freien" und Hansestadt Hamburg. Busdrehkreuz am „Tor zur Welt". Eine ältere Dame beobachtet das Geschehen. Sie versucht herauszufinden, worum es hier geht, wer diese Menschen sind. Fragen tut sie nicht, aber das haben andere getan. So konnte sie ein paar Informationen ergattern. „Ah, ein Fußballteam? Das ist ja toll! Und wo fahren Sie hin?" fragen uns die AIDA-Kreuzfahrtgäste, die in langer Schlange auf ihren Bus warten.

WIR fahren heute nirgendwo hin. Leider!

„Wir müssen uns heute schon wieder von zwei Spielern verabschieden, zwei unserer Brüder und ihre Familie müssen das Land verlassen", erklärt einer unserer Spieler. „Das ist ja schrecklich", sagt eine Lady. „Warum?", fragt eine andere. Die Spieler erzählen die Geschichte der letzten zwei Jahre, die Geschichte von Hoffnung und Warten, von Panik und der ständigen Angst davor, mitten in der Nacht von der Polizei abgeholt zu werden. Auch wenn der juristische Beistand gesagt hat, man bräuchte sich keine Sorgen zu machen. Die Leute merken, dass es den Spielern nicht leicht fällt, darüber zu reden, sie sehen in ihren Gesichtern die Angst, dass sie die nächsten sein könnten. Viele der wartenden Busreisenden haben Kinder im gleichen Alter. Es sind ja Herbstferien in Hamburg, noch mal schnell raus aus dem Hamburger Schmuddel, nochmal Sonne tanken, jenseits von Schulstress und Notendruck.

Diese beiden Jungs und ihre drei kleineren Geschwister, die mit ihrer alleinerziehenden Mutter in einer Stunde Hamburg und ihre Fußballfamilie verlassen müssen, würden nichts lieber tun, als sofort mit ihnen zu tauschen, Schulstress und Notendruck inklusive. Aber sie müssen weg, RAUS, mitten im Schuljahr, mitten in den Ferien, ohne sich von ihren Schulfreund*innen und Lehrer*innen verabschieden zu können, ohne Zeugnisse ausgehändigt zu bekommen, die sie doch bräuchten, um in ihrem sogenannten „sicheren Herkunftsland“, die Schule besuchen zu können. Vorausgesetzt man hat dafür das nötige Kleingeld und gehört keiner ethnischen Minderheit an.

Immer mehr Spieler kommen zum Busbahnhof, begrüßen ihre „Bros“. Man könnte es wirklich für ein ganz normales Wochenende im Leben des FC Lampedusa St. Pauli halten. Sie unterschreiben alle auf einem nagelneuen Ball, den sie sich leise und ohne, dass er den Boden berührt, zuwerfen. Er soll nicht schmutzig werden. Der deutsche Dreck soll hier bleiben, sagt einer der Spieler sinngemäß. Ablenkung. Das Gefühl haben, zusammen zu sein in dieser harten Zeit.

Zum Glück scheint wenigstens die Sonne. In der „Heimat“, die die Größeren nur „Zurück“ nennen und unter der sich die kleinen Geschwister so rein gar nichts vorstellen können, ist der Winter schon im Anmarsch. Gestern wurden noch schnell neue Winterjacken gekauft, erzählt uns R., der nette Rentner, der sich die letzten Jahre so herzlich um die Familie gekümmert hat. Er ist es auch, der mit dem Busunternehmen im Büro das Gespräch sucht, als sich die Busfahrer aus der „neuen alten Heimat“ weigern, das viele Gepäck mitzunehmen. Zwei Jahre Leben in Hamburg liegen auf dem Bahnsteig, eine große, buntkarierte Plastiktasche pro Person. Die

Frage der Mutter, wie hoch der Aufpreis sei, den sie ja gerne bezahle, wird nicht beantwortet – erste Eindrücke, wie das Schicksal dieser Familie von nun an weitergehen wird. Um zu sehen und zu verstehen, dass die Zukunft dieser Roma-Familie von Rassismus und Diskriminierung geprägt sein wird, muss man nicht die gleiche Sprache sprechen.

Einer der Spieler und seine große Liebe müssen sich verabschieden, das wahrscheinlich herzzerreißendste Drama an diesem sonnigen Vormittag. Sie darf bleiben, er muss RAUS. Alles, was diesen beiden Menschen im letzten Jahr ihr extrem schwieriges, junges Leben versüßt hat, wird ihnen jetzt genommen. Für Menschen in diesem Alter sind neun Monate – so lange gilt die Einreisesperre für die gesamte Familie – verdammt lang; zum Heiraten sind sie noch zu jung.

Während das Team immer noch auf die Busfahrer einredet, bricht immer wieder eine*r in Tränen aus. R., die gute Seele, kommt mit der positiven Nachricht zurück, dass das Gepäck gegen Aufpreis nun doch mit dürfe. Alle helfen, es so platzsparend wie möglich zu verstauen, die FC Lampedusa St. Pauli Spieler klettern in den Bauch des Busses und packen und stapeln Taschen und Koffer. Es werden ja noch weitere Leute auf der langen Reise zusteigen, einige wahrscheinlich mit ähnlichem Schicksal.

Während wir im Tränenmeer versinken und mit den inzwischen wohlgesonnenen, fast schon verbrüderten Busfahrern letzte Fotos machen, fragt sich die ältere Dame sicherlich, ob es bei dem älteren Herrn, der sich so warmherzig um alles kümmert, wohl auch so angefangen hat wie bei ihr, an diesem Sonnabend im Oktober. Vielleicht sollte sie sich auch mal eine Familie suchen und sie unterstützen? Wir wissen es nicht. Wir wissen nur, dass wir das emotional nicht jedes Wochenende aushalten können und wollen.

Und doch werden diese beiden nicht die Letzten sein. Sie werden für immer ein Teil unseres Teams bleiben. Dank der sozialen Medien nehmen sie täglich an unserem Leben teil und wir an ihrem, bis wir uns hoffentlich bald alle wieder sehen.

Deswegen machen wir weiter und hoffen, dass wir noch mehr Aufmerksamkeit schaffen werden, noch mehr Kräfte bündeln und mit unserer Fußballfamilie unseren Teil dazu beitragen, eine bessere Welt zu schaffen, eine Welt in der jeder Mensch ihren oder seinen

Here to play – Here to stay!
Refugees Welcome!
Playing football is everybodys right!
Es gibt kein sicheres Herkunftsland!
Bleiberecht und Rückkehrrecht für alle, und zwar sofort!

selbstgewählten Platz findet, wo auch immer das ist. Eine Welt, in der alle Menschen leben können, wo sie wollen, wo sie sich zuhause fühlen, wo sie sein dürfen, wie sie sind, wo es keine Rolle spielt, in welcher Region dieser einen Welt man das Licht der Welt erblickt hat bzw. wo die Eltern geboren wurden.

Wir fordern ein generelles Bleiberecht für alle hier lebenden Kinder, Jugendliche und ihre Familien, sowie das Recht, zurückzukommen für alle, die sich hier zuhause fühlen, hier, in unserem „Heimathafen Hamburg".

Wir packen Hamburg wieder auf die Karte!

Ihr findet uns vor jedem Heimspiel vor dem Fanladen St. Pauli, unter facebook.com/FCLampedusa, oder schreibt uns: fc.lampedusa@gmx.de

Euer FC Lampedusa St. Pauli

Das Gespräch hatte Karlo sehr berührt. Vieles wusste er zwar schon aus seinem Praktikum, aber im Fußballkontext wurde es ihm noch viel deutlicher. Dass die Spieler jederzeit abgeschoben werden konnten, machte ihr sehr traurig. Er konnte sich gerade gar nicht mehr vorstellen, das Spiel gegen Düsseldorf anzuschauen. In diesem Moment kam Freddy zurück, um ihn abzuholen: „Was denn mit dir los? Du siehst total traurig aus!" Karlo erklärte, was ihn bedrückte. Freddy entgegnete: „Du könntest auf jeden Fall mehr tun, als hier deprimiert rumzustehen. Du hast ja weitaus weniger Grund zur Traurigkeit, als die Leute, die es betrifft. Also organisiere dich! Mach irgendwo mit, wo du was tun kannst. Wir haben heute auch Flyer verteilt. Das ist zwar nur ein kleiner Beitrag, aber immerhin." Karlo machte sie darauf aufmerksam, dass er ja mitgemacht hätte, wenn es ihm jemand gesagt hätte. Freddy entgegnete: „So läuft das aber hier nicht. Du musst schon von dir aus was machen oder Leute ansprechen. Die aktive Fanszene ist ja kein Serviceunternehmen! Meinst du, Gruppen wie USP wären so groß, wenn da jeder drauf warten würde, dass jemand anders sagt, dass es jetzt was zu tun gibt?" Das sah Karlo natürlich ein. Er fragte: „Kann ich denn bei euch im Fanclub mal bei ein paar Sachen mitmachen?" „Klar", sagte Freddy, „und wenn du mal nett fragst, kannst du auch Mitglied werden. Die anderen kennen dich ja jetzt auch schon eine Weile, da sagt niemand nein." „Und wie ist das mit USP?", fragte Karlo weiter. „Na, vielleicht fangen wir lieber erstmal klein an", zwinkerte Freddy ihm zu.

Mit dem Vorsatz, demnächst aktiver zu werden, ging Karlo ins Stadion und verfolgte mit gemischten Gefühlen das Spiel. Er musste weiter an die abgeschobenen Spieler denken. Auf die eine oder andere Art aktiv zu werden, wäre sicherlich das Beste. Und Freddys Fanclub erschien ihm da passend, der war auch politisch aktiv.

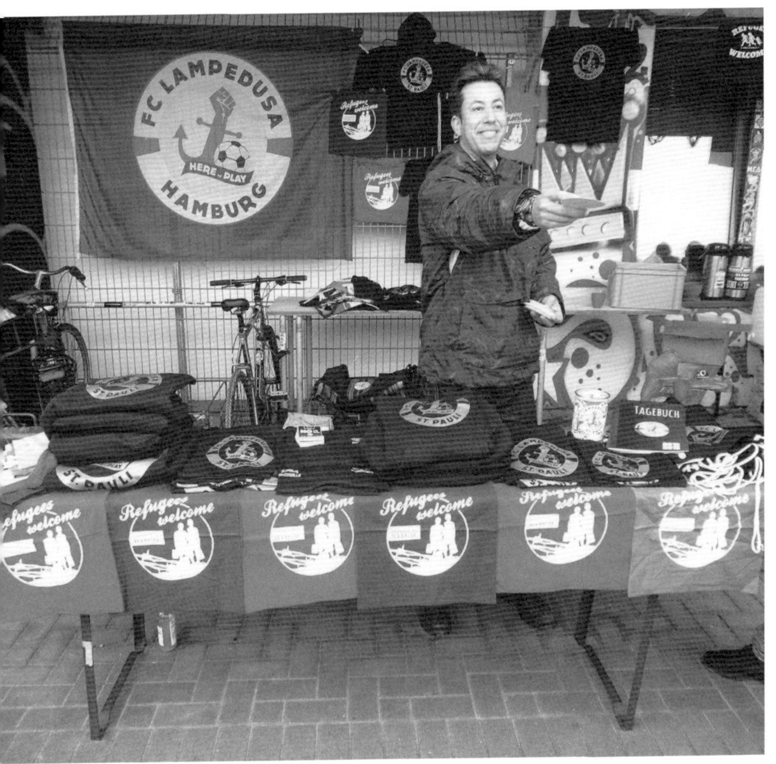

Den Merch- und Info-Stand des FC Lampedusa St. Pauli findet man bei jedem Heimspiel vorm Stadion.

Hamburg im Winter
–
Die aktive Fanszene

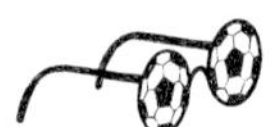

Der Winter war dieses Jahr wirklich übertrieben lang, fand Freddy. Es war schon Februar und immer noch bitter kalt. Da es normalerweise in Hamburg sowieso nicht richtig Winter wurde, war sie von der Kälte überrascht. Fast alle ihre Freunde waren, genau wie Karlo, irgendwo in Thailand, auf den Philippinen, in Israel oder sonstigen warmen Gefilden. Nur sie war in Hamburg geblieben. Das Geld hatte einfach nicht gereicht. So war sie eben häufig ins Jolly gegangen und hatte die üblichen Unternehmungen rund um Hamburg gemacht. Aber eigentlich hätte sie auch dafür keine Zeit gehabt, und auch morgen müsste sie arbeiten, aber da stand das erste Heimspiel nach der Winterpause an. Also hatte sie ihre Tour mit einer Kollegin getauscht und freute sich, dass es wieder losgehen sollte.

Nach ihrer heutigen Tour verbrachte sie auch diesen Abend im Jolly, obwohl Samstag war, ein Tag, an dem sie die Kneipe meistens mied. Aber heute hatte sie Lust. Zahlreiche Menschen aus der aktiven Fanszene waren da und sie saß neben Michael und Christoph am Tresen. Die beiden waren gerade in ein typisches FC St. Pauli-Gespräch verwickelt. Da Freddy von ihrer Tour ziemlich müde war, hörte sie einfach zu.

Mythos, willst du ewig leben?

von Michael Pahl & Christoph Nagel

Der FC St. Pauli kann keine großen Pokale oder Meistertitel vorweisen. Trotzdem verkaufen sich seine Fanartikel auf Champions-League-Niveau. Der Verein genießt überregional so viel Sympathie, wie kaum ein anderer in Deutschland. Wer dieses Phänomen verstehen will, muss sich auf eine Zeitreise begeben. In eine Zeit, in der Männer noch Schnauzbart trugen und in der es auf einem neuen Fernsehsender namens RTL plus spät nachts in der Lederhose jodelte. Eine Zeit, in der noch die „Kutten“ das Erscheinungsbild der Fankurven prägten und der Bundesliga-Fußball noch nicht nach Showgeschäft roch, sondern nach Proletentum.

Mitte der 1980er Jahre war das öffentliche Bild des FC St. Pauli nicht außergewöhnlich. Es wurde vor allem durch die chronische Finanznot des Vereins geprägt. Gegenüber dem HSV war der FC St. Pauli eher der kleine Rivale als der Underdog. Vom übermächtigen Kontrahenten unterschied er sich vor allem durch die

Eingebundenheit in das Stadtviertel, nach dem er benannt ist. Seine Zuschauerzahlen bewegten sich im unteren vierstelligen Bereich.

Kein Wunder, kämpfte der Verein doch mehrere Jahre in der 3. Liga ums Überleben. Doch ab Mitte der 1980er Jahre stiegen die Zuschauerzahlen sprunghaft an: Aufkeimender sportlicher Erfolg und der gleichzeitige Niedergang des HSV führten dazu, dass nicht wenige Fans vom HSV zu St. Pauli abwanderten, der Verein aber auch völlig neue Fans hinzugewann. Und die besetzten einen „fankulturell leeren Raum“: Eine etablierte Fanszene gab es nicht.

So konnte die Hausbesetzerszene rund um die umkämpften Häuser der Hafenstraße den Verein für sich entdecken, in dem mit Volker Ippig ein Mann das Tor hütete, den sie als einen der ihren akzeptierten. War es in linken Kreisen bis dato eher verpönt, sich mit Fußball zu beschäftigen, so änderte sich das jetzt.

Alternative linke, ja sogar links-autonome Fangruppen – das war ein Novum in einem Fußballstadion. Plötzlich existierte ein Fußballclub, dessen Fans im Stadion „Nazis raus“ brüllten, schwarze Kapuzenpullis trugen und lieber kifften als soffen.

In der Fankurve am Millerntor wehten Totenkopffahnen, das Publikum war bunt gemischt. Das Klischee „da steht der Punker neben dem Banker“ hält sich bis heute. Gleichzeitig wurden die Fans des FC St. Pauli zu einem „Role Model“ des Protests. Sie engagierten sich gegen reine Sitzplatzstadien und Kommerzialisierung ebenso wie gegen Rechts. Fußball und Politik waren sich hier näher als anderswo. Der Schlachtruf „Nie wieder Krieg, nie wieder Faschismus, nie wieder 3. Liga!“ brachte das auf den Punkt. Das Stadion war bald regelmäßig ausverkauft, die Stimmung nahezu gewaltfrei. Das Publikum konnte sich mit der Mannschaft identifizieren, deren Spieler größtenteils aus Hamburg und Norddeutschland stammten. Dass das Team auch in Aktionen gegen rechts-nationalistisches Gedankengut einbezogen werden konnte, machte die Verbindung zwischen Fanszene und Team nur noch enger.

Es dauerte nicht lange, bis auch die Medien auf die „Spaß-und-Protest-Enklave“ aufmerksam wurden. Sie nahmen mit Ver- und Bewunderung wahr, dass die Fans am Millerntor ihre Mannschaft selbst dann lautstark anfeuerten, wenn es nicht gut lief – gerade dann. Ihre Selbstironie und Kreativität hoben sie von Anhängern anderer Clubs ab. Gierig sogen Presse und Fernsehen das Bild vom „etwas anderen Verein“ und seinem etwas anderen Publikum auf und präsentierten es der bundesweiten Öffentlichkeit – nicht frei von Klischees und Übertreibungen: Das baufällige Stadion; die These, hier sei die Zeit stehen geblieben und es gebe noch „elf Freunde" in einer „Mannschaft zum Anfassen"; die linken Fans und immer wieder die Ikone Volker Ippig. Dessen Vergangenheit als Entwicklungshelfer im revolutionären Nicaragua und zeitweiliger Bewohner der besetzten Hafenstraßen-Häuser passte nicht nur für den kicker „so gar nicht in das Klischee vom aufstrebenden Berufsfußballer mit Eigenheim, Familie und teurem Auto".

Dass der Hype um den FC St. Pauli sich schließlich bundesweit verbreitete, hatte der Verein vor allem einem radikalen Wandel in der Medienstruktur zu verdanken. Mit der RTL plus-Sendung „Anpfiff – die totale Fußballshow" übernahm im August 1988, zeitgleich zum Bundesliga-Aufstieg des FC St. Pauli, erstmals ein Privatsender die Berichterstattung über die Fußball-Bundesliga. Fußball wurde fortan als Gesamtkunstwerk und Medienspektakel inszeniert. Auf einmal war nicht mehr nur das Sportliche, sondern auch das „Drumherum" eines Vereins interessant – und der FC St. Pauli mit seinen Fans erwies sich als überaus telegen. So wurde ausgerechnet das kommerzielle Denken des Privatfernsehens zur treibenden Kraft bei der Verbreitung des „Mythos St. Pauli" mit dessen kommerzkritischen Fans.

Seitdem wird das Image des FC St. Pauli über griffige Etiketten, die die Medien oft selbst erfinden, vermehrt und verbreitet. Die Spieler werden seit Jahren ganz selbstverständlich als „Kiezkicker" bezeichnet. Jörg Wontorra schuf das Label vom „Freudenhaus der Liga". Es bediente das Bild der unaufhörlich feiernden, dem verbissenen Wettkampf abschwörenden Fans aus dem weltbekannten Rotlichtviertel. Selbst international findet das Phänomen St. Pauli Beachtung. Die Londoner „Times" berichtete über das Engagement der St. Pauli-Fans gegen Rechts, und das Fußballmagazin „FourFourTwo" nannte den FC St. Pauli den „most Rock'n'Roll club in the world".

Während sich die Hamburger Medien zunehmend auf die aktuellen sportlichen, personellen und finanziellen Geschehnisse konzentrierten und allenfalls die lokale Boulevardpresse in Bildern wie „Deutschlands verrücktester Klub" (BILD) verharrt, inszenieren die überregionalen Medien gebetsmühlenartig das Bunte, Skurrile, Exotische des Vereins immer wieder neu.

Der „Mythos St. Pauli“ entstand durch das zeitgleiche Zusammenspiel mehrerer Faktoren. Dabei verhielt es sich wie bei einer mathematischen Gleichung: Ohne einen ihrer Bestandteile wäre sie nicht aufgegangen. Kein Vermarkter hätte die Entstehung des „Mythos“ je planen können – nur dessen Nutzung.

Dem Verein waren sein neues Image und die zugrundeliegenden Fanstrukturen zunächst eher suspekt. Doch in den 1990er Jahren entdeckten die Marketingstrategen des FC St. Pauli das Potenzial des „Mythos“ für sich und hoben ihn auf eine neue Ebene. Der FC St. Pauli war einer der ersten Vereine in Deutschland, der eine eigene Vermarktungs-GmbH gründete. Diese übernahm das Medien-Etikett von den „Freibeutern der Liga“, „beförderte“ den Totenkopf de facto zum zweiten Vereinslogo und etablierte den FC St. Pauli endgültig als Marke. In einer Kampagne unter dem Motto „Der Starclub“ spielte der FC St. Pauli 1998 ganz offiziell mit dem Bretterbuden-Image, nahm sich damit selbst auf die Schippe und festigte zugleich seinen Ruf als Underdog und die Außenwahrnehmung als andersartiger und kreativer Verein. „Wir kaufen bei Real!“ tönte es von einem Plakat. Gemeint war damit allerdings nicht der Nobelclub aus Madrid, sondern die gleichnamige Super-

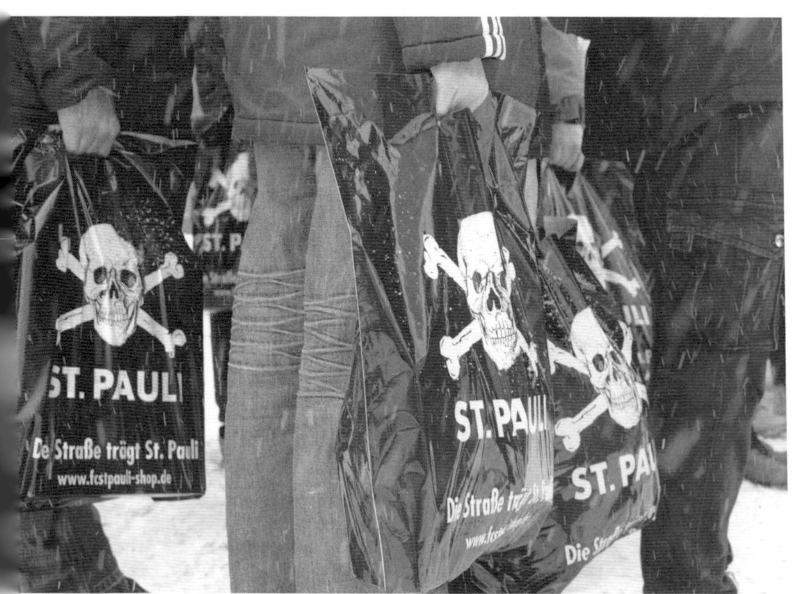

Unangepasstheit in Tüten.

marktkette. Das offizielle Vereinswappen bekam den Zusatz „non established since 1910“, und sogar ein einzelnes Spiel konnte der FC St. Pauli erfolgreich vermarkten: Nach dem 2:1 gegen Bayern München am 6. Februar 2002 gab er sich den Titel des „Weltpokalsiegerbesiegers“, der als T-Shirt-Aufdruck tausendfach unters Volk gebracht wurde.

Eine besondere Stärke des Vereinsimages sind seine vielen Facetten. Sie bieten Identifikationsangebote für nahezu jeden, der sich nicht dem „Mainstream“ zugehörig fühlt. Wer eine Dauerkarte oder ein Totenkopf-Shirt erwirbt, kauft damit zugleich ein Statussymbol der Andersartigkeit, das auch „Angepassten“ das Gefühl vermittelt, dass ihnen ein Stück Unangepasstheit geblieben ist. War es in den Achtzigerjahren der Kampf um die Hafenstraße und in den Neunzigerjahren das Engagement gegen Rechts, so ist heute vor allem der Widerstand gegen eine eventisierte Fußballmaschinerie ein Moment, das viele Anhänger des FC St. Pauli eint. Während sie Trikotsponsoren mittlerweile ebenso akzeptieren wie den „Verkauf“ des Totenkopfs als Markenzeichen, wehren sie sich, wenn es um die Zersplitterung der Spieltage oder die Namensrechte am Millerntor-Stadion geht. Denn hier wird für sie die Grenze zwischen „notwendigem Übel“ und „Total-Kommerzialisierung“ überschritten. Der Widerstand dagegen ist einer der Antriebe für immer neue Aktionen. Damit füllen die Fans den „Mythos“ weiterhin mit Leben – und davon wiederum profitiert auch der Verein.

Paradoxerweise ist somit gerade die Anti-Kommerz-Haltung der Fans einer der Gründe dafür, dass der FC St. Pauli trotz fehlender sportlicher Erfolge kommerziell erfolgreich ist: Neben Medien und Vermarktung sind die Fans die dritte und wahrscheinlich wichtigste Grundlage für den Fortbestand des „Mythos St. Pauli“, der heute die gesamte Corporate Identity und Außendarstellung des Vereins prägt. Der „Mythos“ ist das Alleinstellungsmerkmal gegenüber anderen Clubs.

Dass sich der FC St. Pauli den heutigen Marktgegebenheiten nicht völlig verschließen kann, darin sind sich die heutigen Verantwortlichen und viele Anhänger einig. Trotzdem sehen Kritiker die Gefahr der Zerstörung des Mythos durch dessen immer ausgefeiltere Vermarktung.

Freddy beschloss ausnahmsweise, mal eher nach Hause zu gehen. Das war im Viertel am Samstagabend zwar eine dumme Idee, aber sie wollte fit sein für das Spiel am nächsten Morgen. Stuttgart war jetzt kein wirklich spannender Gegner, aber ein Spiel verpassen, wenn sie nicht gerade auf dem Schiff war, das kam für sie nicht in Frage. Es hatte sie schon früher genervt, wenn sie im Kiosk ihrer Eltern in Eilbek helfen musste, obwohl Spiel war. Das war auch einer der Gründe für ihren Auszug gewesen. Der Kiosk hatte ihr im Grunde sogar den Schulabschluss versaut, weil sie ständig helfen musste. Neben der Tatsache wahrscheinlich, dass ihre Eltern eine Zeit lang im Knast waren und sie bei Pflegeeltern wohnte. Dass man sie danach zurück zu den Eltern ließ, glich einem Wunder, aber die waren nach dem Gefängnis nur noch auf ihren Kiosk fixiert. Ihre Kindheit und Jugend waren einfach beschissen gelaufen, da war die Zeit der Ausbildung schon besser. Sie hatte in einer WG gewohnt, subkulturellen Kram gemacht und war zum Fußball gegangen. Seither ging es eigentlich bergauf. Ihr kleiner Bruder hatte es nicht so leicht gehabt und war nie wieder so ganz auf die Beine gekommen. Sie hatte ihn seit Jahren nicht gesehen. Karlo erinnerte sie sehr an ihren Bruder, vielleicht mochte sie ihn deswegen.

Als sie an Karlo dachte, fiel ihr ein, dass er kurz vor dem Spiel landen sollte. Im Gegensatz zu Freddy würde er die erste Halbzeit verpassen, aber das ließ sie ihm durchgehen. Er hatte sich seit dem Düsseldorf-Spiel wirklich ins Zeug gelegt und war sehr aktiv geworden. Er hatte Doppelhalter für den Fanclub gemacht, einen Filmabend in einem Café an der Uni organisiert, wo sie Spenden sammelten, und er war in die AFM eingetreten.

Die beiden trafen sich zur Halbzeit im Umlauf der Südkurve und kauften sich ein Bier. „Willst du auch ein Fischbrötchen?" fragte Karlo. Freddy fragte verwundert: „Bist du nicht vegan?" „Ähm, weißt du, in Florida gab es wenig veganen Kram, da habe ich dann erst vegetarisch gegessen, aber dann hat mein Mitbewohner so eine Wette vorgeschlagen, dass wir die 50 umsatzstärksten Fastfood-Ketten der USA testen müssten. Und dann habe ich in New York auch Fleisch gegessen", gab er zu. „Wie lange warst du dann vegan?" fragte Freddy. „Meinst du jetzt so richtig oder wann ich das erste Mal vegan war?" Freddy winkte ab und notierte innerlich, dass es keine gute Idee war, mit zehn Jahre jüngeren Leuten über solche Themen zu diskutieren. „Kauf mal ein Bier mehr, ich glaube Raphael will auch eins", beauf-

tragte sie Karlo stattdessen. Raphael war ein Freund, aber sie sahen sich meistens nur im Stadion. Auch Karlo kannte Raphael mittlerweile ziemlich gut und schätzte ihn als Gesprächspartner für Themen rund um die Fanszene. Als er ihm das Bier überreichte, dauerte es nicht lange und die beiden waren wieder in eine Unterhaltung vertieft.

The Spirit of St. Pauli

von Raphael Kansky

„Das Image des FC St. Pauli ist ein Geschenk der Fans."
(brand eins 03/2016)

Der FC St. Pauli: ein Zweitligist mit einer Stadionauslastung von fast 100 Prozent, 23.000 Mitgliedern, 600 Fanclubs und bundesweit 19 Millionen Sympathisanten. Die viertstärkste Fußball-Marke in Deutschland. Ein Verein, über den regalweise Bücher erschienen sind, unter anderem in Italien, England und Polen. Ein Verein, über den vermutlich weltweit die meisten Artikel, Berichte, Reportagen und Dokumentationen erscheinen, deren Hauptthema nicht der sportliche Bereich ist. Ein Verein, der in so vielen Liedern besungen wird, dass ein DJ damit sieben Stunden auflegen könnte, ohne dass sich ein Song wiederholt.

Alles, was den FC St. Pauli heute ausmacht und ihm dieses Charisma verleiht, haben Fans erschaffen. Es ist das Ergebnis mehrere Jahrzehnte beharrlicher Arbeit, Kämpfe und Diskussionen. Getrieben durch Unzufriedenheit und den Willen zur Veränderung, befeuert durch Ideenreichtum und Kreativität sowie Begeisterung und Entschlossenheit, wird bis heute am Gesamtkunstwerk FC St. Pauli gebaut. Und zwar ausschließlich ehrenamtlich.

Mitte/Ende der 1990er Jahre begann jene Transformation, die den FC St. Pauli zu dem machte, was er heute ist, die Geburt des „Spirit of St. Pauli". Doch erst die folgende, jahrelange Entwicklung verwandelte den Club nachhaltig in das, was Medien heute gerne etwas lahm als den „etwas anderen Verein" bezeichnen. Es sind viele kleine und größere Mosaiksteine, die sich in der Summe zu einem Gesamtkunstwerk fügen.

St.-Pauli-Fans waren und sind in einem überwältigend breiten Spektrum aktiv. Fans organisieren Choreografien, nehmen auf

Spruchbändern Stellung, besuchen zu Tausenden Auswärtsspiele, verzieren die Stadt mit Graffiti, Aufklebern und Streetart. Fans erfinden Gesänge, die überall auf der Welt nachgeahmt werden. Fans haben rechtes Gedankengut aus dem Stadion getrieben. Fans haben zahllose Konzerte und Partys auf die Beine gestellt. Fans betreiben mit einem basisdemokratisch aufgestellten Verein seit 16 Jahren das Jolly Roger, eine Pension und eine eigene Groß-Bühne beim Hafengeburtstag. Fans organisieren Demos gegen Nazis, gegen Repression, für den Golden Pudel Club oder die Lampedusa-Refugees mit bis zu 10.000 Teilnehmern. Fans sind seit langer Zeit in der Flüchtlingshilfe aktiv und nehmen bei jedem Heimspiel Vertriebene mit ins Stadion. Fans eröffnen Kneipen und Läden im Stadtteil, die sich als Treffpunkt etablieren. Fans sind im Viertel subkulturell und politisch aktiv, unter anderem im Centro Sociale, in der Roten Flora oder im Bündnis „Recht auf Stadt".

Es gibt den jährlichen Holocaust-Gedenktag, das Aktionsbündnis gegen Homophobie und Sexismus und den Zeckensalon, der verschiedene politische Veranstaltungen auf die Beine stellt. St. Depri bietet Fans mit psychischen Problemen Hilfe. Kiezkick ist ein offenes, kostenloses Fußballtraining mit ergänzenden Aktionstagen für Kinder und Jugendliche aus dem Stadtteil. Die Sozialromantiker begleiten kritisch das Geschehen rund um den Verein und haben mit ihren initiierten Kampagnen für ein großes Echo gesorgt. In der Braun-Weißen Hilfe werden Beratungen angeboten, Rechtsanwälte vermittelt, Prozesse vorbereitet und begleitet, Antigewaltgruppen vermittelt, soziale und psychologische Hilfe geleistet und finanzielle Unterstützung gewährt. Der Fanclub-Sprecherrat vertritt die Fanclubs nach außen und organisiert jährlich zwei große Fußballturniere.

St.-Pauli-Fans haben viele Kontakte zu antifaschistisch eingestellten Fußballfans aus ganz Europa und darüber hinaus aufgebaut. Seit 2005 wird mit dem Antira jährlich (inzwischen nur noch alle zwei Jahre, in den Jahren dazwischen ist es quasi exportiert) ein großes Einladungsturnier mit mehreren hundert Teilnehmern auf die Beine gestellt, das neben dem Fußball auch ein vielseitiges politisches Rahmenprogramm bietet. St.-Pauli-Fans waren maßgeblich an der Gründung von BAFF beteiligt, dem ersten vereinsübergreifenden Netzwerk in Deutschland. Viva con Agua wäre ohne das Mitwirken von Fans nicht möglich gewesen. Zahlreiche Fanzines und Blogs berichten wachsam über das Geschehen im Verein und auf den Rängen. Fans haben das Stadion mit Malereien und politischen Aussagen verziert. Die Millerntor Gallery ist zu einem internationalen Festival für Kunst, Kultur und Musik angewachsen.

Während bei anderen Vereinen das jeweilige Vereinsmuseum Chefsache ist, kamen Idee, Initiative, Gründung, Entwicklung und Durchführung beim FC St. Pauli aus der Anhängerschaft. Die Planung für das „Museum wie kein anderes“ läuft auf Hochtouren. Das Projekt wird selbstständig finanziert, unter anderem durch Spenden, Mitgliedsbeiträge oder Benefiz-Partys. In der zukünftigen Museums-Fläche wurde bereits eine Ausstellung über das Millerntor-Stadion realisiert. Nebenbei stellen die Initiatoren außergewöhnliche Veranstaltungen wie „Ein Kessel Braun-Weißes“ oder „Fußball & Liebe“ auf die Beine.

Mit dem Projekt Fanräume e.V. sind Fans quasi Immobilienbesitzer geworden. Sagenhafte 400.000 Euro wurden innerhalb von vier Jahren in unzähligen Aktionen gesammelt, um den Traum von selbst finanzierten Räumen im eigenen Stadion Wirklichkeit werden zu lassen. Heute sind die Räume Heimat des Fanladens und der AFM. Fanräume e.V. ist Träger des Objekts und betreibt und verwaltet den Fansaal mit Bühne, Tanzfläche und Tresen und den Konferenzraum. Die Räume werden von Fans, Vereinsabteilungen, Gremien und Initiativen aus dem Umfeld des FC St. Pauli und dem Stadtteil genutzt. Es gibt ein ständig wachsendes Archiv von Publikationen (Bücher, Zeitschriften und andere Medien) und es finden regelmäßig Lesungen, Diskussionsrunden und fanspezifische Veranstaltungen statt.

Der Fanladen. Auch hier übernahmen Fans die Initiative. Der Charakter „von unten“ hat sich bis heute gehalten und ist Grundlage für die hohe Akzeptanz der Mitarbeiter durch die Fanszene. So ist, anders als bei allen anderen Vereinen, auch der Fanbeauftragte kein Vereinsangestellter, sondern beim Fanprojekt beschäftigt. Der Fanladen hat eine herausragende Position auch über die eigene Fanszene heraus, infrastrukturell, organisatorisch und ideell.

Ende der 1980er Jahre hatte der Verein rund 1.000 Mitglieder. Seitdem haben die bestehenden Abteilungen durch Fans und die gestiegene Popularität des Vereins einen enormen Zuwachs bekommen. Inzwischen sind etwa 8.000 Sportler aktiv. Es entstanden neue Sportabteilungen aus dem Umfeld des Clubs, zum Beispiel

 Marathon, Darts, Roller Derby oder Boxen. Der komplette Frauenfußballbereich ist aus der Fanszene entstanden. Rund 15.000 Mitglieder sind in der AFM organisiert, sie ist quasi die Fanabteilung. Neben diversen finanziellen Förderungen fließen die Mitgliedsbeiträge vornehmlich in den Jugendbereich. Ohne die Gelder der AFM wäre im letzten Jahrzehnt Leistungs-Jugendfußball gar nicht möglich gewesen. Bis heute trägt die Bezuschussung der AFM entscheidend dazu bei, dass sich die Jugendabteilung des FC St. Pauli zu einer Topadresse in Deutschland entwickelt hat und das Nachwuchsleistungszentrum mit drei Sternen regelmäßig die höchste Auszeichnung vom DFB erhält.

St.-Pauli-Fans waren bundesweit die ersten, die eine Streetwear-Kollektion erstellt und im Fanladen verkauft haben, lange bevor das offizielle Merchandising auf diese Idee kam. Fans haben auch den Totenkopf entworfen bzw. etabliert, der Shirts oder Hoodies heute zu Bestsellern macht. Im Fanshop-Sortiment finden sich immer wieder ursprünglich von Fans erdachte Elemente, zum Beispiel der rote Streifen, das ausgeschriebene „Sankt" oder die Wortkombination „FCSP".

Alles, was den FC St. Pauli heute ausmacht, ist in der Basis entstanden, teilweise im ganz Kleinen, sickerte über die Jahre ein und hat den gesamten Club bis ganz nach innen und „oben" durchsetzt. Fans haben aktiv in den Verein hineingewirkt. Fans haben angeschoben, dass die Stadionordnung geändert wird, um Rassismus, Diskriminierung und rechte Symbolik zu verbieten. Fans haben die (Rück-)Umbenennung des Wilhelm-Koch-Stadions in Millerntor-Stadion bewirkt und dafür gesorgt, dass der Stadionname auch in Zukunft nicht verkauft werden darf. Fans haben verhindert, dass das Millerntor eine austauschbare 08/15-Arena wird und durchgesetzt, dass es weiterhin ausreichend Stehplätze auf drei Seiten des Stadions gibt. Fans waren 2003 maßgeblich an der Rettung des Vereins beteiligt. Fans investierten 2011 acht Millionen Euro in eine Anleihe zur Finanzierung des Stadionbaus und der Modernisierung des Trainingszentrums.

Fans sind 20 Jahre lang den Marsch durch die Institutionen gegangen. Inzwischen rekrutieren sich große Teile des Aufsichtsrats und des Präsidiums aus dem Fan-Umfeld. Auch unter den Angestellten des Vereins findet man viele Supporter in verantwortungsvollen Positionen.

Im Verein hat man längst begriffen, dass die Einbindung von Fans und ihren Ideen nützlich und gewinnbringend ist. In einem gemeinsamen Kongress wurden Leitlinien für den Verein ausgearbeitet. Die Stadionbau AG wirkte an der Gestaltung des Neubaus mit. Im Ständigen Fanausschuss gibt es einen regelmäßigen Dialog zwischen allen relevanten Gruppen und Institutionen. Oft wirkt sich dieser Einfluss dergestalt aus, dass bestimmte Dinge eben *nicht* passieren: störende Sponsoren-Aktionen, Stadionsprecher als Einpeitscher, nervige Ballermannbeschallung. Dass es in den fünf Minuten direkt vor und nach dem Spiel weder Musik, Werbung noch Durchsagen gibt, ist so ein Ergebnis. Es hat sich bewährt, fast alle stehen dahinter. Ist es ein Widerspruch, dass ausgerechnet bei dem Verein, dessen Zauber fast ausschließlich durch das Geschehen um und nicht auf dem Rasen erzeugt wird, die Anhänger eine Konzentration auf den Fußball wollen? Nur auf den ersten Blick.

Es gab immer wieder Stimmen, die behaupteten, dass dem Club durch das Verhindern der totalen Vermarktung Einnahmen verloren gehen. Doch inzwischen hat wohl auch der größte Turbokapitalist eingesehen, dass die Fans mit ihrem Engagement überhaupt erst dafür gesorgt haben, dass der Verein ein attraktiver, vom sportlichen Abschneiden weitgehend unabhängiger Werbeträger geworden ist. Ein „XY-Firma"-Stadion würde die Identität des Millerntors und des Vereins angreifen und somit die Marke FC St. Pauli beschädigen. Und letztlich macht es eine Marke auch anziehend, wenn nicht jeder Käse mitgemacht wird. „Die nehmen nicht jeden" kann durchaus eine Auszeichnung sein. Das weiß auch der Kaufmännische Geschäftsführer Andreas Rettig: „Ich bin davon überzeugt, dass die Bedeutung und die Werthaltigkeit des Sich- Umgebenwollens mit dem FC St. Pauli noch weiter steigen werden. Weil wir eben nicht austauschbar sind. Und auch wenn es manchmal Dinge gibt, über die der eine oder andere nicht erfreut ist, wissen Sponsoren, was sie beim FC St. Pauli bekommen. Das macht die Werthaltigkeit aus." (Sponsors 25.07.16)

Sicherlich hat der Verein auch Alleinstellungsmerkmale, die nicht durch Fanarbeit geschaffen wurden. Da wäre vor allem die Lage des Millerntors zu nennen. Fußballstadien an einem so zentralen Standort sind heutzutage selten. Erst recht, wenn dieser Standort ein Viertel ist, das zu den weltweit bekanntesten und schillerndsten gehört. Ein Stadtteil, der seit eh und je endlos viel Stoff für

Geschichten liefert. Club und Quartier haben eine Strahlkraft, mit der auch jeder für sich allein ziemlich hell leuchten würde. Tatsächlich ergänzen sie sich perfekt. Doch eine wirklich intensive Interaktion zwischen Verein und Viertel ist erst entstanden, seit alternative Fans das Millerntor für sich entdeckten. Heute bekennen sich fast alle Läden rund ums Millerntor offen zum FC St. Pauli.

Die Entwicklung des „Fan-Vereins" ist noch nicht zu Ende. Sie ist vermutlich nie zu Ende, und das ist auch gut so. Es gibt immer wieder Dinge, die für Unzufriedenheit sorgen und damit den Drang erzeugen, daran etwas zu ändern. Es wird immer Fans geben, die Ideen haben und neue Projekte auf die Beine stellen.

„What is it that makes St Pauli so different? The fans."
(The Independent, 1. März 2014)

(Quellen, Erläuterungen und weiterführende Informationen zu allen Themen finden sich im Internet und im Fanräume-Archiv. Zugunsten der Lesbarkeit habe ich aufs Gendern verzichtet. Selbstredend gelten alle Bezeichnungen für Menschen beiderlei Geschlechts.)

„Boah, jetzt sing halt mal mit!", rief Freddy Karlo zu, der sich in Gedanken versunken ausmalte, was er alles für Projekte mitgestalten könnte. Aber jetzt war wirklich nicht der Moment zum Grübeln, denn die Mannschaft brauchte nach der Winterpause jede Unterstützung. So stieg auch Karlo wieder in den Support ein. Es wurde sowieso gerade sein Lieblingsgesang angestimmt. Lautstark skandierte er: „… we hate the volkspark bastards …"

Nach dem Spiel wollten sie nicht ins Jolly, denn das war an Spieltagen die Hölle. Freddy hatte eine Theorie aufgestellt, dass es Spieltags-Gäste und Stamm-Gäste im Jolly gab. Für Karlo war das offensichtlich und ihm war auch klar, dass sie definitiv zur zweiten Kategorie gehörten. „Man müsste mal wieder was Entspanntes machen", schlug Freddy vor. Karlo erwähnte, dass er gerade aus dem Urlaub kam und merkte nicht, wie er sich damit grade ziemlich unbeliebt machte. Freddy entgegnete pampig: „Kann ja nicht jeder Eltern mit Geldscheißer haben, die ihrem Söhnchen alles bezahlen." Karlo fragte peinlich berührt: „Wollen wir mal Wandern oder Angeln?" „Ähm … NEIN!

Ich hatte eher an etwas Unterhaltsames gedacht. Wir könnten mal zu den Amateuren an die Hoheluft, da wolltest du ja sowieso mal hin, oder?", schlug sie vor. Sie verabredeten sich gleich für das kommende Wochenende. Karlo wusste, dass er es vorher leider nicht mehr ins Viertel schaffen würde, denn bei ihm standen jetzt bald Klausuren an. Trotzdem hoffte er, am Donnerstag zur Working Class Cocktail Party ins Jolly kommen zu können, die war schließlich nur einmal im Monat.

Die Cocktail Party hatte er geschafft, die Klausur am Tag danach nicht. Karlo war einfach nicht in der Lage gewesen, aus dem Bett zu kommen, und hatte sich daher entschieden gleich auf den Nachschreibetermin zu setzen. Zum Glück spielten die Amateure diesmal nicht auch am Freitag, sonst wäre auch das nichts geworden. Aber nun fuhren sie bereits mit der U3 zu Hoheluftbrücke und nahmen dann den 5er Bus bis Gärtnerstraße. Vor dem gelben Stadion war schon einiges los und sie kamen erst fünf Minuten nach Anpfiff rein. Freddy hatte mit ihrer Dauerkarte für die erste Mannschaft freien Eintritt und kaufte Karlo, der sein Ticket bezahlen musste, aus Solidarität ein Bier. „Bierchen!" rief sie fröhlich und hielt ihm die Überraschung unter die Nase. „Und guck dir das mal an", sie zeigt auf die Tribüne. „Das ist die letzte erhaltene Tribüne aus den 1920er Jahren. Und unten ist sogar ein Clubheim drin. Da gehen wir nach dem Spiel mal hin." Sie postierten sich neben den anderen Zuschauern im Stehbereich neben der Tribüne. Freddy kannte auch hier einige Leute, diesmal hatte Karlo die aber vorher noch nie gesehen. „Karlo, komm mal ran. Das hier ist Ronny, der ist öfters hier – jedenfalls, wenn er zu Hause raus kommt", sagte Freddy mit einem Zwinkern. Karlo stellte sich ebenfalls vor und fragte, wie Freddy das gemeint hatte. Ronny erklärte es ihm.

… und ich wusste, warum ich da stand

von Ronny Galczynski

FC St. Paulis U23 (vulgo Amateure) im Wandel der Zeit. Eine nostalgische Verbeugung

Es sei vorausgeschickt, dass ich immer noch regelmäßig – sofern das Familienleben es zulässt – die Heimpartien unserer zweiten Herrenmannschaft besuche. Das hat heute in erster Linie wohl eher mit Nostalgie, Gewohnheit und Tradition zu tun, denn mit echter Leidenschaft wie ehedem. Aber dennoch, auch das will ich betonen, gehe ich dort immer noch sehr gerne hin. Nicht, weil ich das Victoria-Stadion (und noch viel weniger natürlich zuvor den Norderstedt-Ground) als besonders zuschauerfreundlich empfinde oder den Support als außerordentlich gelungen. Nein, es geht für mich – neben dem rein Sportlichen – um zweierlei: Einerseits möchte ich den Jungs mit meiner Anwesenheit Respekt dafür zollen, dass sie sich jahrelang gequält haben, um jetzt – zumeist stolz – die Farben eben jenes Vereins zu tragen, den ich selbst seit über einen Vierteljahrhundert aus Überzeugung unterstütze. Andererseits empfinde ich den Besuch, im Gegensatz zu den Partien unserer Ligaelf am Millerntor, als äußerst entspannend. Denn hier steht alle zwei Wochen nicht nur das Spiel an sich im Mittelpunkt meines Interesses, sondern auch die Nebenbei-Kommunikation während der Partie. Was für mich bei den Profikicks eher die Ausnahme darstellt.

Die folgenden Anekdoten rund um drei Begegnungen der ersten Nachwuchsmannschaft zwischen 1997 und 1999, bei denen ich persönlich dabei war, sollen dokumentieren, was vor rund 20 Jahren das Besondere und den Reiz von Heim- und Auswärtspartien der St. Pauli-U23 in meinem Augen ausmachte. Unvergessen bleiben natürlich auch diverse damalige Proteste der Amateure-Fans gegen die eigene Vereinsführung (Platzbesetzungen, Transparent- und Flugblattaktionen, Demos usw.), gegen den selbstherrlichen Profitrainer und andere ungerechte Dinge im Leben eines Fußballfans. Da ich hierbei aber meist nicht selbst zugegen war, will ich diese Ereignisse nur am Rande erwähnen. Kurzum: Es waren selten rein sportliche Highlights, die man mit St. Paulis U23 erleben durfte. Es hatte viel mehr ein wenig von politischem Happening, bisweilen anspruchsvollem Karneval und Post-68er-Aktivismus. Alles Dinge, die ich heute vermisse – ebenso wie natürlich vielen Mitstreiter*innen von damals, mit denen gemeinsam man etliche Spielzeiten lang sein (Fan-)Leben verbracht hat.

Im Durchschnitt 313 Zuschauer besuchten in der Saison 2015/16 die Heimkicks von St. Paulis U23 im Victoria-Stadion am Lokstedter Steindamm. In der vorigen Spielzeit kam man mit durchschnittlich 225 Zahlenden (seinerzeit in der „Heimspielstätte“ in Norderstedt) sogar auf ein ewiges Allzeittief – zumindest seit ich die Spiele der Zwoten besuche, also seit knapp 25 Jahren. Vergleichen wir diese bescheidenen Zuschauerzahlen mit jenen von damals (1994/95: 631; 1995/96: 642; 1996/97: 543; 1997/98: 459; 1998/99: 605; 1999/2000: 857), hat das Zuschauerinteresse zwar deutlich abgenommen, aber der harte Kern der Amateure-Fans bestand auch früher schon aus geschätzt gerade mal 120 Leuten. Dennoch machten diese merklich mehr Alarm, als die paar aufrechten Anhänger heute, die bei der U23 auf Support aus sind – sofern überhaupt mal angefeuert wird. Hinzu kommt, dass es damals im Amateure-Fanumfeld noch echte Hardcore-Freaks gab, die sich hauptsächlich aus Fanzine-Machern, Fanladen-Crew und deren Freundes- und Bekanntenkreis rekrutierten; Menschen, die ohnehin permanent Kontakt hatten (unter anderem auch über gemeinsame Stammkneipen) und somit Aktionen, Support und so weiter für die Zwote sozusagen nebenbei planen konnten – und dies auch ausgiebig taten.

Es gab damals ja auch genügend Gründe, sich mit der Amateurelf ein zweites Standbein zu schaffen: Die erste Mannschaft bot – im Gegensatz zur Zwoten – nur sehr selten fußballerische Highlights. Mit den bei den „aktiven Fans" ungeliebten Protagonisten Uli Maslo (Profitrainer) und Heinz Weisener (Präsident) auf der einen, mit Kurt Hesse und Jürgen Wähling (unter anderen) als sympathische Nachwuchstrainer auf der anderen Seite, war auch die Frage nach den Guten und Bösen schnell beantwortet. Die Nähe der Fans zur Mannschaft war über Jahre erstaunlich, heiß geliebt waren die Oddset-Pokal-Auswärtspartien, bei denen munter und vor allem fröhlich zwischen Wilhelmsburg und Hummelsbüttel gegroundhoppt wurde. Kurzum: Der Besuch des Zweitligateams war zeitweise die leidliche Pflichtveranstaltung und der bei den Nachwuchskickern die gern absolvierte Kür.

Bayer 04 Leverkusen

„Ich hab ihn!", rief mein Freund Jörg an diesem Freitagabend. Es war der 28. August 1998 und Christian Rahn hatte seine Stutzen ins Gegengeraden-Publikum geworfen, nachdem unsere zweite Mannschaft in der ersten Hauptrunde des DFB-Pokals im damals noch Wilhelm-Koch-Stadion genannten Rund mit 0:5 gegen den Erstligisten Bayer Leverkusen verloren hatte. 0:5 verlieren und als Fan dennoch glücklich sein: wie kann das sein? Vor 4.913 Zuschauern – eine kleine Enttäuschung, Optimisten hatten mit etwa der doppelten Resonanz gerechnet – hatte sich die Oberliga-Elf um

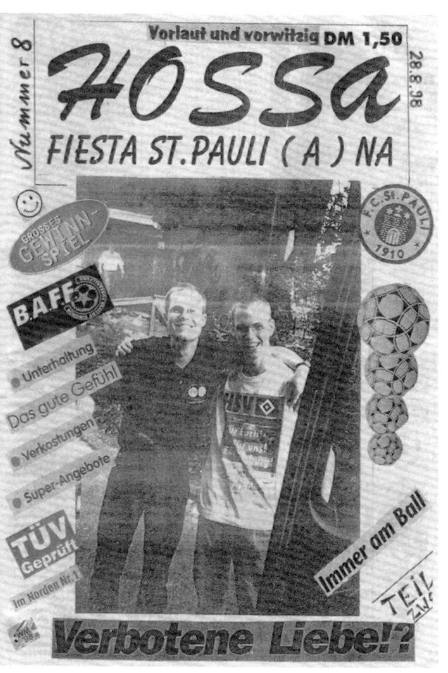

Trainer Joachim Philipkowski an diesem Sommerabend sehr teuer verkauft. Weit über eine Stunde hielten unsere Amateure ein 0:0, ehe Ulf Kirsten in der 67. und 72. (Elfmeter) mit einem Doppelpack das Pokal-Erstrundenaus einläutete. Scheißegal, dachten wir, ärgerten uns dennoch über die Pillendreher-Tore drei bis fünf (Beinlich, Lehnhoff, Meijer) in den Spielminuten 80 bis 85 – und hätten uns natürlich gefreut, wenn wenigstens Rahn seinen Elfmeter in der vorletzten Spielminute im Tor versenkt hätte. Nach der Partie – Hossa-Herausgeber Sven Klein hatte an diesem Pokalspieltag sogar eine Art Sondernummer (#8) seines Fanmagazins in 1.000er-Auflage herausgebracht – postierte sich nicht nur Leverkusen-Coach Christoph Daum mit Megafon und anerkennenden Statements direkt vor der Gegengeraden, nein, auch das Viertliga-Team ließ sich noch weit über eine Stunde nach Spielende von einigen hundert verbliebenen Anhängern feiern. Mit „Hallo Profis, habt ihr das geseh'n" teilte man einen deutlichen Seitenhieb auf die blutleeren Auftritte der vereinseigenen Zweitligamannschaft aus. Die taz Hamburg schrieb drei Tage später: „Die nutzlose Euphorie über eine Niederlage weicht immerhin der süßen Melancholie, dabei gewesen zu sein. Und endlich einmal beim Fußball wieder etwas gefühlt zu haben." Genauso war es!

Die Aufstellung des FC St. Pauli gegen Leverkusen: Carsten Wehlmann, Hendrik Meyer, Markus Ahlf, Piotr Staczek, Ahmet Usman, Robert Meyer (79. Erdal Katik), Zlatan Bajramovic (64. Joao Paulo Simao da Silva), Mark Pomorin, Johann Stenzel (75. Gian-Pierre Carallo), Christian Rahn, Ivan Klasnic.

Eigentlich hätte es ein ganz normales Regionalliga-Match werden können – der Tabellenfünfzehnte im „Heimspiel" gegen den Staffelvierten – wenn nur jener „junge Mann" (damals 30), der dummerweise sogar noch auf dem Mannschaftsfoto des Ligateams des FC St. Pauli für die Spielzeit 1994/95 gelandet (zum Glück vor Saisonstart aber wieder abgesprungen) war, sich am 30. Oktober 1999 besser benommen hätte. Und viele andere Anwesende natürlich auch. Marinus Bester (Eintracht Hitfeld, FC Süderelbe, Werder Bremen, HSV, Schalke, Werder, Concordia, VfL 93, Lüneburger SK, HSV) begriff sich von jeher als Hardcore-Rauten-Fan und als absoluter St. Pauli-Hasser – warum auch immer. Das jedenfalls führte dazu, dass der gebürtige Hamburger an eben jenem Sonnabend im Schanzenpark-Stadion des SV Polizei (sic!), der damaligen Heimspielstätte der St. Pauli-Amateure, beinahe Haue bekommen hätte.

Und das kam so: Nachdem Bester in der 53. Minute zum 1:0 für sein Team, den Lüneburger SK, zu seinem 13. Saisontor einnetzte – es sollte der einzige und damit der Siegtreffer der Niedersachsen an diesem 14. Spieltag vor 735 Zuschauern bleiben – lief er in Richtung St. Pauli-Fangemeinde, lupfte sein LSK-Trikot und präsentierte darunter frech ein HSV-T-Shirt. Nun muss man nicht besonders intelligent sein, um zu erahnen, was für Reaktionen eine solche Provokation hervorrufen würde – zumal sich Bester das T-Shirt auch noch extra stramm zog, damit es auch wirklich alle erkennen konnten. Jahre später gerierte er sich in einem Interview mit 11Freunde als Unschuldslamm und heuchelte Überraschung angesichts der anschließenden Verbal-Entgleisungen durch die anwesenden Anhänger unseres FC. („Ich hätte den St. Pauli-Fans mehr Souveränität und einen lockereren Umgang mit dieser Aktion zugetraut.") Doch – kalkuliert oder nicht – natürlich war diese dummdreiste Bester-Aktion Auslöser der folgenden „Scharmützel".

Nun denn: Bester-Beschimpfungen bis zum Spielende waren erwartbar, was danach folgte, nicht unbedingt, und es warf auch nicht gerade ein gleißendes Licht auf das ansonsten meist korrekte und originelle Verhalten der braun-weißen Amateur-Fanszene. Emotional nachvollziehbar waren die Ausbrüche allemal, auch wenn mir irgendein Pressevertreter während der Aktion halb heulend zujammerte, dass das Ganze nichts mit dem Ethos des FC St. Pauli zu tun hätte. Ethos hin oder her: Nach Spielende wurde der spätere HSV-Teammanager beim Gang in die Kabine von ein paar wütenden Anhängern, darunter übrigens auch ein paar Szene-Promis, körperlich attackiert. Zumindest wurde das versucht, Bester konnte sich in die Umkleide retten. Dass anschließend aus der LSK-Kabine Gläser und Seltersflaschen geschmissen wurden, trug nicht gerade zur Beruhigung der Szenerie bei. Irgendwann trafen drei Einsatzwagen der Polizei ein und sechs Uniformträger nahmen den inzwischen kleinlaut gewordenen Ur-Übeltäter in ihre Mitte, um ihn mehr oder minder sicher vom Sportplatz zu geleiten.

Als dann gut fünf Jahre später, Ende Dezember 2004, ein verheerender Tsunami an den Küsten des Indischen Ozeans für 230.000 Tote und Millionen weitere Opfer sorgte, sah auch der Hamburger SV die Notwendigkeit, den Menschen vor Ort unter die Arme zu greifen, und versteigerte im Januar 2005 zugunsten der Flutopfer-Hilfe einige handsignierte Devotionalien. Darunter das besagte Bester-Shirt. Eine gute Gelegenheit, dem Mann und dem Nachbarverein eins auszuwischen und nebenher auch noch etwas Gutes zu tun, dachten sich die Macher*innen des Übersteigers und boten fleißig mit. Bis zum 28. Februar, dann gehörte das begehrte und über die Maßen hässliche T-Shirt dem Übersteiger. 303 Euro mussten die Fanziner dafür hinblättern, aber das war es am Ende auch wert, meinten sie. Zur Regionalliga-Heimpartie gegen die zweite Mannschaft des Hamburger SV am 5. April präsentierte man mit der Ausgabe #72 ein Cover, das die Übergabe des T-Shirts durch Bester an den „Chefredakteur" des Übersteigers (so jedenfalls formulierte es Bester im bereits erwähnten 11Freunde-Interview) in der AOL-Arena zeigte. Doch auch damit ist die Story noch nicht zu Ende, denn irgendeinen würdigen Platz musste das geschichtsträchtige Leibchen ja nun auch noch bekommen: So schenkte man das Oberteil also im Juni 2015 dem Fanladen zu seinem 15. Geburtstag. Die Fanbetreuungs-Crew konnte damit allerdings wenig anfangen und reichte das Objekt an die Stellinger weiter – namentlich an Dirk Mansen, den damaligen Leiter des HSV-Museums. Dort weilt der Fetzen heute noch, wie mir Mansens Nachfolger Niko Stövhase bestätigte. Allerdings nur in der dortigen Asservatenkammer und nicht in der Ausstellung selbst. „Das sei auch nicht geplant", so Stövhase. Eine Überlegung wäre es also durchaus, ob man nicht dieses mit „unterhaltsamen" Stories behaftete Unterhemd einfach zurückfordert, um es schließlich irgendwann im vereinseigenen

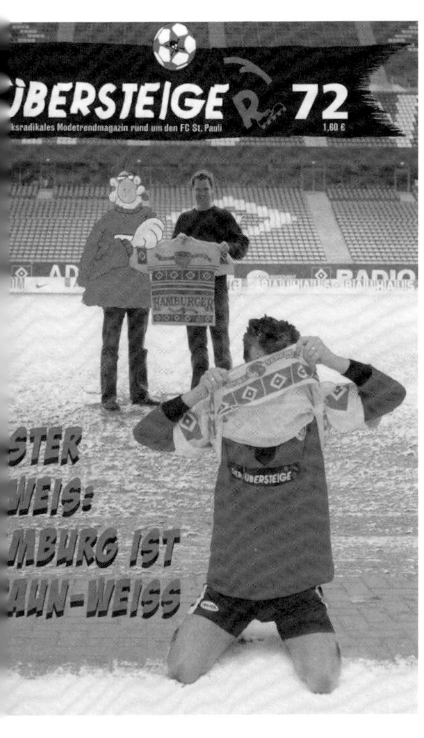

Museum des FC St. Pauli ausstellen zu können.

VfR Neumünster

Die Auswärtsbegegnung beim VfR Neumünster endete 4:1 für die just aus der Regionalliga abgestiegenen Amateure des FC St. Pauli – doch das war an diesem 21. September 1997, dem 6. Spieltag in der Oberliga Hamburg/Schleswig-Holstein und dem Termin der Hamburger Bürgerschaftswahl, völlig nebensächlich. Denn in erster Linie ging es an diesem Tag um Gut gegen Böse, Antifaschisten gegen Nazis, Spaß gegen Doktrin. Und Spaß, dies sei an dieser Stelle bereits vorab verraten, gewann dabei mit einer Halslänge.

Zwei Busse hatte unsere damalige Lieblings-Fankneipe *Zum Letzten Pfennig* für diese Auswärtsfahrt organisiert, und gut 100 Anhänger der Braun-Weißen schlossen sich dem Treck gen Norden an. Wichtig war das damalige Match übrigens nicht aus sportlicher Sicht, sondern weil das rechte Spektrum Norddeutschlands explizit für die Partie gegen die „Zecken“ mobilisiert hatte; bis zuletzt auf einer NPD-Kundgebung in Kiel am Tag zuvor. Und da hieß es von unserer Seite natürlich Flagge zeigen!

Zunächst gemütlich ging es also ins Schleswig-Holsteinische. Bei unserer Ankunft am VfR-Stadion war überraschenderweise von Polizei nicht der Hauch einer Spur zu entdecken. Dafür, nachdem alle brav an der Gästekasse mit Rentner-Betreuung ihren Eintritts-Obulus entrichtet hatten, formierte sich schnell ein anderes Empfangskomitee in unserer Nähe: teils gut durchtrainierte, jederzeit gewaltbereite Nazi-Spacken und rechts-offene Asi-Hools. Ohne Ansage ging es dann auch gleich in die Vollen: Flaschen- und Steinwürfe in unsere Richtung von einer rund 40-köpfigen Aggrobande, bewaffnet mit Ketten sowie weiteren Schlagwerkzeugen. Da hieß es zunächst massiv gegenhalten. Als gut zehn Minuten später die ersten Uniformierten ins Stadion schlenderten (am Ende sollen 31 Beamte im Einsatz gewesen sein), war man auf unserer Seite, trotz erfolgreicher Gegenwehr, schon – seien wir ehrlich – ein wenig erleichtert. Zumal man ja nicht wusste, welches Waffenarsenal der Abschaum noch als Überraschungspaket in der Hinterhand bereithielt. Daraufhin zog sich der St.-Pauli-Anhang dann zwecks Spielbeobachtung auf die Stadionseite mit der Sprecherkabine zurück.

Richtig „lustig" wurde es schließlich in der Halbzeitpause, als der braun-weiße Block nahezu geschlossen in Richtung Bierstand zog, wo bislang nur das Faschopack gemütlich seine Alkoholika zu sich nehmen konnte. Denn die Bullizei hatte lediglich den Alkoholausschank an die Hamburger untersagt, was nach unserem Dafürhalten natürlich nicht einzusehen war und uns naturgemäß zum Getränkeordern auf die andere Seite des Stadionrunds zog. Die anwesenden Ordnungshüter konnten die Durstigen zwar weiterhin von den Hässlichen trennen, doch die Nähe zwischen den beiden Gruppen schrumpfte auf eine Entfernung, die gesangliche Beschallung unsererseits möglich machte: „Rudolf Hess war homosexuell …" nach dem Refrain von „Yellow Submarine" beispielsweise (Das war natürlich nicht pc, aber für uns damals situationsbedingt dennoch akzeptabel) oder „Und *ihr* wollt eine U-Bahn bau'n" nach der beliebten „Go West"-Melodie. (Das Führer-Volk hatte zuvor das berüchtigte U-Bahn-Lied intoniert.) Daraufhin tickte der Fascho-Mob derart aus, dass sich die Gendarmen nun plötzlich doch genötigt sahen, den einen oder anderen Mordor-Gesellen zur Seite zu bitten.

Auch nach Spielende hatte die Polente nahezu nichts im Griff, und ein ursprünglich geplanter Polizeikessel um die rassistischen Störenfriede herum geriet am Ende offensichtlich zum Halbkreis, so dass die Nazis erneut Versuche unternehmen konnten, uns Abreisende zu attackieren. Zwei echte Verletzte waren am Ende bei St. Paulis Anhang zu verzeichnen. Somit lief das Ganze also noch einigermaßen glimpflich ab, doch das nahezu durchgängige (Nicht-)Verhalten der sogenannten Gesetzeshüter wurde im Nachhinein von nicht Wenigen als kalkuliert und beabsichtigt eingestuft. Glimpflich kam an diesem Abend übrigens auch die Hamburger Bürgerschaft davon, denn die nach ersten Prognosen deutlich über fünf Prozent liegende rechtsnationale DVU landete beim Zielschuss des Landeswahlleiters bei 4,98 Prozentpunkten.

Am Ende stehen exemplarisch also drei für mich persönlich wichtige Ereignisse rund um meine U23-Vita, die auf verschiedenen Ebenen darlegen, welch innige Bindung zeitweise zwischen uns Anhängern der Amateure und dem Team bestand. Ich bin Realist genug, um zu wissen, dass es das so nie wieder geben wird, wünsche mir aber dennoch, dass in Zukunft ein paar Strukturen im Umfeld unserer jetzigen Regionalligaelf geschaffen werden, die eine bessere Kommunikation zwischen Akteuren und Claqueuren ermöglichen. Dazu gehört meines Erachtens zuallererst eine eigene Spielstätte, so wie seinerzeit von Hermann Klauck und Thomas Meggle an der Waidmannnstraße angedacht und angeschoben. Und es sollte auf jeden Fall wieder regelmäßige Gesprächsrunden zwischen Fans und Spielern geben. Mein Credo ist nämlich, dass Fußballspieler, die wissen, für wen und vor wem sie eigentlich kicken (und nicht nur irgendwie diffus für „Pauli“), eine ganz andere Motivation auf den Platz bringen (können). Was umgekehrt natürlich ebenso Gültigkeit besitzt: Wer auf den Rängen steht und weiß, welche sympathischen Jungmänner da auf dem Rasen zu unterstützten sind, ist deutlich eher bereit, alles für die Jungs zu geben. Ich spreche da aus Erfahrung …

Forza!

Freddy unterbrach Ronny: „Wieso geht das mit der Waidmannnstraße nicht?“ Karlo fiel ihr mit seinem gefährlichen Halbwissen ins Wort: „Da sind doch die von diesem neuen HSV-Verein.“ Er setzte an, die Sache genauer zu erklären, als Freddy ihre Currywurst-Pommes auf Karlos Schuhe kippte. Das war sehr schade, denn wer an der Hoheluft schon welche gekauft hat, der weiß, dass die Möglichkeit besteht, eine XXL-Portion zu bekommen. Die Sache traf auch Karlo an einer empfindlichen Stelle, denn seine übertrieben teuren Schuhe waren nun voller Soße. Er wollte sich ungern mit Freddy anlegen, aber die Stimmung war für ihn am Ende. Mit einer Ausrede zog er sich aus der Affäre und ging nicht mehr mit den beiden ins Klubheim. Stattdessen fuhr er nach Hause und reinigte so zügig wie möglich seine Schuhe. Danach ging es ihm besser.

Am übernächsten Tag fühlte sich Karlo wegen der Schuh-Geschichte total bescheuert und rief Freddy an: „Was geht bei dir so heute?" „Komm mal Fanladen", antwortete sie knapp, und die Verabredung zwischen beiden stand. Als Karlo im Fanladen eintraf, saß Freddy mit ein paar Leuten aus dem Fanclub zusammen. Sie zeichneten den Entwurf eines Banners auf ein Blatt Papier. „Wir wollen was zum 70-jährigen Bestehen der Vereinigung der Verfolgten des Naziregimes in Hamburg machen. Die Idee ist ‚remember history – fight fascism'" erklärte Freddy. „Ein Klassiker, aber stand der nicht auch schon auf einem Banner beim Holocaust-Gedenktag neulich?", entgegnete Karlo. „Hmmm", machte Freddy, „kannst du mal ins Büro gehen und fragen?" Karlo klopfte an die Tür des Büros der Fanladenmitarbeiter. Der Freundlichkeitsbeauftrage Stefan öffnete und Karlo schilderte sein Anliegen. „Da musst du Justus fragen", antwortete Stefan. Hinter einem der PC-Bildschirme tauchte ein Kopf hervor. Wie er helfen könne, fragte Justus. Karlo erklärte die Sache mit dem Banner. Dabei fiel auf, dass er wenig über den Holocaust-Gedenktag wusste und Justus ergriff die Chance, ihn kurz aufzuklären.

„Erinnern für die Zukunft" – Internationaler Holocaust-Gedenktag

von Justus Peltzer

Seit 2010 organisiert der Fanladen St. Pauli verschiedene Veranstaltungen zum internationalen Holocaust-Gedenktag am 27. Januar. Dreh- und Angelpunkt ist dabei die Gedenktafel vor der Südtribüne des Stadions, die an die Opfer der nationalsozialistischen Verfolgung erinnert und 2004 auf Initiative von St.-Pauli-Fans aufgestellt wurde. Initiator der Gedenkveranstaltungen war Heiko Schlesselmann, ehemaliger Fanladen-Mitarbeiter und jetziges Mitglied des Ehrenrates des FC St. Pauli. Seine Intention war damals, die Gedenktafel stärker ins Bewusstsein zu rücken und das Gedenken mit mehr „Leben zu füllen". Dabei sollte ausdrücklich auch auch an diejenigen erinnert werden, die nach 1945 Opfer neonazistischer Ideologien wurden. Das wurde gut angenommen und die Veranstaltungen waren immer gut besucht, egal, ob es sehr kalt war oder sogar stark schneite. Die Koordinationsstelle der Fanprojekte (KOS) vermeldete zur ersten Veranstaltung im Jahr 2010 auf ihrer Homepage: „Rund 130 Menschen waren gekommen, um im Schneegestöber der Gedenkveranstaltung vor dem Stadion am Millerntor beizuwohnen, darunter auch das Trainerteam, der Mannschaftsrat und mehrere Spieler der 1. Mannschaft."

Das Erinnern und Gedenken steht bei den Veranstaltungen im Mittelpunkt, aber immer wieder werden auch aktuelle Themen aufgegriffen, um das Motto „Erinnern für die Zukunft" auch auf die Gegenwart zu beziehen. Leider gibt es genug Anlässe.

Bereits zum siebten Mal organisierte 2016 der Fanladen zusammen mit Gregor Backes das Programm zum internationalen Holocaust-Gedenktag und diesmal wurde die bisher umfangreichste Veranstaltungsreihe auf die Beine gestellt. Die Veranstaltungen widmeten sich dem Thema Flucht, ihren Ursachen und historischen Hintergründen. Ebenso standen aktuelle Aktivitäten der Neonazi-Szene im Fokus. Die vier Veranstaltungen waren durchweg gut besucht und es gab positives Feedback von allen Seiten. Wir denken daher, dass die Umsetzung hervorragend gelungen ist.

Zusätzlich gab es zum Heimspiel gegen RB Leipzig am 12. Februar 2016 ganz besondere Trikots. Die Stadionzeitung Viva schrieb dazu: „Es ist an der Zeit, ein Zeichen zu setzen. Klar und deutlich. Sich gerade zu machen. Für Werte, für die unser Club seit Jahrzehnten steht." Diese Werte fasst ein Slogan treffend zusammen, der seit Jahrzehnten in unserer Fanszene bekannt und verbreitet ist und seit einigen Jahren auch auf der neu errichteten Gegengerade prangt – von Fans dorthin gemalt: „Kein Fußball den Faschisten!" An jenem Abend stand der Schriftzug auf den Trikots unserer Profis. So etwas gab es noch nie. Wieder mal eine Idee aus dem Fanladen, die auf breite Zustimmung traf. Zwar waren wir nicht überall sofort auf offene Türen gestoßen und hatten über mehrere Monate an verschiedenen Stellen „gebohrt", aber wir haben es doch geschafft, dass dieses Trikot veröffentlicht und getragen wurde. Hauptsponsor congstar verzichtete dafür auf Werbefläche und machte die Trikotbrust frei. Der Verein unterstützte die Idee des Fanladens vollumfänglich und auch die DFL gab ihr Ok.

An diesem Abend sollten alle sehen, wofür unser Verein einsteht: Für bunte Vielfalt, für Toleranz und Respekt. Flüchtlinge sind willkommen und hier kann jeder lieben, wen er will. Hier ist kein Platz für Fremdenhass, Diskriminierung und Ausgrenzung. Kein Fußball den Faschisten!

An dieser Stelle auch ein Dankeschön an die Leipziger Gäste. Obwohl wir viele Dinge, den modernen Fußball betreffend, entschieden anders sehen, sind wir in dieser Botschaft vereint. Vor dem Spiel wurde ein gemeinsamer Text verlesen, der sich gegen Gewalt, Rechtsextremismus und Fremdenhass richtete. Dafür vielen Dank!

Die Boys in Brown setzen mit dem Schriftzug auf dem Trikot ein gesellschaftspolitisches Zeichen, aber alle sind gefordert: Seid laut! Für die Jungs auf dem Rasen und für die Werte unseres Clubs. Kein Fußball den Faschisten!

Wir erreichten, dass zusätzliche Trikots mit diesem Schriftzug gedruckt wurden, die wir im Fanladen verkaufen konnten. Die getragen Originaltrikots wurden versteigert, der komplette Erlös ging an den Fanladen St. Pauli, der dieses Geld im Sinne der thematischen Arbeit verwenden wird.

Im August 2016 wurde der Fanladen vom DFB über die Auszeichnung mit dem Julius-Hirsch-Preis informiert. Der DFB vergibt diesen Preis im Andenken an den deutsch-jüdischen Fußball-Nationalspieler Julius Hirsch (1892–1943), stellvertretend für alle, insbesondere die jüdischen, Opfer des Nationalsozialismus. Ja, *der* DFB, der noch vor zwei Jahren den Schriftzug „Kein Fußball den Faschisten“ auf der Gegengerade abhängen ließ, zeichnete nun die Projektwoche rund um den Holocaustgedenktag aus, die im Februar 2016 mit der Trikotaktion „Kein Fußball den Faschisten“ beim Spiel gegen Leipzig ihren Abschluss fand, und würdigte damit die antirassistische Arbeit des Fanladens insgesamt. Die Laudatio von Herbert Grönemeyer war hervorragend, die Medienresonanz riesig und der Preis absolut verdient.

An die Auszeichnung ist auch ein Geldpreis gekoppelt. Die Mittel sollen als Grundstock für weitere Antidiskriminierungsarbeit, für verschiedene Aktionen und Projekte, verwendet werden. Für den Sommer 2017 ist eine Reise in das ehemalige Konzentrations- und Vernichtungslager Auschwitz geplant. Die 20 Plätze waren schnell vergeben, die Nachfrage viel höher als das Angebot.

„Das ist natürlich eine Bestätigung unserer Arbeit, über die wir uns freuen“, schloss Justus seine Erläuterungen ab. „Ich gehe nicht davon aus, dass sich bei uns durch den Preis in der täglichen Arbeit etwas

verändern wird", fuhr er fort, „aber der Julius-Hirsch-Preis und die Resonanz darauf hilft natürlich, die gesamte Diskussion um Antidiskriminierungsarbeit zu versachlichen. Uns hängt ja so ein bisschen der Makel an, dass wir das ja schon aufgrund des Vereins machen müssen. Darüber wird dann aber leicht vergessen, dass wir diese Arbeit tagtäglich fortführen müssen, denn die aktuelle politische Entwicklung zeigt, dass Antidiskriminierungsarbeit wichtiger ist denn je."

Karlo wusste nun, dass der Spruch, den er gesehen hatte, „Kein Fußball den Faschisten" lautete und wahrscheinlich auf einem Trikot stand, das jemand bei der Veranstaltung getragen hatte. Der Abend war noch nicht lange her, aber das Erlebte hatte ohnehin einen starken Eindruck bei Karlo hinterlassen. Dass rund um einen Fußballverein so viele Menschen an einer Gedenkveranstaltung wirklich teilnehmen würden, hatte er nicht erwartet – nicht mal bei St. Pauli. Er berichtete den anderen, dass sie den Spruch nutzen konnten. Aber nun hatte jemand anderes Bedenken, da der Spruch schon einmal irgendwo gebraucht worden war, nur wo wusste keiner. So suchte die Gruppe nach einer passenden Alternative. Während sie überlegten, kam Rolling Stone mit seiner Begleitung herein. Karlo hatte schon öfters mit ihm geschnackt, wenn sie sich im Fanladen getroffen hatten. Auch jetzt kamen sie schnell ins Gespräch über die Soli-Aktion für den VVN. Rolling Stone war auch politisch aktiv und so gingen den beiden die Themen nicht aus. Nach einer Weile redeten sie aber über die Auswärtsfahrten der Hinrunde. Rolling Stone fuhr bei allen Spielen mit, obwohl das für ihn als Rollstuhlfahrer nicht einfach war. Er begann, Karlo von seinen Schwierigkeiten zu berichten.

Als Rollstuhlfahrer bei Sankt Pauli

von Rolling Stone

Fußball und die Spiele des FC Sankt Pauli sind für mich eine Form von Freiheit. Sie wecken in mir den starken Wunsch nach Losgelöstheit. Ich vernehme den Ruf der Freiheit, die mir als Idee zwar nicht unbekannt ist – denn ich bin schließlich Ultra und damit ein subkultureller und kritischer Mensch –, in deren vollen Genuss ich allerdings gezwungenermaßen nicht immer kommen kann. Wenn meine Freunde in der Kurve stehen und die Lieder singen, die auch mir täglich durch den Kopf gehen, wenn sie zusammen alles geben für unser Sankt Pauli, bin ich zwar nah dran am Geschehen, bin allerdings deutlich stärker als sie an das Außerhalb der Kurve gebunden. Einen gewissen Einzelkämpferstatus kann man mir nicht absprechen, repräsentiere ich doch im Fankosmos des FC Sankt Pauli eine eher seltene Fanspezies. Ich heiße Rolling Stone und bin seit meinem ersten Lebensjahr an meinen Rollstuhl gebunden. Aus dieser Perspektive will ich meine Geschichte eines aktiven und leidenschaftlichen Fanlebens erzählen, an dessen Ende ich werde sagen können: Es war ein Leben für den FC Sankt Pauli.

2015/16 kam ich in den Genuss, eine der intensivsten Saisons der letzten Jahre zu erleben. Ich fuhr im letzten Jahr zu allen Spielen, sowohl zu Hause als auch auswärts, und hatte meine 34er perfekt. Solche Saisons stellen sicherlich die Ausnahme dar, dennoch waren es über Jahre hinweg nicht viele Spiele, bei denen ich nicht dabei war.

Meine Geschichte als Fan des FC Sankt Pauli reicht zurück bis ins Jahr 1995/96. Damals spielte Sankt Pauli noch gegen den großen FC Bayern, mit Hochkarätern wie Yuri Sawitschew, Carsten Pröpper und natürlich Stani bestückt. Leider bei meinem ersten Spiel nicht in unserem eigenen Stadion. Das alte Millerntor erfüllte nämlich damals nicht alle Auflagen und so musste Sankt Pauli in meinem ersten Fanjahr bei großen Spielen nach Stellingen in die Vorstadt ausweichen. So fand ich früh heraus, dass ich den FC Sankt Pauli wohl sehr lieben musste. Wer will schon eine Dauerkarte haben, wenn er zu den Heimspielen in den Volkspark fahren muss, dem Stadion des verhassten Rivalen? Dennoch empfahl mir meine Mutter, eine Dauerkarte zu kaufen, was ich mit zarten zwölf Lenzen dann auch tat. Seitdem geht mir Sankt Pauli nicht mehr aus dem Kopf. Vor allem einer meiner Jugendfreunde aus meiner Kindheit hatte mich seinerzeit mit dem Sankt Pauli Virus infizierte. Damals konnten wir nicht ahnen, wie lange wir einander sowie der gemeinsamen Sache erhalten bleiben würden, aber es sollte eine lange Zeit werden: 2009/10, also rund 15 Jahre später, schwänzte ich aufgrund des Aufstiegsspiels in die 1. Liga meine Arbeit als Verwaltungsgehilfe und stürmte nach dem Schlusspfiff mit weiteren 2.000 Sankt Paulianern in den Innenraum, um die Rückkehr ins deutsche Fußballoberhaus zu zelebrieren. Davon war am nächsten Tag ein Bild auf vielen Gazetten zu sehen, darauf natürlich ganz dick meine Wenigkeit aber eben auch besagter Kumpel.

Ohne ihn hätte ich mit Sicherheit den Weg in die Fanszene nicht gefunden. Zuerst fährst du als Jugendlicher halt zu den Spielen, verfolgst gespannt den Sport und bist fasziniert von der Stimmung. Das Millerntor war damals auch noch ein uneinnehmbarer Hexenkessel und es ist kein Wunder, dass man dort lebenslänglich sein Herz an diesen Club verliert. Weil mein Freund damals bei der Ultragruppe Carpe Diem war, sollte meine Integration in die Ultraszene und nach einiger Zeit mein Einstieg bei Ultrà Sankt Pauli nicht schwerfallen. Es muss durchaus konstatiert werden, dass die Ultrakultur vom physischen Aspekt her für mich doch eher eine fragliche Subkultur darstellt. Denn ihr Wesen besteht ja darin, physisch im Block präsent zu sein. Und obwohl ich gerne singe (und dies auch bisweilen ohne Rücksicht auf Verluste in überfüllten S- und U-Bahnen), bin ich durch den Rollstuhl ja gewissermaßen ausgeschlossen aus dem Kreis der abgehenden Massen. Deshalb war ich anfangs auch sehr zurückhaltend, als ich zur Gruppe stieß. Auch kann einem Außenstehenden die Ultrabewegung konspirativ und verschlossen erscheinen, aber dennoch fand ich am Ende meinen Platz im Konglomerat dieser verrückten Existenzen. Zwar bin ich vom Fußballgucken *in der Kurve* – und damit von einem wesentlichen Bestandteil der Ultraskultur – ausgeschlossen, aber dennoch waren die Ultras für mich eine Gruppe, wie sie integrativer nicht sein könnte. Bruderschaft, Freundschaft, neue Denkweisen, Autonomie. Neben diesen gelebten Werten fand ich hier nicht nur gute Freunde, sondern auch Aufgabenbereiche, in denen ich meinen Teil zum Gelingen des Ganzen beitragen konnte. Regelmäßige Teilnahme an den Gruppentreffen, in der Arbeitsgruppe Antirazzista oder auch mein Engagement in der vereinseigenen AG Inklusion sind feste Bestandteile meines Fanlebens. Und weit mehr gehört dazu: Kontakte zu den Spielern unserer squadra, wie beispielsweise Benedikt Pliquet, auf dessen Geburtstagsfeier ich war. Oder die internationalen Kontakte der Fanszene, durch die ich auch Freunde im Ausland gefunden habe. Hapoel Tel Aviv, Standard Lüttich und AEK Athen sind hier zu nennen, von letzteren bekomme ich häufig Respektsbekundungen, denn einer ihrer Gurus ist selbst an den Rollstuhl gebunden. Die Fahrten ins Ausland stehen allerdings noch aus, denn es ist sehr schwer für mich, so mobil zu sein.

Dies will ich kurz am Beispiel einer gewöhnlichen Auswärtsfahrt illustrieren. Während andere nach dem Aufstehen direkt zum

Bus gehen, beginnt der Spieltag für mich viel früher. Meine Assistenten holen mich ab (ich wohne im Speckgürtel Hamburgs), es gibt längere Vorbereitungsphasen, manchmal schlafe ich bereits vorher im Fanladen, ein größeres Abhängigkeitsverhältnis von der Gruppe entsteht. Man sitzt über Stunden im Bus, während die anderen diesen zumindest mal verlassen können, wenn es zum Beispiel zu warm ist. Man muss versuchen, jeglichen Stress mit anderen Fans oder Cops zu vermeiden, denn sobald man in der anderen Stadt ankommt, ist man auf sich gestellt. Zwei, drei Leute aus der Gruppe begleiten mich immer, und da braucht man natürlich volles Vertrauen. Bei Heimspielen hast du dann auch noch Zivten um dich rumstehen, was auch nicht immer leicht ist, haben wir doch eher negative Erfahrungen mit der Präsenz von Undercover-Polizisten. Wie gehen wohl andere Gruppen mit gehandicapten Menschen um? Ich glaube zwar, dass der Ultragedanke einen toleranten Umgang mit ihnen vorschreiben würde, aber die Praxis weicht bestimmt davon ab. Die Integration durch USP gelang sicherlich so gut, weil USP eben nach antifaschistischen Prinzipien operiert und daher nur klar sein kann, dass man sich gegen Diskriminierung und die Verachtung anderer Menschen stellt. Also durchaus ein Ort, an dem ich mich wohlfühlen konnte.

Was ich von Anfang an wohl schon unbewusst wahrgenommen hatte, wurde mir schnell richtig klar: Dass Sankt Pauli für mehr steht als nur einen Verein und eine Fankurve, in die man geht, weil man „gute Stimmung“ aufsaugen will. Zwar gab und gibt es bis heute die Kurve als Ort der Freiheit und Ekstase, doch die darüber hinausgehenden Werte, die Sankt Pauli vermittelt, waren mir schon immer wichtig gewesen. Beispielsweise war Sankt Pauli noch nie ohne politischen Hintergrund denkbar. Sankt Pauli politisiert. Kein Parteiprogramm steht dahinter, es geht vielmehr um das politische Bewusstsein für die Freiheit des Geistes, für mich konkret für ein antidiskriminierendes Denken (das Gegenteil habe ich in meinem Leben schon öfter erlebt). Zudem umfasst Sankt Pauli von jeher alle Aspekte von Freundschaft, Loyalität, Respekt und einem größeren Zusammenhalt über viele Grenzen hinweg.

Die folgende Geschichte illustriert ganz gut, warum ich mich bei St. Pauli und seinem Wertekosmos ganz gut aufgehoben fühle, während sich meine Befürchtungen nicht nur als Rollifahrer gegenüber Teilen der Gesellschaft immer wieder bestätigen.

Am 1. Mai 1998 spielten wir gegen den VfB Leipzig (der heute wieder als 1. FC Lokomotive Leipzig antritt). Zum Spiel strömte haufenweise Nazipack nach Hamburg und schaffte es sogar mitten ins Viertel. Mit Sicherheit waren einige nicht nur wegen ihres Interesses am Ballsport hier, und so fanden sich neben hochkarätigen Nazikadern und diversen vom grauen Plattenbauleben geschockten Intelligenzbenachteiligten auch Hooligans ein, für die das berühmte „Zeckenklatschen" an diesem Tag das Hauptziel ihrer Kümmerexistenz war. Ich selbst begegnete dem Scum, als ich mit einem Freund auf dem Stadionvorplatz stand und die Leipziger fragte, warum sie denn mit so vielen Leuten angereist wären. Mit 14 Jahren war ich eher unbewandert in Fragen politischer Zugehörigkeiten und machte mit meinem orange gefärbten Haar auch nicht gerade den Eindruck, als würde ich mit den Jungs später nach dem Kampf einen heben wollen. Fußballgewalt mit allem, was dazugehört, war für mich bis dato ein Fremdwort. Die Antwort, die ich erhielt, schockierte mich in ihrer Direktheit: „Hier ist heute Zeckenklatschen." Im Stadion wurden dann in der Leipziger Kurve Rechts-Vor-Links-Schilder hochgehalten und eine große Gummipuppe im Block präsentiert. An diesem Tag sollte ich auch das U-Bahn-Lied zum ersten Mal live hören. Ich muss zugeben: dieses Spiel mit all seinen Begleiterscheinungen machte im Gesamtpaket schon Eindruck, und von da an waren mir diese Ostkunden sehr suspekt. Der politische Aspekt gewann seitdem auch für mich an Bedeutung.

Negativerfahrungen mit dem Fußball sammelte ich auf unterschiedlichste Weise. In Osnabrück wurde mein Begleiter angequatscht, er solle seinen „Spasti" mal ruhigstellen. Da ist man schon dazu gezwungen, das Spiel von anderer Stelle aus zu schauen, und normale Sitzplatzbesucher bringen dann solche Statements! Deutschland, gute Nacht, Deutschland, schaff dich ab!

Eine andere Geschichte verdeutlicht die Schwierigkeit, als gehandicapter Mensch im eher härteren Fanmilieu Akzeptanz zu finden, um sich dort etablieren zu können, bei der gleichzeitigen Angst vor der Anmaßung der Leute, die einen entweder als bemitleidenswerten Unfähigen betrachten oder zumindest nicht in der Lage sind, einen Menschen auf Augenhöhe in einem zu erkennen. So ist es mit Stereotypen und Vorurteilen, und da gerade im Fanmilieu häufig soziale Abgrenzungslinien geschaffen werden, gerät man da schon schnell mal in die Diskriminierungsfalle.

So erging es mir auch bei einem Auswärtsspiel in Bochum. Man muss wissen, dass wir Rollstuhlfahrer in den Stadien eigene, abgegrenzte Bereiche haben, die im Regelfall nicht verlassen werden dürfen. Manchmal sind diese Bereiche aber in Sektoren des Stadions, in denen nur Heimfans stehen. Um den eigenen Leuten etwas näher zu sein, verließen mein Begleiter und ich den eingegrenzten Bereich, um uns ein paar Meter weiter vor der Gästekurve zu postieren. Bau- und sicherheitstechnisch sollte das niemanden jucken, doch ich durfte erfahren, welchen Sinnlosregularien man als Fußballfan unterworfen wird. Das Ordnungsamt sowie die bochumeigene Sicherheitsabteilung unternahmen große Anstrengungen, um uns von dort zu entfernen. Sie gingen sogar soweit, mir ein Stadionverbot und Personalienaufnahme unter Hinzuziehung der Polizei anzudrohen. Als vom Ordnungsamt eine quasi Freigabe erfolgte, war es das nun offenbar angekratzte Ego des hauseigenen Sicherheitschefs, das unseren Plan, fünf Meter näher an unseren Freunden zu sein, vereitelte. So sollte ich gezwungen werden, entweder an den angestammten Platz zurückzukehren oder das Stadion zu verlassen, was ich daraufhin sofort tat. Denn meine bereits eingeschränkte Beweglichkeit sollte mir nicht gleichermaßen mein Recht auf Bewegung, auch Bewegungsfreiheit genannt, nehmen können.

Auch mit der Staatsmacht hatte ich Begegnungen, die nicht gerade von Wohlwollen geprägt waren. Als wir in der Erstligasaison 2010/11 in Wolfsburg gastierten, kam es am dortigen Hauptbahnhof zu kurzen Tumulten, weil die Bullen wegen Nichtigkeiten jemanden aus einer Gruppe von etwa 200 Personen rausziehen wollten. Die Vorgehensweise war völlig unverständlich, alle in der Nähe stehenden Personen wurden direkt attackiert. Trotz mehrmaliger Hinweise, dass ich in dieser Situation wehrlos sei, griffen die Schweine auch mich an und überrannten mich mitsamt Rollstuhl. Die Leute um mich herum konnten gerade noch das Schlimmste verhindern. Als ich mich aus meiner misslichen Lage befreit hatte und meine Fassung wiedergefunden hatte, sah ich provozierende Gestik, die für mich abermals unter die Gürtellinie ging. Sie applaudierten und feierten sich gegenseitig für diese schändliche Tat.

Natürlich hatte ich auch schon Auseinandersetzungen mit unserem Lokalrivalen. Dass diese miese Brut nicht mal davor zurückschreckt, einen vor der eigenen Haustüre aufzusuchen, um an

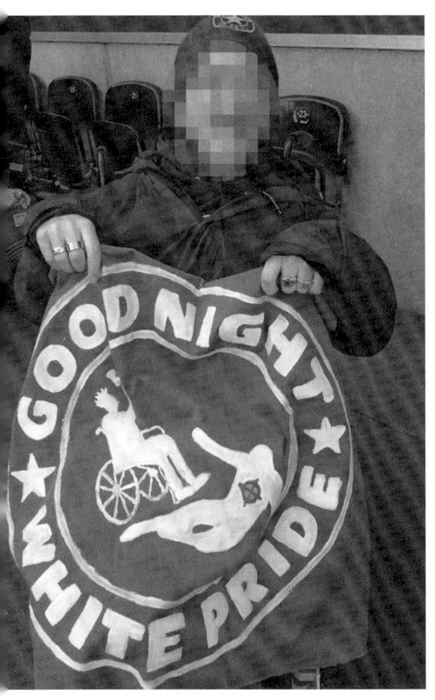

Freunde ranzukommen oder einem Beleidigungen an den Kopf zu schmettern, sollte ja hinlänglich bekannt sein. Im Ultrakosmos ist es nämlich seit einigen Jahren üblich, körperliche Auseinandersetzungen teilweise in die privaten Rückzugsräume der Beteiligten zu verlegen. Diese privaten Übergriffe werden dann in der Regel zwar geächtet, finden aber dennoch statt und gehören zur Realität vieler Ultras. Mögen diese Hunde auch mal irgendwann eine Tradition gehabt haben oder irgendwas auf irgendwelchen deutschen Straßen gerissen haben, für mich sind sie der letzte Abschaum, ohne Stil oder Respekt, aber mit einer gehörigen Portion Überheblichkeit und Arroganz. Eine Jugend ist das, die nur von den Taten ihrer Vorväter zehrt und selbst vorwiegend aus Mittelstandskids besteht, die bei richtigen Gegnern sofort in die Hosen kackend wegrennen. Mein Glück war damals, dass es in Hamburg solidarische Menschen gibt und mein Wohnort keine unmenschlich weite Strecke entfernt ist. So konnte zumindest garantiert werden, dass meine körperliche Unversehrtheit gewahrt wird. Nach ein paar Wochen war Ruhe …

Insgesamt kann ich sagen, dass ich wie jeder andere etwas extremere Fan das volle Spektrum an Diskriminierung bereits auskosten durfte, wobei meine persönliche Lage mich gleich doppelt Diskriminierungen aussetzt: einmal als „Behinderter“ und einmal als „radikaler Fußballchaot“. Aber eins will ich klarstellen: Es geht hier hauptsächlich darum, diese Diskriminierungen anzuprangern und nicht darum, darauf herumzureiten, wie scheiße doch die Welt zu einem ist.

Und doch geht es mir letztlich auch um einen Befreiungsgedanken. Es kann nicht das Ziel sein, die herrschenden Verhältnisse lediglich einer permanenten Dauerkritik zu unterziehen, ohne Alternativen zu schaffen. Eine einfache Forderung kann nach dem bisher Erlebten auf jeden Fall ausgesprochen werden: Mehr Barrierefreiheit innerhalb und außerhalb der Stadien!

Allgemein ist es der DFB, der in Koordination mit örtlichen Sicherheitsapparaten die Richtlinien ausgibt, nach denen Rollstuhlfahrer ihr Dasein im Stadion zu fristen haben. Diese Regelungen und Vorgaben bewegen sich dann entlang der Trennlinie zwischen Sicherheitsauflagen, Komfort und Praktikabilität. Das bedeutet, dass ein Platz für die Rollstuhlfahrer häufig da ausgegeben wird, „wo man halt noch was sieht“, meistens auf den Haupttribünen. Das Zusammensein in der Kurve mit den anderen ist daher für mich per unwritten law schon nicht möglich.

Die folgende Geschichte hat mich in dem Zusammenhang wirklich sehr enttäuscht. Als die Bauphase für die Südkurve des neuen Millerntorstadions anbrechen sollte, verfasste ich im Vorfeld einen Brief an den Verein mit der Bitte, doch Rollstuhlplätze in eben diese zu integrieren. Wenn der DFB aufgrund seiner Vorschriften und Regelungen eine Absage erteilt hätte, wäre das enttäuschend gewesen, doch dass mein Anliegen selbst beim FCSP gar nicht bearbeitet, geschweige denn beantwortet wurde, zeigt schon deutlich, welch bürokratischem Stuss man sich unterwirft und wie beschränkt das doch häufig abläuft, obwohl man sich mit dem Image des toleranten, offenen und „etwas anderen“ Vereins doch zu gerne selbst schmückt. Dies sind die Widersprüche, mit denen Menschen wie ich zu kämpfen haben.

Dennoch sollen jetzt auch noch ein paar positive Beispiele erwähnt werden, ehe ich zum Schlussappell aushole. Wie man mit Rollstuhlfahrern auch umgehen kann, zeigen beispielsweise die beiden Vereine, in denen die Eintracht groß geschrieben wird. (Kleiner Joke am Rande.) Aber sowohl in Braunschweig als auch in Frankfurt befinden sich die Rollstuhlplätze direkt im Umlauf zur Gästekurve bzw. daneben, man ist also nah am Geschehen dran und bekommt nicht das Gefühl, irgendwo abgestellt zu werden. Ihr merkt: Es geht uns in der Kritik hauptsächlich um die Forderung nach uneingeschränkter Mobilität bzw. nach mehr Verständnis der Verantwortlichen für den Wunsch nach echter Barrierefreiheit.

Abschließend möchte ich hiermit jede Rollstuhlfahrerin und jeden Rollstuhlfahrer ermutigen, ein aktives Fandasein zu leben.

Hiermit geht ein fettes PEACE OUT an meine Gruppe, vielen Dank für eure Unterstützung, ohne euch wäre das nicht möglich!

Forza Sankt Pauli!

Für Karlo stand nach diesem Gespräch fest, dass er sich mehr mit USP beschäftigen wollte. Nach dem, was ihm Rolling Stone an Unterstützung beschrieben hatte und auch wie er die Gruppe sonst wahrnahm, schien er da wohl gut aufgehoben zu sein. Vor allem der diskriminierungsfreie Raum, wie er beschrieben wurde, der aus der antifaschistischen Grundhaltung resultierte, beindruckte ihn. Er fragte Rolling Stone, wie er denn selbst bei USP mitmachen könnte und dieser empfahl ihm das offene Treffen der Gruppe.

Karlo fragte Freddy, ob sie Lust hätte, da mal mit ihm hinzugehen. Freddy war zwar eher eine Freundin davon, die Fanszene als Ganzes zu betrachten und sich nicht unbedingt einer Strömung anzuschließen, aber da der Fanclub nun mal auf der Südkurve stand, konnte eine Vernetzung sicherlich nicht schaden. Außerdem erinnerte sie sich, wieso sie damals mit auf die Süd umgezogen waren: „Da sollte damals quasi die Fankurve in der neu zu bauenden Südkurve entstehen. Das war so um 2012. Es sollte eine Kurve entstehen, die den Verein würdig repräsentiert, also halt genauso bunt und wild ist. Das orientierte sich dann alles sehr an dem Ultrà-Gedanken, also viel singen, hüpfen, Fahnen schwenken, Choreographien und so." Karlo war begeistert, dass Freddy dabei gewesen war, aber auch ein bisschen überrascht. Er hatte sie immer als ein bisschen skeptisch gegenüber den Ultras empfunden: „Die machen in einer Woche so ein offenes Treffen, da könnten wir hin", schlug Karlo vor. Freddy stimmte zu. Karlo räumte ein: „Ich bin halt nur am Wochenende beim Geburtstag meiner Oma in Neustadt. Das Treffen ist Montag, ich hoffe ich schaffe es vorher mit dem Zug zurück." Freddy klopfte ihm auf die Schulter: „Das schaffst du schon, mein Kleiner."

Aber Karlo schaffte es nicht. Er hatte zu viel Saumagen gegessen, und da er noch nicht so lange wieder Fleisch konsumierte, hatte es ihn aus der Bahn geworfen. Nun hing er ans Bett gefesselt im Süden fest. Freddy besuchte mit ein paar anderen aus dem Fanclub das Treffen und sie hörten sich an, was die Ultras zu sagen hatten.

Ultrà Sankt Pauli

von Henning/Ultrà Sankt Pauli

Jede Bewegung, jede große Sache und jede große Liebe hat irgendwann einen Knackpunkt. Den Moment, an dem es sich entscheidet und man plötzlich feststellt, dass alles Sinn ergibt und die Arbeit und Investitionen sich lohnen. Für mich war es die Dschungelchoreo (2006) beim Heimspiel gegen den hsv. Nachdem ursprünglich nur *ein* Affe mit hsv Schal und Burberrycap vergeblich versuchen sollte, an eine Mentalitätsbanane zu kommen, entstand in den Wochen vor dem Spiel ein riesiges Gemenge an kreativen Ideen von unterschiedlichsten Leuten. Das Ergebnis war *der Dschungel* – unperfekt, kreativ und homemade – und genau das sollte die Marschrichtung der Ultras am Millerntor von da an für viele Jahre bleiben.

Zur Jahrtausendwende war das Millerntor stimmungsmäßig Brachland. Die Singing Area am Rand der Gegengerade hatte ihre besten Zeiten hinter sich, durch die Dauerkartensituation (alle waren verkauft, es waren keine mehr erhältlich) gab es nahezu keinen Nachwuchs. Nur die Sendung La Ola auf DSF ließ damals erahnen, dass es in Italien ganz andere Vorbilder gab. Die Ultràbewegung war völliges Neuland für uns junge Sankt Paulianer, aber sie kam zum genau richtigen Zeitpunkt und wartete nur darauf, unsere überschüssige Energie aufzusaugen. Auch wenn viele Sankt Paulianer das noch deutlich anders sahen.

Für jüngere Menschen mag es unvorstellbar sein, aber es war eine Zeit, in der das Internet noch sehr unvollkommen war, an sowas wie youtube niemand auch nur dachte und wir uns unsere Inspirationen also woanders holen mussten. Ich zum Beispiel lernte den damals schon an allen Fronten ackernden Ben dadurch kennen, dass er mir eine Audiokassette überreichte, auf der Fangsänge von Milan oder Atalanta-Brescia in katastrophaler Qualität zu hören waren. Er sah offensichtlich irgendwie Potenzial in mir und meiner Bezugsgruppe. Und für mich kam es natürlich einem Ritterschlag gleich, der mein Leben maßgeblich verändern sollte. So lief Akquise Anfang der 2000er Jahre im Stadion.

Unsere einzige Quelle, wie das Ganze in Italien so läuft, war das Magazin Supertifo mit Fanbildern aus italienischen Stadien, das monatlich erschien. Um am Hauptbahnhof eines der vier oder fünf

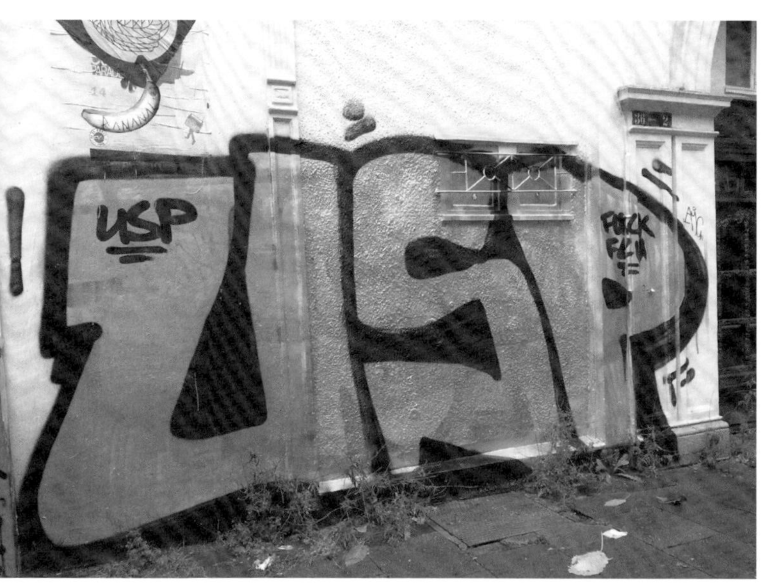

Exemplare zu erwischen, brauchte es aber Logistik, Trickserei und eine große Portion Glück. Wie Schwämme sogen wir alles an Information auf und übertrugen das Gesehene optisch und akustisch eins zu eins auf unseren kleinen Teil der Gegengeraden.

Beim Heimspiel gegen Köln boykottierten wir die ersten 45 Minuten mit Pflastern auf den Mündern, um auf die schlechte Stimmung und mangelnde Mitmachbereitschaft der anderen St. Paulianer aufmerksam zu machen. Eine durchaus beeindruckende Aktion von 19 Jugendlichen in einem Stadion mit 20.000 Menschen. Von den anderen Fans bekamen wir dafür in erster Linie Ablehnung, mit Glück noch ein müdes Lächeln – wir waren ein nerviger Störfaktor und zugleich Stachel im Fleisch. Jedenfalls waren sich alle sicher, dass wir früher oder später wieder verschwinden würden.

In der Sommerpause 2002 gründeten insgesamt 23 Leute aus den Fanclubs Carpe Diem, Braun Weiße Mongos, Wilder Westen und einige Einzelpersonen Ultrà Sankt Pauli und begannen, als Gruppe auf eigenen Füßen zu stehen.

Die Kontakte mit Ultras anderer Städten waren zum damaligen Zeitpunkt noch völlig ungeklärt, so trafen wir in Mainz am Gästeblock wartende Ultras von Frankfurt, die aber nicht auf Ärger aus waren, sondern Fotos und Collagen mit uns tauschen wollten.

Selbst mit den Suptras aus Rostock gab es um die Jahrtausendwende zaghafte Kontaktversuche und genau zwei gegenseitige Besuche. Relativ schnell einigten sich aber alle Beteiligten darauf, sich gegenseitig richtig scheiße zu finden.

Zur gleichen Zeit entstand aber auch die Freundschaft zu den Babelsbergern, und über 16 Jahre später ist in diesem Fall kein Ende in Sicht. Die gemeinsamen Spielbesuche und Feiern gehören zum festen Bestandteil der Geschichte beider Fanszenen und sind heute nicht mehr wegzudenken. Auch im Nachhinein noch die weisere Entscheidung, als sich den Fans der Kogge anzunähern und sie vom Pumpen abzuhalten.

Es gab zum damaligen Zeitpunkt nur zwei für uns relevante Internetforen, das Stadionweltforum und das Hooliganforum. In beiden schrieben zum großen Teil Leute, die an Aktionen direkt beteiligt waren, und erklärten sich gegenseitig Spruchbänder oder Angriffe. Anfangs lernten sich dort die führenden Personen der Szenen kennen. Zum Teil haben sie noch heute guten Kontakt – oder pflegen eben die damals entstandenen Aversionen. Man konnte seinerzeit noch im Internet der anderen Fanszene direkt den Krieg erklären sowie Angriffe ausführlich ankündigen, ohne dass die Strafverfolgungsbehörden etwas davon mitbekamen. Auch wenn es sich um das einzige funktionierende und absolut überschaubare Internetforum für Ultras handelte, war es für die Polizei doch absolutes Neuland.

Im Jahr 2002 begannen wir Ultras auch zu reisen, anfangs insbesondere nach Italien und dort zu allen uns als links bekannten Fanszenen. Nachdem bereits Pisa, Empoli und diverse weitere aus der Entfernung begutachtet worden waren, stellten wir in Terni fest, dass die Ternani nicht nur wie wir stark links, sondern auch beeindruckend bescheuert waren und uns damit nicht nur gefielen, sondern uns auch nachhaltig prägen sollten. Die damaligen Reisen nach Terni (sowie schnell auch nach Bergamo zu ihren Freunden von Atalanta) waren für alle immer inspirierend und bereichernd.

Die Reisefreudigkeit nahm schnell zu und es entwickelten sich über die Jahre feste Kontakte nach Lüttich, Tel Aviv, Athen, Genua und in weitere Orte der Welt. Die Besuche bei den Freunden waren vor allem Motivation für die jungen, braun-weißen Ultras. Motivation, in Hamburg nicht den Kopf in den Sand zu stecken. Denn während auf den Reisen die Eindrücke und Anregungen nur so auf einen einprasselten, regnete es am Millerntor eher Bierbecher aus den oberen Reihen. Mal waren es die Trommeln, mal das Megaphon, mal die ausdauernden Gesänge – irgendetwas nervte immer irgendwen.

Als zum Beispiel gegen Braunschweig auf dem Zaun ein Spruchband mit dem Text „Braunschweig- Mannheim-Magdeburg – die Achse des Blöden" ausgerollt wurde, wurde dieses von unserem Stadionsprecher vorgelesen und verurteilt. Dann entschuldigte er sich bei den niedersächsischen Gästefans, woraufhin ein Großteil der in der Nähe stehenden Zuschauer Bierweitwurf veranstaltete, mit dem Ziel, die auf dem Zaun sitzenden Ultras zu erwischen. Begleitet wurde dies von einem gellenden Pfeifkonzert und „Ihr seid doof!"-Rufen des gesamten Stadions.

Nun ja, es sollte nicht das letzte Mal bleiben.

Insbesondere den altgedienten Recken aus dem Splitter und Millerntor Roar ist es zu verdanken, dass sich langsam das Blatt wendete. Ihnen gelang genau das, was vielen älteren St. Paulianern so schwer fiel: über den eigenen Schatten zu springen und Neues zu akzeptieren; oder Sachen scheiße finden – und dann aber direkt kritisieren. Viele von uns Ultras waren natürlich im vergangenen Jahrzehnt von genau diesen Leuten geprägt worden und mit dem Millerntor Roar, Splitter und Übersteiger aufgewachsen. Die Diskussionen über Politik, Sinnhaftigkeit von Gewalt oder Kommerzialisierung des Fußballs prägten uns und damit auch die ersten Schritte von USP und tun es bis heute.

Vielleicht war es auch gerade die vehemente Ablehnung, die Ultrà Sankt Pauli zu so einem wütenden, aktiven und brodelnden Schmelztiegel werden ließ. Noch während unserer kreativen Aufbruchphase, konfrontiert mit der Ablehnung eines Großteils der Fans, erwuchs im Februar 2003 auch schon unser nächstes Hindernis: die Präsidentschaft von Corny Littmann. Sie sollte schnell zum größten Problem von USP werden und es für mehr als sieben Jahre bleiben. Littmann wurde schnell zu einem erfolgreichen, stringenten und bei den Fans beliebten Präsident, einzig die aktive Fanszene rasselte permanent mit ihm zusammen und es gab keine Tendenz zur Annäherung oder Auflösung der verhärteten Fronten. Stattdessen wurde die Abneigung gegen USP durch einige Vorfälle immer größer. Probleme mit der Polizei entstanden durch die ihre

 Schatten vorauswerfende WM 2006, und Littmann waren die zumeist jungen, kritischen und sehr unbeugsamen Fans ein absoluter Dorn im Auge.

Befeuert wurde all dieses virtuell durch das damals bekannter werdende St. Pauli Forum, aus dem sich USP recht schnell fast völlig herauszog. Von da an wurde dort wenig mit den Ultras gesprochen, sondern eher über sie – und das viel.

Zum Teil wurde dabei ein völlig falsches Bild gezeichnet von der Stimmung im Stadion, die damals gegenüber der Gruppe vorherrschte. Auf jeden Fall war es genau die Munition, die die Kritiker brauchten. Erst viele Jahre später verlor das Forum an Relevanz, zeitgleich nahmen Sachlichkeit und Fairness gegenüber den Ultras und der aktiven Fanszene in der öffentlichen Debatte deutlich zu.

Die äußeren Umstände sorgten für stetige Aufbruchsstimmung. Trotz des enormen Gegenwindes wuchsen die Bäume für Ultrà Sankt Pauli damals in den Himmel. Fast jede Woche entstanden neue Projekte, wer immer eine Idee hatte, setzte sie ungebremst um. Flüchtlinge wurden ins Stadion mitgenommen – eine damals völlig unbekannte und bundesweit viel kritisierte Praxis. Zeitgleich wurde der regelmäßige Kneipenabend Lounge Résistance ins Leben gerufen oder die zu jedem Heimspiel erscheinende Gazzetta, es bildete sich eine eigene, sehr aktive Frauengruppe innerhalb von USP, der Versuch einer eigenen Ultràradiosendung wurde gestartet, sich stetig verbessernde Choreographien wurden durchgeführt und es entstand ein in Deutschland eher ungewöhn-

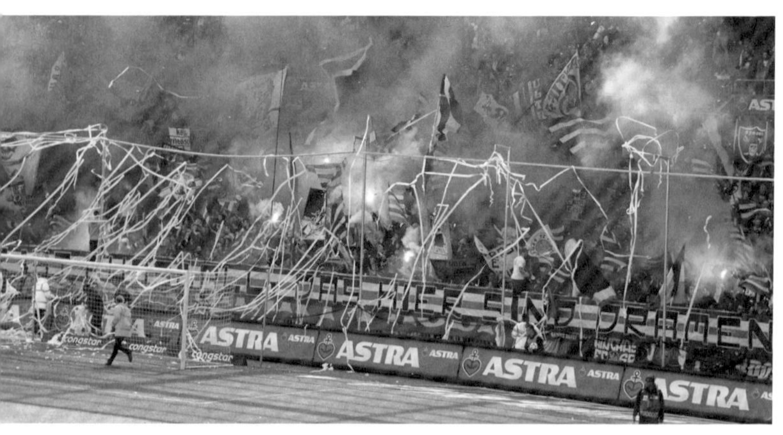

Die Südkurve beim Spiel FC St. Pauli – RB Leipzig (1:0) am 3. Mai 2015.

licher, konsequenter und auf das Stadion bezogen kompromissloser Supportstil.

Parallel entwickelte sich in Zusammenarbeit mit dem Fanladen und einigen Helfern das Antira- Turnier, welches aus wachsender Unzufriedenheit gegenüber den in Italien stattfindenden mondiali antirazzisti geboren wurde. Ultrà Sankt Pauli setzte mit dem Turnier ein deutliches Zeichen mit dem Wunsch, die Vernetzung antirassistischer Ultras und Fans in Europa und darüber hinaus voranzutreiben. Auch wenn die große Vision der zusammenarbeitenden linken Ultras platzte, entstand doch das Alerta-Netzwerk, womit die gegenseitige Unterstützung auf breite Füße gestellt wurde.

In der Mentalität und Konsequenz war Ultrà Sankt Pauli zu diesem Zeitpunkt die prägendste Crew und für viele entstehende linke Ultràgruppen in Deutschland Vorbild. Zu einer dieser anderen Gruppen, der Schickeria aus München, entstand eine bis heute bestehende und beeindruckende Freundschaft – neben Babelsberg die einzige für USP relevante und beständige Freundschaft im eigenen Land.

Während es also für die eigene Gruppe immer weiter bergauf ging, brach der FC St. Pauli immer mehr in sich zusammen. Von 2003 bis 2007 spielte der Club gar in der Regionalliga und plötzlich mussten wir fast jedes Wochenende beim Spiel gegen eine Zweitvertretung der Bundesligisten oder gar gegen Emden, Wuppertal oder Uerdingen antreten. So verlor unser FC im Mai 2004 vor weniger als 3.000 Zuschauern 4:0 im Südstadion gegen Köln II. Für nicht wenige der mitgereisten Ultras ist das bis heute spielerisch der absolute Tiefpunkt. Manchmal, wenn ich mich heute über Fehlpässe am Millerntor ärgere, denke ich an diese Zeiten zurück und die Faust in der Tasche öffnet sich wieder. Die größte Schmach war es allerdings, in der 3. Liga gegen die zweite Mannschaft des Stadtrivalen spielen zu müssen, während selbiger zwei Ligen höher kickte. Diese Spiele wurden nicht mal haushoch gewonnen, zum Teil waren auch kaum Fans des hsv anwesend, weil diese parallel gerade Profisport guckten.

Andererseits schweißte diese Zeit auch sehr zusammen: Mit dem Wochenendticket fuhren wir zu kleinen, maroden Stadien, jedes Wochenende knallte es irgendwo, die Polizei kam entweder gar nicht oder immer zu spät, Ordner stellten sich an, als hätten sie ihren ersten Tag und die Kameraüberwachung war auch überschaubar.

Aufgrund der Tatsache, dass das Klima unter den Zuschauern in der Gegengerade inzwischen extrem vergiftet war und die Aktivitäten der Ultras hinter dem Tor deutlich besser zu sehen wären, entwickelte sich, das *Ab in den Süden* Projekt von USP. Dieses sah einen Umzug in die neu entstehende und bisher eher wenig genutzte Südkurve vor. Zum damaligen Zeitpunkt war die Südkurve in erster Linie Gästeblock. Bei jedem Spiel wurden die Gästefans direkt an den Heimfans vorbeigeführt oder irrten planlos durch das Viertel und bekamen dann meist gezeigt, wo der schnellste Ausgang war. Die Gewaltbereitschaft stieg seinerzeit erstmals signifikant an, und innerhalb der Fanszene begann eine bis heute anhaltende Debatte über Gewalt beim Fußball. Bisher war unausgesprochener Konsens gewesen, Gewalt gegen Nazis sei legitim und Gästefans gehörten ignoriert oder gar willkommen geheißen. Durch eine neue Generation Fans verschob sich das aber zunehmend. Viele wollten nicht länger in Auseinandersetzungen die zweite Wange auch noch hinhalten, um das Bild der friedlichen St. Pauli Fans aufrecht zu erhalten. Andererseits entstand eine von osteuropäischen Tendenzen inspirierte Subkultur, die körperliche Auseinandersetzungen als unmittelbaren Teil ihres Fandaseins ansah. Auch heute gehen die Meinungen in diesem Punkt sowohl in der Gruppe als auch der Fanszene insgesamt deutlich auseinander.

Am 11. November 2007 wurde die neue Tribüne in der Südkurve zum Teil eröffnet. Beim Heimspiel gegen Augsburg durften erstmals 1.500 Zuschauer die Stehplätze im unteren Bereich betreten. Der Gästeblock zog kurioserweise um in die Nordkurve, wieder dauerte es Monate, bis die Polizei die alle zwei Wochen stattfindenden Scharmützel zwischen den Fans unter Kontrolle bekam.

Die Erschließung und Selbstorganisation der neuen Kurve wurde zu einem großen Multiplikator für die Ultras am Millerntor. Plötzlich wuchs die Gruppe enorm – und damit sowohl ihre Möglichkeiten als auch ihre Probleme. Immer wieder gab es innerhalb der Fanszene und mit dem Verein Diskussionen darüber, wie weit die Autonomie und Selbstverwaltung der Ultras gehen dürfe.

Im März 2010 wurde den Gästefans aus Rostock der Erwerb von Eintrittskarten verweigert, woraufhin sich USP entschloss, während der ersten fünf Spielminuten ihren Stehplatzbereich zu schließen. Dies sorgte zwar für ein beeindruckendes Bild der leeren Kurve, aber auch für große Proteste in der Anhängerschaft und für eine bis dahin noch nicht dagewesen Welle der Antipathie. Die Spaltung der Fans hatte ihren Höhepunkt erreicht, und sachliche Kritik gab es nun nur noch selten, dafür oftmals persönliche Abrechnungen. Der Verein entzog den Ultras die Selbstverwaltung der Südkurve sowie diverse weitere Aufgaben und Tätigkeiten, die der Verein „Privilegien" nannte. Allein diese Formulierung macht deutlich, wie unverstanden Ultrà Sankt Pauli sich fühlte.

Das Tischtuch war endgültig zerschnitten, USP entschloss sich schweren Herzens und nach langer Diskussion die Feierlichkeiten und Choreographien zum bald stattfindenden 100jährigen Geburtstags des Vereins abzusagen. Es dauerte Monate und Jahre, bis sich das Verhältnis merklich verbesserte. Zum Teil war dies erst nach Austausch von Mitarbeitern in der Geschäftsführung möglich.

Und heute? Auch da hat jeder seine eigene Sicht auf die Dinge. Natürlich ist niemals alles Gold, was glänzt, aber ich sehe heute bei vielen jungen Ultras eine Aufbruchsstimmung wie zuletzt 2004–2006. Selten sah ich so viele junge, hungrige und kreative Kids, in denen ich mich selber wiedererkenne. Aber vieles war damals eben trotz all der Widerstände auch einfacher.

Alles was wir damals taten, machten wir als erste – als erste am Millerntor oder sogar überall. Wir waren beeinflusst nur von italienischen, ja romantischen, Idealbildern und es gab keine bundesweite Szene, der man gefallen muss oder will. 2017 hat jeder schon alles gesehen, jedes Lied wurde gesungen, und durch die schnelle Verbreitung übers Internet sind Reize schnelllebig und oftmals schon nach kurzer Zeit aufgebraucht. Da gilt es neue Reizmomente zu finden, sich selber wieder verrückte Aufgaben zu suchen und dafür ruhig mal in Kauf zu nehmen, amtlich auf die Fresse zu fallen.

Heute scheint es langsam wieder eine ausgewogene Mischung zu geben aus der Liebe zum Fußball, dem Wunsch nach außergewöhnlicher Stimmung, der Politik, der Lust auf trouble, den Partys, den Subkulturen und den vielen anderen Dingen die USP ausmachen. Und wie immer in all den Jahren mit Ultrà Sankt Pauli gilt: wenn es jemandem nicht gefällt, wie's gerade in der Gruppe läuft, dann anfangen die Richtung zu ändern und wieder mehr prägen. Denn USP, das hieß in seinen besten Zeiten immer auch starker Austausch und konstruktive Kommunikation.

Der Austausch mit dem Verein findet nun oftmals auf Augenhöhe statt – für uns ein Novum –, und die handelnden Personen sehen uns nicht mehr als Störfaktor, den es ruhig zu halten gilt, sondern als das, was USP immer war und immer sein wird: Ein nicht ganz einfacher, manchmal über das Ziel hinausschießender Haufen, der aber die Liebe zum FC St. Pauli als seinen größten Motor versteht.

Vieles davon war Freddy bekannt, aber sie erinnerte sich nun wieder, wieso ihr Fanclub damals mit auf die Südkurve umgezogen war. Ihr fiel auch wieder ein, dass die Blockade beim Rostockspiel damals der Auslöser für ihre Skepsis gegenüber USP gewesen war. Heute fand sie die Aktion sogar gut, aber sie kannte auch viele, die das den Ultras bis heute nicht verziehen hatten. Nach dem Vortrag trug sie sich noch als Stellvertreterin ihres Fanclubs in eine E-Mailliste ein und war sich sicher, dass man in Zukunft gut miteinander arbeiten würde. Sie musste kurz an Karlo denken, der krank im Süden lag und bedauerte ihn ein bisschen, denn eigentlich wollte er ja stärker in der Fanszene aktiv werden. Sie selber hatte mit ihren über 30 Jahren ihren Platz längst gefunden und war ganz zufrieden damit, aber da sie auch Neues ausprobieren wollte, schrieb sie sich auf noch eine zweite Liste, nämlich die für die USP-Busse zum nächsten Auswärtsspiel. Weil Karlo nicht da war und auf ihre SMS nicht antwortete, schrieb sie ihn lieber nicht mit drauf.

Karlo kam drei Tage zu spät zurück und ihm war noch nicht so richtig danach, wieder ins Jolly zu gehen. Freddy fand allerdings überzeugende Worte: „Dann trinkst du heute mal nur Hebling, der ist gut für den Magen. Frangelico, Pfeffi und Mexikaner lässt du einfach weg.“ Dagegen war nichts einzuwenden. Freddy erzählte Karlo von der USP-Veranstaltung und wie sie sich die Kooperation ihres Fanclubs mit den Ultras vorstellen könnte. Karlo wirkte wenig begeistert. „Was ist denn los mit dir? Tut das Bäuchlein noch weh?“, neckte ihn Freddy. „Vielleicht ist USP doch nicht so das richtige für mich. Also vom Support her schon, aber so subkulturell eher nicht. Ich höre Hardcore und Oi! und nicht so gerne Techno und Electro. Außerdem bin ich mehr der Biertrinker-Typ“, sinnierte Karlo. Er überlegte laut weiter: „In letzter Zeit war ich vor allem auf Konzerten von den Skins. Da fühle ich mich einfach wohler, vielleicht versuche ich, da mal anzudocken." „Weißt du überhaupt was über die Gruppe?", fragte Freddy. „Naja, sie sind Skinheads und stehen im Block 1. Das reicht doch", antwortete er. „Und letztes Jahr sind sie 20 Jahre alt geworden. Also die Gruppe …", schob er nach. Freddy winkte ein paar der Jungs und Mädels von den Skins vom Tresen heran. Offensichtlich kannte sie wirklich jeden! Sie legte direkt los: „Erklärt doch unserm Karlo hier mal eure Gruppe! Der will da vielleicht mitmachen." Ein Typ erwiderte: „Der hat aber Haare! Aber meinetwegen kann ich dir was erzählen, was willst du wissen?" Karlo war etwas überrumpelt von der Situation, in die Freddy ihn so unvermittelt gebracht hatte, und sagte spontan: „Alles!" Also begann der nicht mehr ganz nüchterne Skinhead zu erzählen und die anderen gaben auch ihren Senf dazu.

St. Pauli Skinheads

von St. Pauli Skinheads

Glatzen gibt's ja beim FC St Pauli schon lange, aber der Fanclub St. Pauli Skinheads besteht seit 1996. 20 Jahre voller Leidenschaft für den FC, das ein oder andere Bier, den ein oder anderen Joint und vor allem 'ne ganze Menge guter Musik.

Die Skinheadkultur und der FC St Pauli bilden eine Symbiose, wie sie schöner nicht sein könnte. Alleine die subkulturelle Vielfalt, die hier in der Fanszene zu finden ist, gibt es in dieser Art und Weise kein zweites Mal auf der Welt. So ist es nicht verwunderlich,

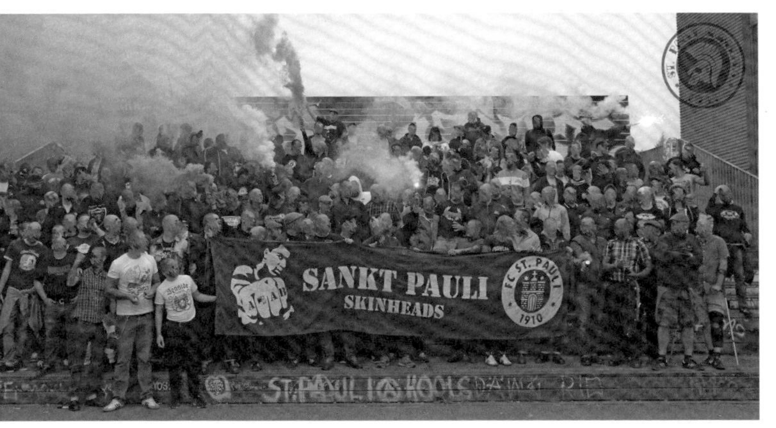

Einer der größten eingetragenen Fanclubs des FCSP.

dass hier immer wieder der eine oder andere Glatzkopf aus einer völlig anderen Ecke der Erde landet und sich in diese Szenerie verliebt. Antifaschismus/Antirassismus sind Grundsatz für die Mitgliedschaft bei den St. Pauli Skinheads, die mit durchgängig 60 bis 80 Mitgliedern einen der größten eingetragenen Fanclubs des FC St. Pauli stellen. Beheimatet hauptsächlich im Block 1, unterstützen wir den FC zu Hause sowie auswärts. Im Laufe der Zeit hat sich bei uns ein „Händchen" für Events entwickelt, und so wird auf unseren Konzerten, die wir regelmäßig veranstalten, gern getanzt und getrunken. Die Liebe zur Subkultur, Musik und Fußball verbindet uns mit den Rude Boys der Bohemians 1905 aus Prag, Rude Boys and Girls Sampdoria, Commando Ultra 84 und unserer One Man Sektion bei Standard Liège. Hier wird international gefeiert.

„Skinhead St. Pauli, das bedeutet mein Leben. Das ist mein kompletter Freundeskreis. Skinheads St. Pauli, Arbeit und Fußballspielen – mehr nicht."

„Skinheads und der FC St. Pauli passt insofern, dass der FC schon immer ein Zuhause für verschiedene Subkulturen war, auch wenn einige Subkulturen zuweilen andere ablösen. Naja, und weil da schon immer viele Punks rumgelaufen sind und Skinheads und Punks maximal gut zusammen passen, passt das schon ganz gut. Auch die aktive Mitbestimmung und die gesellschaftskritische Haltung spielen eine Rolle, und dann noch sowas wie Lokalpatriotismus."

„Ich erinnere mich an ein Spiel in Magdeburg am Ende der Saison. Als wir denen den Aufstieg versaut haben, wir selbst und Osnabrück aber aufgestiegen sind, und uns das ganze Stadion an den Kragen wollte. So Anabolikaopfer mit dem Schriftzug Adrenalin auf dem Shirt. Zu dem Zeitpunkt war auch noch G8-Gipfel in Heiligendamm, und die haben uns die letzten Rentnerbullen zur Seite gestellt. Die hatten alle unterschiedliche Uniformen an, die obendrein nicht passten, und sahen einfach aus wie die letzten Dullies. Auf dem Weg zum Bahnhof hörte man dann an jeder Ecke Böller detonieren und wir nur so: ‚Schade, Magdeburger Jungs, Aufstieg nur für uns!' "

„Oder die Saison 2001/02 gegen Kaiserslautern. Da sind wir mit zwei Neunern hingefahren, wurden auf dem Weg zum Stadion attackiert, ein paar Leute haben kassiert, ein paar sind eingefahren, und zurück haben uns die Bullen vor der Rückfahrt abgefangen, uns auf 'nen Parkplatz gefahren. Wir wurden nochmal ordentlich vermöbelt und obendrein gab's ne Anzeige. Ach ja, und natürlich haben wir auch noch 5:1 verloren. Definitiv das beschissenste Spiel meiner Fankarriere."

„Die Entwicklung des Vereins sehe ich mit einem weinenden Auge, da man als Nostalgiker den alten Zeiten hinterherjammert. Auf der anderen Seite will man aber auch nicht wie Altona 93 in der Oberliga spielen. Dann sagt man sich halt: okay, so betrachtet, ist das, was da vom Verein gemacht wird, annehmbar, also der Spagat zwischen Kommerzialisierung und einem bewussten Umgang. Es ist mir auch egal, dass St. Pauli ein Modeartikel geworden ist und irgendwelche Leute in Oberammergau mit St. Pauli T-Shirts rumlaufen, weil das gerade in ist. Is mir scheißegal. Ich weiß, was St. Pauli ist und was St. Pauli für mich bedeutet, auch wenn da irgendein Dullie mit rumläuft. Is mir egal, wenn der Verein damit Geld macht."

„Die Fanszene hatte ja zur Jahrtausendwende diesen Kulturbruch. Zwischen den Alteingesessenen mit ihrem situationsbezogenen Support auf der einen Seite, und dem Dauergesang auf der anderen Seite, der Ende der 1990er, Anfang der 2000er Jahre mit dem Aufkommen von Carpe Diem und später USP kam. Das hat sich dann halt ganz klar in Richtung USP entwickelt. Diesen Support möchte ich in keiner Weise kritisieren, gerade weil die Stimmung zu dieser Zeit im Stadion ganz klar tot war. Im Moment sehe ich aber auch eine Stagnation, keine Ahnung, ob das daran liegt, dass so viele Ultras Stadionverbot haben. Ich bin auch Fan von Chants, wo weniger LALA gesungen wird und mehr textlicher Inhalt vorhanden ist. Wo es mehr brachial rauskommt."

„Wie die Freundschaft mit den Pragern zustande gekommen ist, das wissen ja viele von uns gar nicht mehr. Damals, als der Großteil von uns noch im Viertel gewohnt hat, haben wir uns einmal die Woche am Montag zum Stammtisch getroffen. Da haben wir dann geknobelt, also gemaxt, und der Verlierer musste immer 50 Cent inne Kasse werfen. Da hatten wir dann irgendwann so viel Geld zusammengekramt und haben das Fanprojekt nach 'nem Kontakt angehauen. Dann sind wir nach Prag gefahren, um unser Geld zu verschleudern. Tja, und dann haben wir da mit den Pragern abgehangen, und so ist die Fanfreundschaft entstanden. Am Anfang gab's da Sprachschwierigkeiten, aber da trinkt man fünf Bier und dann is die Party on. Das war sofort eine Wellenlänge. Subkultur, Antirassismus und Fußball, das sind die drei Eckpfeiler bei uns. Das is dann so die älteste bestehende Fanfreundschaft von Skinheads St. Pauli. Danach kamen die Rude Boys and Girls von Sampdoria, Commando Ultra 84, die Skins von Darmstadt und unsere One Man Section in Lüttich."

Und so werden auch weitere Jahre voller guter Musik, Fußball und einem bleibenden Gemeinschaftsgefühl ins Land ziehen. Oi, ihr Fucker!!!

Karlo erwähnte lieber nicht, wo er herkam, und war auch ganz froh, als sich die Gruppe wieder an den Tresen zurückzog, da ihre Gläser leer waren. Er sah Freddy bestürzt an und sagte: „Vielleicht mach ich das doch nicht. Kann ich weiter bei eurem Fanclub bleiben?" „Natürlich", tröstete sie ihn, „aber wir fahren nächstes Mal mit USP, da müsstest du dich noch anmelden. Da kannst du ja mal gucken, wie es ist. Aber wenn du dir nicht sicher drüber bist, dann mach da lieber nicht mit. Das bringt keiner Seite was." Mit einem Zwinkern fügte sie hinzu: „Du kannst ja auch noch Nord Support oder die vom Supportblock Gegengerade fragen! Oder gleich so Hoschis aus 'ner Loge von der Haupttribüne, ob du bei ihnen mitmachen kannst. Quasi wie ein Casting!" Karlo hatte den Witz nicht verstanden und antwortete: „Ich habe neulich im Jolly versucht, mit denen ins Gespräch zu kommen, aber die sind zu verpeilt, da kam nichts zustande."

Karlo war an diesem Abend früh zurück nach Hamm gefahren. Irgendwie war sein Magen noch nicht wieder in Ordnung. Freddy hatte aber keine Lust gehabt, früher zu gehen und ihn in die Wohnung zu lassen. Sie war mit den Skinheads am Tresen hängengeblieben und es hatte sich ein unterhaltsames Gespräch entwickelt. Später kamen sie auf das Thema Bier zu sprechen und welche Sorten sie sich im

Angebot des Jollys wünschten. Mit einigen ging die Phantasie durch und die wildesten Vorschläge kamen. Maternus Pils und Paderborner waren die weniger ernst gemeinten, aber es wurden auch Schwergewichte wie Sternburg und Wicküler ins Rennen gebracht. Nur keine Craft-Biere, da waren sich alle einig. Die sind zwar lecker, aber es reicht, wenn man sie am Kiosk kaufen kann. Sonst kämen am Ende noch zu viele Hipster ins Jolly. Freddy warf ein: „Jetzt im Ernst. Ich wünsche mir seit Jahren eine Spezi aus der Flasche und nicht das Zeug, was sie hier direkt mischen." Einer der Skinheads antwortete: „Ich trinke eh nur Bier." Ein anderer meinte: „Schlag das doch mal dem Vereinsrat vor!" Das irritierte Freddy: „Vereinsrat?" Die Skins wussten, dass das Jolly von einem Verein betrieben wurde, aber genauer konnte es auch niemand erklären. Einer schlug vor: „Geh mal da rüber zu Thorsten von Ballkult, der kann dir das bestimmt erklären. Auch geschichtlich und so." Das ließ sich Freddy nicht zweimal sagen, denn sie war ja alles andere als schüchtern. Thorsten war gerne bereit, die Sache mit dem Jolly zu erläutern.

Fankneipen

von Thorsten Fischer

Dieser Artikel erschien zuerst 2005 im Jubiläumsbuch des Fanladens. Da sich an der Historie ja nichts geändert hat, bringe ich ihn noch einmal, aber ergänzt um die Entwicklungen der letzten elf Jahre.

Bei den meisten Vereinen und Städten ist es ja relativ einfach, *die* Fankneipe zu benennen. Die Stadien liegen fernab der Innenstädte, Treffpunkte dort sind rar gesät. Auf St. Pauli ist dies ein wenig anders. Wohl kaum ein Stadtteil Deutschlands, vielleicht sogar Europas, hat eine derartige Kneipendichte aufzuweisen. Und in jeder zweiten Kiezkneipe zeigt sich die Verbundenheit mit dem Verein an diversen Schals, Wimpeln, Postern und Bildern. Unter diesen nun einzelne Kneipen hervorzuheben, wäre schwierig, haben doch viele Fanclubs ihre eigenen Treffpunkte.

Wir haben uns deshalb entschieden, nur die Kneipen besonders zu erwähnen, die von Fans besucht werden, die den Fanladen in all den Jahren besonders begleitet, aufgebaut und unterstützt haben. Dies sind meist dieselben Leute, die Fanzines herausgeben, in den diversen Gremien und Gruppen mitarbeiten (USP, AGIM, Ballkult etc.), Konzerte organisieren, kurz: der harte Kern der Fanszene.

Dies soll keine Wertigkeit ausdrücken oder einem „Elitedenken" Vorschub leisten, anders ist aber eine Eingrenzung der Kneipen nicht machbar. Wir hoffen, dass alle Kneipen, die keine gesonderte Erwähnung finden, uns nicht allzu böse sind.

Mitte der Achtzigerjahre, als der FC St. Pauli noch ein Durchschnittsverein wie viele andere war, war vor allem bei *Hermann* der Treffpunkt der Fans, einer Kneipe nahe dem Hans-Albers-Platz direkt an der Reeperbahn. Hier trafen sich die Fans nach den Spielen, ein buntes Gemisch aus Kutten und den ersten politisch Aktiven, die gemeinsam tranken und feierten. Durch die Lage mitten auf dem Kiez kam es öfters zu Kontakten mit Fans von anderen Vereinen, deren Hauptziel nach dem Spiel natürlich die Reeperbahn war. Es hatte sich im Laufe der Zeit einfach so entwickelt, dass *Hermann* zum Hauptanlaufpunkt wurde. Die Musik war erträglich und man konnte sicher sein, dort auch ohne große Verabredungen immer auf Bekannte zu stoßen. Es handelte sich bei *Hermann* aber um eine reine Fußballkneipe, weitergehende Aktivitäten, außer trinken, fanden hier nicht statt.

Andere Anlaufpunkte vor allem der politischeren Fanszene waren diverse Kneipen rund um die Reeperbahn (*Kaiserin von Altona* (die spätere *Max Bar*), *Café Kleine Freiheit* oder *Bavaria Krug*), aber auch in Ottensen (*Turm* und *Familieneck*). Natürlich waren auch das *Ahoi* und das *Onkel Otto* in den besetzten Häusern in der Hafenstraße Treffpunkt für St. Pauli-Fans, wenn auch nicht gerade für den durchschnittlichen Nordkurven- oder Haupttribünenbesucher.

Mit der Gründung des Fanladens, der Entstehung des Millerntor Roar und in der Hochzeit der Hafenstraßenkonflikte politisierten sich größere Teile der Fanszene. Auch der Punkrockfaktor gewann an Einfluss, so dass sich das *Sparr* Anfang der Neunziger als Anlaufpunkt dieser Szene etablierte. Das *Sparr* war in erster Linie eine Punkrockkneipe, aber da die Übergänge fließend waren und ein Besuch der St. Pauli-Spiele für viele Punker dazugehörte, wurde das *Sparr* bald als Fankneipe bekannt – natürlich auch bei den Hooligans der anderen Clubs, so dass Auseinandersetzungen hier zum Normalfall wurden. Für ein ruhiges Bier war das *Sparr* definitiv der falsche Ort. Jeder der dort hinging wusste, dass es zu

Angriffen kommen konnte, was aber auch dazu führte, dass sich die Organisation der Fans verbesserte, um dem angemessen begegnen zu können.

Eine scharfe Trennung zwischen den Gästen von *Hermann* und denen des *Sparr* gab es aber nicht. Viele pendelten zwischen beiden Läden hin und her. Nach Streitigkeiten mit dem Wirt fühlten sich jedoch viele (vor allem die engagierteren) Fans bei *Hermann* nicht mehr willkommen, und für kurze Zeit wurde das *Nordlicht* zur Anlaufstation.

Schon damals ging vielen durch den Kopf, wie schön es wäre, eine eigene Kneipe zu haben, bei der man nicht den Launen des Wirts ausgeliefert war und deren Entwicklung man mitbestimmen könnte.

Am 4. Dezember 1994 war man am Ziel: Die erste „echte" Fankneipe wurde eröffnet, der legendäre *Letzte Pfennig*. Zwei Leute aus der Fanszene wagten den Sprung ins kalte Wasser und eröffneten in der Clemens-Schulz-Straße die Minikneipe, die schon bald als Haupttreffpunkt des inner circle galt. Auch im Ausland sprach sich das schnell herum, so dass immer wieder Gleichgesinnte aus ganz Europa im Laden auftauchten, sich zunächst über die „Größe" der Kneipe wunderten, dann aber schnell mitfeierten, Schals für die Wände da ließen und die Klowände mit mehr oder weniger sinnvollen Sprüchen verzierten. (Den Launen des Wirtes war man allerdings nach wie vor ausgeliefert …)

Im *Pfennig* begann es, dass auch außerhalb der Spieltage Veranstaltungen stattfanden. Es gab legendäre Partys zuhauf, wie z. B. die Ärzte-Partys. Schlager wurden hier schon mitgesungen, als dies sonst nur die Eltern zu Hause taten.

Auch Auswärtsfahrten, vor allem zu den Amateurspielen, wurden hier organisiert. Die Verbindung zum Amateurteam war ohnehin sehr eng. So wurde im *Pfennig* auch die „Heiße Kiste" erfunden: Nach den Amateurspielen musste sich einer der Spieler auf eine leere Bierkiste stellen und den Fans Rede und Antwort stehen.

Für viele Fans war der *Letzte Pfennig* das zweite Wohnzimmer, an den Wochenenden verbrachte hier so mancher mehr Zeit als zu Hause. Ständiger Ärger mit den Nachbarn und dem Ordnungsamt zermürbten die Betreiber aber zusehends, was dazu führte, dass der *Pfennig* im März 1999 für immer seine Pforten schloss – dies ein letztes Mal standesgemäß mit einem durchgehend geöffneten Wochenende, einem DJ-Marathon und schließlich der Versteigerung des Inventars an die Kundschaft.

Nach Schließung des *Pfennigs* fielen viele Fans zunächst in ein tiefes Loch, erst jetzt merkten viele, was sie eigentlich an ihm gehabt hatten. Ein neuer gemeinsamer Anlaufpunkt wurden weder der *Kicker* noch der *Kamin*. Viele gingen in den *Dschungel* in der Schanze, auch ein alter Punkrockladen, der bis heute besteht. Aber so richtig glücklich war niemand. Es fehlte der „eigene" Laden, wo Musik lief, die man so auch zu Hause hören würde und in dem man Leute treffen konnte, mit denen man gern seine Freizeit verbrachte.

Erst im Winter 1999 mit der Eröffnung der *Max Bar* (ebenfalls von zwei Fans betrieben), gab es wieder so etwas wie einen gemeinsamen Treffpunkt.

Vielen der alten *Pfennig*-Gäste war der Laden in der Paul-Rosen-Straße aber zu abgelegen und zu dunkel, so dass die *Max Bar* sich eher als Punkrock/Hardcore-Kneipe, denn als Fankneipe durchsetzen konnte.

Bereits kurz vor Schließung des *Pfennigs* war im August 1998 aus den Reihen der ehemaligen Gäste der Verein BallKult gegründet worden. Zu einem Vorbereitungstreffen im Clubheim kamen 80 Leute, um gemeinsam das Projekt in Angriff zu nehmen. Schließlich blieben etwa 20 Leute übrig, die den Verein mit Leben füllten. Man hatte große Visionen: Es sollte nicht nur ein Ersatz für den *Pfennig* geschaffen werden – ein ganzes „Haus für Fans" sollte entstehen, mit Kneipe, Platz für Konzerte, einem Hotel für auswärtige Fans, Räumen für Fanorganisationen und Fanzines, und schließlich sollte auch der Fanladen hier seine neue Heimat finden.

Ein geeignetes Objekt war schnell gefunden: Das *Hotel Mui* in der Budapester Straße. Wie es aber mit großen Träumen so ist, sobald sie mit den Realitäten des Alltags konfrontiert werden, platzen sie schneller als gedacht.

Als großer Gegenspieler sollte sich die Sprinkenhof AG entpuppen. Diese war Eigentum der Stadt Hamburg, und ihr gehörte ein Großteil der in Frage kommenden Gebäude auf St. Pauli. Schnell zeigte sich, dass ein Ort für Fußballfans nicht grade der Traum der Sprinkenhof war. Ein interessantes Objekt nach dem anderen tat man auf, um nach kurzer Zeit mit Entsetzen festzustellen, dass man es schon wieder mit der Sprinkenhof zu tun hatte. Als unvollständige

Übersicht seien hier nur die alte Eisengießerei in der Simon-von-Utrecht-Straße (inzwischen ein Nobelhotel), die alte Post in der Budapester Straße (inzwischen eine Kfz-Werkstatt), das *Herz von St. Pauli* auf der Reeperbahn oder eben das *Hotel Mui* genannt. Selbst mit der Lawaetz-Stiftung wurde Kontakt aufgenommen, um gemeinsam ein komplett neues Haus zu bauen. Schließlich mussten die tapferen Aktivisten einsehen, dass es für einen ehrenamtlichen Verein unmöglich sein würde, in einem sich in gewaltiger Umstrukturierung befindlichen Stadtteil wie St. Pauli das Wunschobjekt gegen die geballten Interessen der Wirtschaft und der Stadt durchzusetzen. So begab man sich denn auf die Suche nach einer „Übergangslösung" (wie alle zunächst hofften), einer stinknormalen Kneipe.

Auch dies erwies sich als nicht ganz einfach, und den mittlerweile über 100 Mitgliedern konnte erst im April 2000 ein eigener Treffpunkt präsentiert werden: Das *Jolly Roger* in der Detlev-Bremer-Straße wurde eröffnet. Schnell entwickelte es sich zu einem Treffpunkt der Fanszene, auch wenn viele „Alte" sich mittlerweile aus dem aktiven Fanleben zurückgezogen hatten. Nach und nach kamen aber viele wieder zurück.

Durch die etwas ungünstige Lage kam es leider auch hier bald zu verstärkten Anwohnerbeschwerden und entsprechendem Ärger mit dem Ordnungsamt. Dies führte dazu, dass im Juni 2002 der Standort gewechselt wurde. Das *Jolly Roger* zog in die Budapester Straße in größere Räume, ironischerweise fast direkt neben dem *Hotel Mui* (welches inzwischen abgerissen worden ist, um einem weiteren hässlichen Neubau Platz zu machen).

Heute hat sich das *Jolly Roger*, wie damals der *Pfennig*, zu einem Anlaufpunkt für Fans aus ganz Europa entwickelt. Wer nach Hamburg kommt und leise Sympathien für den FC St. Pauli hegt, wird früher oder später hier auftauchen. Die Kneipe wird vom Verein BallKult verwaltet. Mitglied werden kann jeder. Der Vereinsrat entscheidet die Belange der Kneipe demokratisch und es steht Mitgliedern, aber auch Außenstehenden frei, Wünsche an den Vereinsrat heranzutragen. Vielleicht gehen sie dann in Erfüllung …

Gemeinsam mit dem *Knust* im Schlachthof hat BallKult die Celtic/St. Pauli-Partys ins Leben gerufen, die jedes Jahr ein paar Hundert Celts nach Hamburg bringen. Inzwischen werden diese aber vom *Knust* und dem CSC St. Pauli (Celtic Supporters Club) organisiert. Als Krönung der Schaffensphase kann sicher die eigene

Bühne auf dem Hafengeburtstag gesehen werden, die 2004 erstmals stand. Ziel ist, neben den übrigen Mainstream-Bühnen auch dem Untergrund (Oi!, Punk, Ska etc.) ein Forum zu bieten. So ist der Anspruch, mit dem BallKult einst gestartet war, zumindest in Ansätzen verwirklicht. Mit dem neuen Millerntor, in dem nun der Fanladen beheimatet ist und es mit den Fanräumen Platz für Veranstaltungen aller Art gibt, sind weitere Ziele erreicht worden, so dass sich die Fanszene des FC St. Pauli heute über eine sehr gute Struktur freuen kann.

Soweit der Artikel aus dem Fanladen-Buch. Nachfolgend noch eine kleine Aktualisierung bis zum Jahr 2016:

In den letzten Jahren haben sich in Stadionnähe noch einige weitere Kneipen etabliert, die von der Fanszene oft und gerne genutzt werden und von meist langjährigen Fans betrieben werden. Zum Beispiel *Shebeen*, *Zoo*, *Tortuga-Bar* oder *Landgang*, die alle relativ dicht beieinander liegen und sich eher ergänzen als sich gegenseitig Konkurrenz zu machen. Andere Treffpunkte der Fanszene existieren leider nicht mehr, besonders um das *Raval* und das *Backbord* trauern viele, in denen es leckeres Essen gab. Momentan gibt es zur Nahrungsaufnahme noch die *Kaschemme*, die von Mitgliedern der Frauenfußballabteilung betrieben wird.

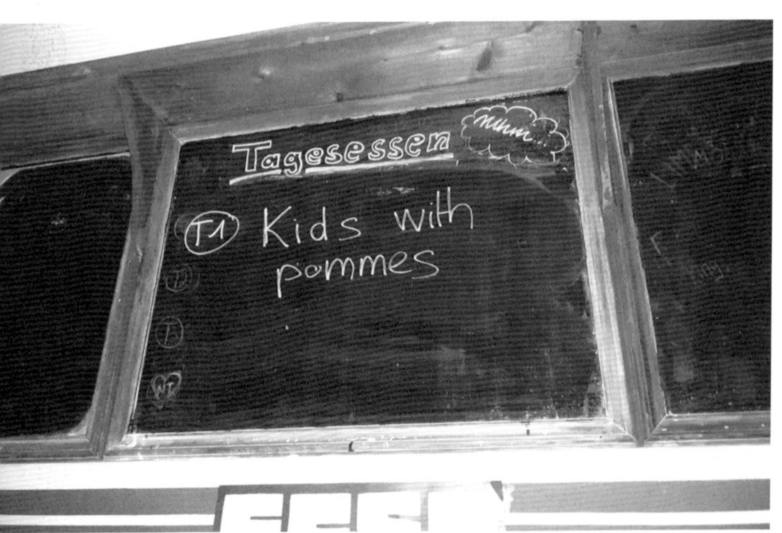

Typisches Essen in der Fankneipe Backbord (R.I.P.).

Das *Jolly Roger* selbst geriet in den letzten Jahren gelegentlich und meist unfreiwillig in die Schlagzeilen. So z. B. 2009, als es nach dem Schanzenfest zu Krawallen kam, in deren Verlauf die Polizei das *Jolly* stürmte – offiziell, um einen Steinewerfer festzunehmen. Die ganze Geschichte ist ziemlich ausführlich dokumentiert (u. a. mit einem Video) im Internet zu finden. Es alles hier nachzuerzählen, würde problemlos ein weiteres Buch füllen. Das nicht besonders entspannte Verhältnis zwischen St. Pauli-Fans und der Polizei wurde durch diesen Vorfall auf jeden Fall nicht besser. So gab es kurz darauf eine Demonstration mit 4.000 Leuten durch das Viertel, in dem Aufklärung der Ereignisse und Konsequenzen für die Verantwortlichen gefordert wurden. Leider (und nicht überraschend) ohne große Folgen.

Im Jahr darauf gab es wieder Artikel, als die heutige zweite Bürgermeisterin Katharina Fegebank (Grüne) vom Tresenpersonal aus der Kneipe geworfen wurde. Die wesentlichen Hintergründe dafür dürften gewesen sein: eine gemeinsame Regierung mit einer Partei (CDU), die vor den Grünen mit dem Rechtspopulisten Schill koaliert hatte, die Abschiebepolitik des Senats und nicht zuletzt die mangelnde bzw. fehlende Aufklärung des Polizeiangriffs im Jahr zuvor. Natürlich verstand Fegebank dies nicht, in der Fanszene traf die Aktion aber auf Zustimmung.

Im Jahr 2013 kam es dann sogar zu einem Fernsehauftritt des *Jolly Roger*, als dort Teile einer „Großstadtrevier"-Folge gedreht wurden. Diese Vorabendserie, die launige Geschichten rund um eine Polizeiwache auf St. Pauli erzählt, wird von der Polizei als inoffizielle Werbesendung sehr geschätzt, da kritische Punkte dort nicht vorkommen. Es gab vorher zwar durchaus kontroverse Diskussionen, ob man so eine Sache mitmachen sollte, aber schließlich wurde eine Lösung gefunden, die alle zufriedenstellte: Die Gage für den Dreh (1.000 €) wurde komplett der Braun-Weißen-Hilfe gespendet, einer Organisation von St. Pauli-Fans, die anderen Fans rechtlichen Beistand leistet, bei Gerichtskosten hilft etc. Diese 1.000 € wurden standesgemäß per Riesenscheck überreicht, was der Polizei angeblich gar nicht gefallen hat.

Und als letzter Meilenstein der Ballkult-Geschichte wurde 2015 direkt über der Kneipe ein Hostel eröffnet, das *JollyDay Inn*. Hier gibt es Übernachtungsmöglichkeiten zu günstigen Preisen, was grade für auswärtige (St. Pauli-)Fans oder Bands auf Tour in

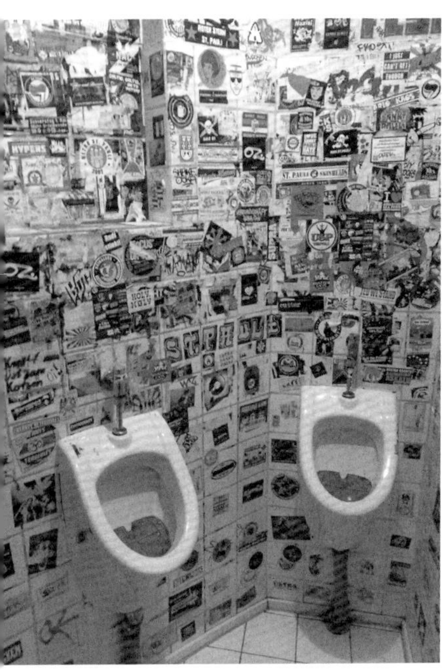

Die Herrentoilette im Jolly Roger.

Kombination mit der Kneipe recht attraktiv ist, weil der Weg vom Tresen zum Bett nicht weit ist.

Das *Jolly Roger* ist auch als Sponsor tätig: Seit vielen Jahren ziert das Logo die Spielkleidung der zweiten Handballfrauen und der vierten Fußballmänner: beides Teams, für die der sportliche Erfolg nicht unbedingt den Hauptdaseinszweck darstellt.

Seit dem Neubau der Polizeiwache neben dem Stadion ist zudem der Blick auf den Michel von den Amateurplätzen an der Feldstraße sehr eingeschränkt, was dazu führt, dass auch die Uhr nicht mehr zu sehen ist, die jahrelang zuverlässig für Informationen über die verbleibende Spielzeit sorgte. Um diesen unhaltbaren Zustand zu ändern, wurde von der Fußballabteilung eine Uhr an den Plätzen angebracht, die nun ebenfalls das *Jolly-Roger*-Logo ziert. So reicht es zwar nicht für einen Platz auf der Brust der Profis, aber die vielen kleine Dinge im Verein zu unterstützen ist ja auch irgendwie viel mehr Punkrock.

In den letzten Jahren ist also viel passiert, aus einer kleinen Spelunke hat sich nach und nach etwas Größeres entwickelt. Hier treffen sich Menschen aus aller Welt und haben hoffentlich eine schöne Zeit zusammen. Egal, in welcher Liga St. Pauli grade spielt!

Freddy amüsierte sich königlich über Tatsache, dass das Geld, was für eine Serie über die Hamburger Polizei ausgegeben wurde, zurückfloss, um Leute zu unterstützen, die in Schwierigkeiten mit genau dieser waren. Das war genau ihr Humor. Als sie sich zurück an den Tresen setzte, nahmen die Skins sie wieder in ihre Gesprächs-

runde auf: „Und, war es spannend?" fragte einer. „Total", antwortet sie, „man müsste das alles echt mal in einem Buch festhalten." Eine der Frauen aus der Gruppe entgegnete: „Ach, solche Bücher gibt es doch schon wie Sand am Meer. Wenn es eins gibt, was die Welt nicht braucht, dann ist es noch ein St. Pauli-Buch!" In diesem Moment kamen Fabian und Gregor ins Jolly. „Na, was geht?", fragte Gregor. Einer der Skins grinste: „Freddy plant ein Buch über den Verein. Da sollen die ganzen schmutzigen Geschichten rein!" Die Gruppe lachte. Fabian mischte sich ein: „Brauchen wir echt nicht, guck mal, wie viele es gibt, und die Leute wollen doch nicht alles doppelt lesen. Wäre doch schlauer, was für die ganzen Fanzines zu schreiben!" Freddy sah ihn erst an: „Nein, hör zu. Die ganzen Bücher haben ja meist nicht die kleinen Geschichten drin. Und außerdem versuchen sie immer, eine ganz objektive Darstellung zu liefern. Man weiß gar nicht, wie die Leute denken, um die es doch eigentlich geht! Verstehst du?" Fabian antwortete etwas schroff: „Das will doch keine Sau lesen. Schnaps?" So fanden an diesem Abend doch noch der eine oder andere Mexikaner und Pfeffi den Weg ins Ziel.

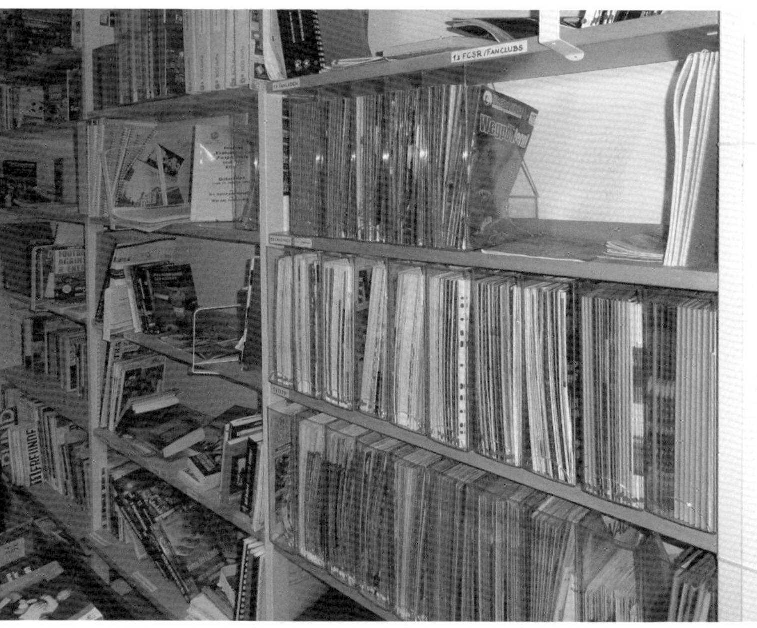

Im Fanladen gibt es ein Archiv mit Fanzines aus ganz Europa und eine Bibliothek mit Fußball-Literatur.

Freddy dachte am nächsten Morgen weiter über die Idee mit dem Buch nach, fand aber auch den Einwand mit den Fanzines überzeugend. Sie beschloss, sich am Nachmittag mal in den Fanladen zu begeben und sich einen Überblick zu verschaffen, was eigentlich in den anderen Heften – außer dem Übersteiger, den sie regelmäßig kaufte – so drin stand.

Im Fanladen wurde sie freundlich begrüßt, kaufte sich erstmal eine Mate und steuerte dann das Regal in der Ecke an, wo sie sich ein paar alte Basch- und Kiezkieker-Hefte schnappte. Auf einem gemütlichen Plätzchen auf der Couch begann sie zu lesen.

Als sie die fünfte Basch gelesen hatte und zum Kiezkieker griff, kam von der anderen Seite des Tisches ein Kommentar: „Das Motiv von der Rückseite kannst du drüber am Regal auch als Aufkleber kaufen." Ihr gegenüber saß Ben, von dem sie wusste, dass er das Heft produzierte, das sie gerade in der Hand hielt. „Ja, das ist ganz nice", antwortete sie. Sie begannen, sich über die Heftchen zu unterhalten, die es am Millerntor gegeben hatte und noch gibt. Ben ließ Freddy gern an seinem Wissen teilhaben, und während er mit einer Waage seine Sticker-Päckchen packte, begann er zu erzählen.

Fanzines

von Ben/Kiezkieker

Wie könnte ich den kleinen Michael vergessen … er kam ja jede Woche! Und jedes Mal sagte er mit leuchtenden Augen: „Storck Riesen bitte, Frau Lange!" Einen Storck Riesen musste ich ihm immer sofort geben, die anderen in die Tüte packen …

Wer erinnert sich nicht an den kleinen Hosenscheißer, der sich jahrelang im Werbefernsehen die Plombenzieher hinter die Kauleiste schob?!

Mannomann, so sieht Begeisterung aus! Das Wasser steht Michi augenscheinlich derart im Munde, dass es während der geübten Auspackprozedur mit kleinen Händen an seinen Mundwinkeln herauszulaufen droht. Er ist heiß wie Frittenfett, doch Pommes lassen ihn kalt. Mit eben dieser Euphorie haben Fans früher Fanzines verschlungen. Am Schönsten sind die Geschenke, wenn sie noch gar nicht ausgepackt sind. Der Reiz des Neuen, das Gefühl des ersten „Inderhandhaltens", Vorfreude in Reinkultur.

Als erstmals der *Millerntor-Roar* feilgeboten wurde, rissen die Fans den Verkäufern die Hefte förmlich aus der Hand. Immer, wenn heutzutage eine*r meiner Fanzineverkäufer*innen bei Wind und Wetter von Heerscharen von St. Pauli-Kunden ignoriert wird, muss ich zwangsläufig daran denken. Die Bedeutung von gedruckten Fanmagazinen ist seit Jahren nur noch marginal und bewegt sich höchstens noch auf Liebhaber-Niveau. Ein gelebter Anachronismus … wie Oldtimer-Rennen auf der Landstraße. Schön anzusehen, doch längst von der Zeit überholt.

Fanzines. Bei weitem keine Erfindung von Fußballfans. Denn grade jene sind immer abhängig von anderen (Jugend-)Kulturen, deren Erscheinungsbild, Auftreten und sonstiger Habitus adaptiert werden kann. Man nimmt sich das, was opportun und bereits erprobt ist. Der Kop in Liverpool 1964? Eins zu eins die Beatles kopiert. Ultras? Ein eigentlich kruder Mix aus diversen Einflüssen, aber im Grunde nichts Neues: Das Target von den Mods, die sonstige Optik entweder den Autonomen der Achtziger oder dem Stone Island-Katalog entliehen; Melodien aus den britischen Charts der 1960er und 1970er, wenn nicht gleich von Giuseppe Verdi. Neu war nur der hohe Grad an Organisation.

Fanzines werden gemeinhin als Erfindung der ersten Punkwelle ab 1976 betrachtet, doch gab es auch vorher bereits kopierte oder sonstwie vervielfältigte Untergrund-Broschüren, alternative Schülerzeitungen oder Polit-Hefte der 68er-Studentenbewegung.

Das *When Saturday comes*, erstmals 1986 in London erschienen, gilt als das erste Fußball-Fanmagazin seiner Art. Zeitgleich wurde in Italien das *Supertifo* auf den Markt gebracht, um die dortige Ultras-Szene alle zwei Wochen mit wenig Text, dafür jedoch allerhand bunten Bildern auf Billigpapier zu versorgen. Während das *WSC* als Underground-Heft startete, dann immer professioneller wurde und heute eher an die *11Freunde* erinnert, zog beim *Supertifo* von Anfang an ein Verlag die Strippen, was die Distribution enorm erleichterte, da das Heftchen wirklich in jedem italienischen Kiosk erhältlich war.

Schon früher, seit Anfang der 1980er Jahre, kursierten in den westdeutschen Kurven selbstgemachte Fanclub- oder Hooligan-Broschüren, die in der Mehrzahl ausgesprochen dilettantisch erstellt und nicht selten mit politisch mehr als fragwürdigem Müll durchzogen waren. Bundesweit bediente alsbald der *Fantreff* für einige Jahre die beschriebene Klientel mit einer semiprofessionellen Zeitschrift im A4-Format. Ich hab seit 25 Jahren eine Ausgabe davon, über die man halt zwangsläufig im halbjährlichen Staubwischen-Turnus stolpert, dann kurz inne hält und sein Herz aufgehen lässt. Fühlt sich schon dufte an, das Ding. Dazu ein unverwechselbar muffiger Flacon billigsten Nachkriegspapiers, wie wir es noch vor 30 Jahren in der Schule hatten. Die Hooliganklamotten dieser Ära, die bereits auf der zweiten Seite ganzseitig angepriesen werden, sind derart grotesk, dass auch die wortgewandtesten (Be-)Schreiber mit ihrem Latein am Ende sind.

Legendäre und in dieser Prägnanz nie wieder erreichte Spielberichte, alkoholvernebelte Gedächtnisprotokolle von bereits zu oft am Kopf Getroffenen. Sätze wie: *„20 SB'ler kamen aus der Kneipe gerannt, doch die 30 NK'ler hatten ihre Laufschuhe an, wurden trotzdem fair niedergeboxt, die Lutscher!"* … Bäng!

Das erste nichtkommerzielle Fanzine von Qualität und mit ernst zu nehmender Auflage war hierzulande der *Millerntor Roar*, das Sprachrohr der damals noch taufrischen Bewegung auf der Gegengeraden. Am 29. Juli 1989 erschien die erste Ausgabe in 1.000er Auflage, 16 Seiten A4, 50 Pfennig teuer. Wenn ich mich recht entsinne, waren die Exemplare nach gefühlten 15 Minuten an den Fan gebracht, was selbstredend für enorme Motivation sorgte. Der MR, Untertitel: „Fans, Fußball, Viertel", wurde zu *dem* Sprachrohr der alternativen Fanszene beim FC St. Pauli, die bekanntlich ihren Ursprung im Kampf gegen die größenwahnsinnigen Sportdome-Pläne Ende der Achtziger hatte, so dass die Auflage stetig auf über 3.000 stieg. Der MR lebte fünf Jahre einer (zumeist) tollen braun-weißen Phase, sowohl auf den Rängen als auch auf dem (noch viel holprigeren) Rasen. Eine Zeit, die niemand, der sie hautnah mit dem FC erlebte, missen möchte und die ich vielen guten, jungen Leuten, die heute die Geschicke der Fanszene leiten, gegönnt hätte. Der „gedruckte Soundtrack" dazu erschien in dieser halben Dekade 28 Mal, ehe den MR das Schicksal alles Irdischen ereilte. Interne Streitigkeiten und Animositäten zweier Lager führten im Sommer 1993 zum Bruch. Nach der Sommerpause buhlten plötzlich zwei autarke Hefte, der Übersteiger und das *Unhaltbar* um Leserschaft.

Während der ÜS den Beinamen „Kampf- und Spaßblatt rund um den FC St. Pauli" mit Leben füllte, waren die Leute vom *Unhalt-*

bar deutlich weniger Punkrock, sondern eher Teil eines fachsimpelnden Politmilieus, das mich persönlich damals nicht wirklich überzeugen konnte, da ihnen doch ein wenig der Makel des Linksspießertums anhaftete.

Beide Publikationen starteten sogleich mit 3.000er Auflage und konnten sich am Markt behaupten. Eingedenk der Tatsache, dass der Zuschauerzuspruch im damals noch Wilhelm-Koch-Stadion 1993 in der Regel bei 10 – 12.000 Zahlenden lag, sind das aus heutiger Sicht geradezu aberwitzige Zahlen. Zumal es noch weitere Zines am Millerntor gab. Das *Fan-Mag* zum Beispiel, hervorgegangen aus dem *Teufel-Informations-Dienst*, einem selbstkopierten Blättchen rund um den Fanclub Braunweiße Teufel, hatte sein Umfeld in der Nordkurve. Involviert waren viele alteingesessene Anhänger, die größtenteils schon lange St. Pauli-Fans waren, als sich die ersten Hafenstraßen-Punker auf der Gegengeraden niederließen. Auch manch ein Mitglied der Northside, jenem Hooligan-Haufen, der sich zum Teil aus dem verpönten Fanclub United zusammengesetzt hatte, war darunter. United kam immer kurz vor Anpfiff, verteilte ein paar Schellen, falls Leute es wagten, auf ihrem Platz zu stehen und war schon ein abgefuckter, mehr oder minder rechter Deppenmob, von dem man als Heranwachsender, wie ich es war, tunlichst etwas Abstand hielt. Das Problem löste sich auf klassische Art und Weise, indem eines Tages Gegengeradler United aus der Nordkurve prügelten und diese, bzw. ihre Nachfolger, fortan ihre Plätze auf der Haupttribüne einnahmen. Damals gab es in Deutschland eh den Trend, dass die Hooligans sich von den Kutten separierten und auf die oftmals gähnend leeren Sitzplatztribünen auswichen. Aber zurück zum Thema.

Das *Fan-Mag* erreichte ebenfalls eine stolze 2.000er Auflage. Es berichtete halt weniger über die Sandinisten in Nicaragua, sondern eher über die Teilnahme an einem Fanclubturnier in Aue, wo man ordentlich mit Wismut soff. Klingt negativer als es gemeint ist, weil das Heft durchaus seine Daseinsberechtigung besaß. Im Gedächtnis hängengeblieben ist auf jeden Fall der „Totenkopfstreit“. Heute undenkbar, war der Totenkopfpulli aus dem Fanladen (Einheitsgröße XL!) damals noch ein Symbol des „Dazugehörens“. Wenn du auswärts Stress hattest, schmerzhaftes Backenfutter drohte, dein Blick nach Hilfe eine gewisse Panik verriet und du eine Gruppe Totenkopfpulliträger erspähtest, war Rettung gewiss, da quasi nur

Leute derart gekleidet waren, die wussten, was Sache ist und dich nicht hängen ließen. Ein Statement und keine Modeerscheinung!

Grund des erwähnten Zwistes zwischen den Fanzine-Leuten war der im *Fan-Mag* benutzte Terminus „Totenkopf-Fraktion", der abfällig gemeint war und zu einer kurzen Phase der Spannungen führte, ehe sich das Ganze wieder beruhigte, nachdem die komplette *Fan-Mag*-Crew ein Gruppenfoto von sich in Totenkopf-Pullis abdruckte.

Nicht vergessen dürfen wir auf jeden Fall noch vier weitere Elaborate dieser Zeit:

Das *PiPa Millerntor* war ein erstaunlich gutes Magazin angesichts der Tatsache, dass es quasi die One-Man-Show eines jungen Herrn war, der damals aber zumindest von unserem heutigen Präsidenten unterstützt wurde. Oke Göttlich hat damals Fanzines verkauft … ist das nicht geil?!

Das Organ der damals noch quicklebendigen Amateurfanszene unseres Clubs war das *Hossa* von Hossa-Sven. Ein viele Jahre mit großer Leidenschaft gemachtes A5er in klassischer „word" und Prittstift-Manier. Von dieser Amateurfanlandschaft ist aus bekannten Gründen nichts mehr übrig, was ausgesprochen bedauerlich ist, da das immer ein guter Rahmen für schöne Stunden war – fernab der Hektik einer Profi-Partie. Viele gute Anekdoten ranken sich um die Amateurspiele dieser Zeit. Kann ich jedem Spätgeborenen, den die Langeweile plagt, nur wärmstens ans Herz legen: Sich mal eine Stunde Zeit im Fanladen nehmen und die alten *Hossas* durchstöbern, um diese Epoche ein wenig auf sich wirken zu lassen. Angesichts der Tristesse bei den Spielen unserer heutigen zweiten Mannschaft, die an der Hoheluft im Grunde nur noch von Freunden, Bekannten und Familienangehörigen der Spieler verfolgt werden, kaum vorstellbar.

Mein absoluter Favorit auf dem Fanzine-Markt war jedoch der *Splitter*. Eine perfekte (anfangs noch Ahrensburgische) Mischung aus Fußball- und Punkrock-Asseltum, dass es eine wahre Freude war. Nur gute Leute am Start, die ich heute noch allesamt richtig doll leiden kann – ein Ritterschlag aus dem Munde eines notorischen Misanthropen …

Da Ihr ja jetzt eh versprochen habt, dem Fanladenarchiv einen Besuch abzustatten, werft bitte gleich noch einen Blick auf die *Splitter*-Ordner und erkennt prompt die frappierende Ähnlichkeit mit dem heutigen *Kiezkieker*. Konsequenterweise schließt sich der Kreis dadurch, dass der ehemalige *Splitter*-Chefredakteur seit Jahren im KK schreibt.

Etwas später, etwa zur Jahrtausendwende, entstand ein weiteres Zine, das die mittlerweile (vom ÜS mal abgesehen) verwaiste Fanzine-Landschaft wieder bereicherte: Das *Nachgetreten*. Ein immer lesenswertes Heft, das sich für einige Jahre etablieren konnte, jedoch bisweilen unter Personalproblemen litt und deshalb oft ein wenig zu kämpfen hatte. Vor dem Engagement meines Kumpels Detlef und seiner Mitstreiter möchte ich deshalb an dieser Stelle mal ausdrücklich meinen Hut ziehen!

In der Sommerpause 2002 war ich zu Gast bei Hossa-Sven, als mich ganz plötzlich die fixe Idee überkam, dass unsere gerade gegründete Ultras-Gruppe (USP) unbedingt auch ein Medium bräuchte, wie Sven es herausbringt. Und weil man sich damals irgendwie immer noch selbst irgendwas beweisen wollte, sollte das Ganze zu jedem Heimspiel erscheinen, was zu der Zeit noch ziemlich abstrus erschien, wenngleich ähnliche Projekte in Babelsberg und bei Chemie Leipzig zeitgleich starteten – jedoch mit weniger Aufwand und teilweise deutlicher geringerer Seitenzahl als die *Gazzetta d'Ultrà*.

Während der folgenden neun Saisons ging der Plan auf, es wurde jedes Mal termingerecht abgeliefert und die überall lauernden Pannen durch immensen Einsatz von Fleiß und Verantwortungsgefühl umschifft oder so weit kaschiert, dass sie niemandem auffielen. Alles für den immer wieder gepredigten Anspruch an sich selbst.

Die erste Spielzeit für USP und *Gazzetta* war undankenswerterweise gleich mal eine der schlechtesten seit 1910, schaffte der FC doch die reibungslose Durchreiche von der Bundesliga in die damals noch drittklassige Regionalliga. Die Laune war mies, Schuldige mussten her und die nervtötenden Ultras wieder weg …

Jeden Tag Kleinkrieg, um USP hoffähig zu machen. Stundenlange Streitgespräche mit Leuten, die einem den Quatsch wieder ausreden wollten, weil „Ultrà bei St. Pauli nicht funktionieren kann." Bierduschen, Feuerzeuge und Teile der alten Stehtraversen haben wir an den Kopf gekriegt. Doch solche Erfahrungen können auch ein enormer Antrieb sein, wenn du noch ordentlich Wut im Wanst hast und diese zu kanalisieren weißt.

Das Heft begann mit 20 A5-Seiten, wuchs kontinuierlich, konnte sich darüber hinaus auch inhaltlich deutlich mausern, da aus der anfänglichen One-Man-Show peu à peu so etwas Ähnliches wie eine Redaktion wurde (wenngleich niemals Redaktionssitzungen oder Ähnliches stattfanden). Schließlich hielten Farbe und filigranere Covergestaltung Einzug, und die Auflage konnte auf beachtliche 1.000 Exemplare gesteigert werden.

Im Nachhinein war die *Gazzetta* schon einer der Schlüssel zum Erfolg der ganzen Gruppe. Sie hatte wesentlichen Anteil daran, dass USP ein ganz wichtiger Teil dieser Fanszene geworden ist, ohne den hier im Grunde gar nichts mehr liefe. Insofern waren das neun wirklich gute Jahre, wenngleich es am Ende schon bedenklich kriselte, denn den Ultras der zweiten und dritten Stunde gefiel es nicht, andauernd von mir kritisiert und (öffentlich) gemaßregelt zu werden. Ein häufiges Phänomen, dass ältere Menschen zu renitenten Nörglern werden und nachfolgende Generationen bekritteln. Die Wahrheit lag vermutlich – wie so oft im Leben – irgendwo auf halbem Wege zwischen den beiden Positionen. Nach 158 (Pflicht-)Heimspielen in Folge war Mitte 2011 schließlich Sense und die Wege trennten sich, ganz ähnlich wie 18 Jahre zuvor beim *Millerntor Roar*.

Seitdem versorgen zwei inhaltlich doch recht unterschiedliche Spieltag-Zines den Fan: Die *Basch* von USP und der *Kiezkieker* unter meiner rigiden Regie.

Während die *Basch* deutlich mehr über tagespolitische Themen, Gruppenaktivitäten oder auch Besuche bei befreundeten Kurven im In- und Ausland berichtet, ist der *Kiezkieker* schon ganz klar in die Kategorie Retro-Zine einzuordnen. Die *Basch* verkauft ihre 700 – 800 Exemplare zu einem großen Teil an die eigene jugendliche Klientel und weitere aktive Fans aus der Südkurve. Der *Kiezkieker* hingegen erscheint in einer Auflage von etwa 450 Stück, wird nur sehr wenig von Teenagern sondern mehrheitlich von „den Guten und den Alten“, die heutzutage im Grunde auf allen vier Tribünen anzutreffen sind, konsumiert und am Leben gehalten. Beide Hefte erscheinen mit farbigem Cover, in einer Regelstärke von 40 A5-Seiten und werden wie eh und je beim selben Copy-Shop vervielfältigt, was inzwischen aber derart reibungslos funktioniert, dass man sich gegenseitig nicht bei der Arbeit stört.

Es gibt sowieso nichts, was irgendwie in die Richtung Rivalität oder gar Beef, wie das neudeutsch heißt, ginge. Es entstehen zwar auch keine Kollaborationen oder Ähnliches, aber dafür bliebe bei all der Hatz durch die Spieltage schlichtweg auch gar keine Zeit.

Beide Fanpublikationen werden voraussichtlich noch einige Jahre durchhalten, möchte ich an dieser Stelle mal prognostizieren. Für die Ultras ist es nach wie vor wichtig, ein eigenes Medium fern des Internets zu besitzen, zumal das mühsame, arbeitsintensive Anfertigen und Vertreiben von Fanzines hierzulande nirgendwo mehr Tradition besitzt als am Millerntor. Sowas gibst du nicht einfach auf!

Und für mich und die anderen Ex-Ultras bleibt die Option, alle zwei Wochen aus dem Nähkästchen plaudern und großspurig daherreden zu können. Viel zu verlockend, um solch ein Projekt in absehbarer Zeit einzustellen.

Was gibt es Schöneres, als seine Leserschaft auf einer halben Vorwortseite zutiefst zu beleidigen, ihren Wohlstandsbauch, wenn nicht gleich ihr gesamtes Erscheinungsbild anzuprangern und sie mit einem Sammelsurium nicht jugendfreier Fäkalrhetorik zu maßregeln – und dafür letztlich auch noch gelobt zu werden?! (Ich denke: Nichts!)

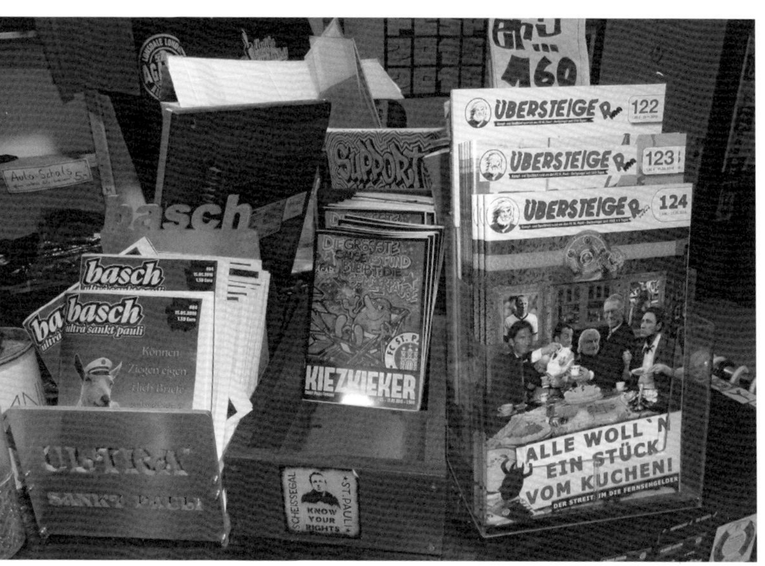

Verkauf aktueller Fanzines im Fanladen.

Einbrecher essen Kita-Kaninchen auf

Gütersloh. Eine Gütersloher Kindertagesstätte trauert um ihre beiden Kaninchen. Drogenabhängige waren in der Nacht in das Kita-Gelände eingedrungen, hatten die Kaninchen aus dem Gehege geholt, gegrillt und aufgegessen. Die Männer wurden gefasst. Sie hatten für ihre Tat sogar Kartoffeln und Peperoni mitgebracht.

Außerdem würde es Proteste hageln, wenn die Versorgung mit hanebüchenen Zeitungsschnipseln ins Stocken geriete. Diese Schnipselseiten sind eine wahre Erfolgsgeschichte. Irgendwann im zweiten oder dritten Jahr der *Gazzetta* hielten sie Einzug und blieben bis heute ein treuer Begleiter. Denn eines zeigt die Erfahrung: Du kannst noch so großartige, Pulitzerpreisverdächtige Glossen schreiben und lockst trotzdem niemanden hinterm Ofen vor, solange irgendwelche Freaks nachts ins Kitas einsteigen, die Kaninchen verspeisen und nicht vergessen, sich stilecht auch um die passenden Beilagen zu kümmern.

Wie könnte ich den kleinen Benni vergessen … er kam ja jede Woche! Und jedes Mal sagte er mit leuchtenden Augen: „Kaninchen bitte, Frau Lange!"

In diesem Sinne!

PS: Ich darf nicht vergessen eine Vielzahl weiterer St. Pauli-Fanzines zu erwähnen, die im Laufe der Jahre mal länger mal kürzer erschienen sind oder noch erscheinen: Der *Chaoticker* von den Chaotickern (!!!), das *Out of Control*, den *Zeckenbiss*, Das *Ende der Welt* und viele weitere mehr, die ich fahrlässigerweise vergessen habe …

Freddy dachte immer, sie wüsste schon alles über den Verein, musste aber zugeben, dass sie über die Kneipen und auch über die Fanzines viel Neues gelernte hatte. Die Begeisterung, mit der Ben ihr von den Heften erzählt hatte und auch das Schmökern in den besagten Blättchen ließen ihre Idee mit dem Buch in den Hintergrund rücken.

Sie verbrachte noch einen lustigen Nachmittag im Fanladen und half Ben dabei, Sticker in kleine Päckchen zu packen und später die aktuelle Ausgabe des Kiezkiekers zu tackern. Sie versprach ihm, mal einen Artikel für das Heft zu schreiben und überlegte, worüber.

Schnell kam ihr die Idee, über ihre eigene Biografie zu schreiben. Man hatte bei St. Pauli nicht das Gefühl, dass viele aus Hamburg waren. Das war ihr zwar egal, aber sie vermutete, dass die wenigsten davon nachvollziehen konnten, wie es war, mit den Eltern oder auch Pflegeeltern ans Millerntor zu gehen und zwar, weil diese sich für Fußball interessierten. Die Leute kamen heute ja eher wegen der Subkultur dazu oder wegen der Politik. Freddy erschien das in gewisser Weise fragwürdig, denn in Hamburg hatte man es schließlich damit immer recht leicht gehabt. In der Provinz war es wahrscheinlich viel schwerer, St. Pauli-Fan zu sein. Sie musste an Karlo denken, der häufig Stress mit Nazis gehabt hatte.

In diesem Moment fiel ihr ein, dass sie sich mal wieder bei ihm melden könnte. Sie griff zum Telefon. „Hey, Bock heute Abend ins Hafenklang mitzukommen? Da spielen ein paar alte Punkbands. Ich könnte direkt nach meiner Flyer-Tour schon früher hin und wir kickern noch ein bisschen." Es stellte sich heraus, dass Karlo dort sowieso schon mit Andi aus dem Jolly verabredet war – passte also gut.

Die drei trafen sich an der Hafenkante gegenüber vom Hafenklang. Wäre es wärmer gewesen, hätten sie eine Weile draußen vor der Tür chillen können, aber so gingen sie zügig ins Lokal. Karlo holte drei Bierchen von der Theke und Freddy hatte in der Zwischenzeit eine vierte Mitspielerin gefunden. Sie begannen sie zu kickern und sich zu unterhalten. Die Frau war aus Stade und Andi kam aus dem Süden. „Genau wie Karlo", stellte Freddy fest. „Ne, aus der Gegend bei Würzburg", korrigierte Andi. Freddy fielen ihre Überlegungen vom Nachmittag wieder ein und sie fragte: „Wie ist das eigentlich so, wenn man von weiter her zu St. Pauli kommt? Von Karlo weiß ich's ja, aber wie war das früher? War das auch wegen der Subkultur?"

Von Eibelstadt nach Hamburg: Punkrock & Sankt Pauli

von Andreas Rommel

Hamburg, Anfang/Mitte der 1980er Jahre

Bewohner und Sympathisanten der besetzten Häuser in Hafenstraße fingen an, den lokalen Fußballverein zu unterstützen. (Mit Volker Ippig wohnte auch der Torhüter des FC dort.) Nicht wenige von ihnen waren unlängst noch ins Volksparkstadion zum Hamburger SV gepilgert, hatten es jedoch satt, dort mit zahlenmäßig klar überlegenen Nazihools im Stadion zu stehen. Zwar gab es auch bei St. Pauli ein paar solcher Gestalten, aber diese wurden relativ zügig und nachdrücklich von der neuen Fanklientel aus dem Stadion geschmissen. Schließlich verloren sich damals auch nur zwischen 3.000 und 8.000 Zuschauer bei den Heimspielen des damaligen Dritt- bzw. Zweitligisten am Millerntor.

Eibelstadt bei Würzburg, Ende der 1980er/Anfang der 1990er Jahre

Ich war eher ein Spätzünder. Ich begann mit dem Fußballspielen erst in der C-Jugend. Meine Eltern waren mit mir und meiner Schwester gerade aus der Stadt (Würzburg) aufs Land gezogen. Zunächst wurde ich bei der SG Randersacker nicht glücklich. Später fand ich dann für einige Jahre beim FC Ochsenfurt meine sportliche Heimat, Spaß und Freunde. Regelmäßig besuchte ich die Heimspiele unseres Dorfvereins FC Eibelstadt, der damals immerhin um den Aufstieg in die Landesliga kämpfte. Etwas später begann ich dann, mich für den „großen", den „richtigen" Fußball zu interessieren und hatte dabei wohl schon immer ein Herz für die Kleinen. Die „Großkopferten" konnte ich nicht ab. Ich hass(t)e Bayern München wie die Pest. In meiner Region waren die Kinder und Jugendlichen wenn nicht Bayern-Fans, dann welche vom „Glubb" aus Nürnberg oder den Münchener Löwen. Mir jedoch hatte es der 1. FC Köln angetan. Denn erstens waren die zu der Zeit Bayern-Verfolger Nummer eins und zweitens hatten sie Spieler wie Pierre Littbarski oder Thomas Hässler, die sowohl super Fußballer als auch witzige Typen waren. Für Musik interessierte ich mich auch schon. Allerdings eher für den üblichen Chart-Popkram. Mein erstes Konzert war mit dem älteren Bruder meines besten Freundes Tina Turner auf dem Nürnberger Zeppelinfeld. Könnte schlimmer sein, ist ja schließlich 'ne coole Frau, aber es sollte alles noch viel, viel besser kommen!

Ein paar Jahre später nämlich begann sich in mir eine gewisse Anti-Grundhaltung zu regen, die über das in der Pubertät normale Maß hinausging. Punkrock trat in mein Leben. Praktischerweise wohnte im Dorf ein Punk, mit dem ich auch vorher schon ab und zu rumhing. Er versorgte mich mit den ersten Hörproben: Dead Kennedys (fand ich damals schrecklich! – ich hatte ja noch keine Ahnung), Toy Dolls, Die Skeptiker. Vorbei war's mit meinem Vorurteil, das würde sich ja alles gleich anhören. Vor allem Letztere hatten es mir angetan und ein glücklicher Zufall wollte, dass sie nur wenig später, im Dezember 1993, im AKW in Würzburg spielten. Meine Fresse, war das aufregend! Da die Vorband Die Fremden ausfiel, war es auch die erste Punkband, die ich, im gar nicht mehr so zarten Alter von 17 Lenzen, je live sah. Ich war komplett begeistert und verausgabte mich völlig bei dem seltsamen Tanz namens Pogo. Auch die Texte sprachen mir total aus der Seele und ich legte mir von meinem spärlichen Taschengeld sofort soviel wie möglich von dieser geilen Band mit dem prägnanten Gesang (Oper goes Punk!) von Sänger Eugen zu.

Konzertbesuche aller möglichen Bands, die irgendwie in die Punksparte passten, wurden immer häufiger und irgendwann ganz normal. Auf diesen gar lustigen Veranstaltungen nun liefen auch immer mehr Gestalten mit St. Pauli-Totenkopf-Pulli rum. Meine Freunde, die sich zum Teil ebenfalls für Fußball interessierten, und ich wurden neugierig. Denn zu dieser Zeit bestimmten rechte Fangesänge und Nazihools in wohl den allermeisten deutschen Stadien das Bild. Sollte es da etwa irgendwo einen Gegenpol geben? Wir machten uns ein bisschen schlau (damals noch ohne Internet!) und am 15. Februar 1997 war es soweit: Der FC St. Pauli war in der 1. Bundesliga zu Gast bei Bayern München. Also Bier besorgt und mit dem spottbilligen Wochenendticket (damals 15 D-Mark für 2 Tage für 5 Personen!) ab in die Bummelbahn und durch Rest-Bayern in die ungeliebte Landeshauptstadt. Eintrittskarten waren überhaupt kein Problem, bei keinem Spiel zu dieser Zeit. Der Block war auch nicht richtig voll und die Stimmung meiner Erinnerung nach auch nicht sooo toll, trotzdem: Ich fühlte mich sofort gut aufgehoben zwischen all den „Zecken". Menschen mit klaren politischen Statements (z. B. gegen Rechts), aber auch mit einem guten Schuss (Selbst-)Ironie, waren genau die Umgebung, in der ich mich wohl fühlte. St. Pauli verlor standesgemäß 0:3 gegen Klinsmann & Co. und ich regte mich auf. Trotzdem sollte dieser Tag ein ganz bedeutender in meinem Leben werden. Als St. Pauli das nächste Mal im Süden in Reichweite gastierte, waren wir wieder dabei. In der Zwischenzeit war man in der Tabelle abgerutscht und nur noch der SC Freiburg – der heutige Gegner – stand hinter St. Pauli. Der FC verlor sang- und klanglos 0:4 beim Tabellenletzten – eine Tradition, die so oder so ähnlich bis heute anhält. Nach dem Spiel gab es noch eine Sitzblockade vor dem Mannschaftsbus und wir machten uns bedröppelt auf die Heimreise. Leider kamen wir mit den Regionalzügen nicht mehr allzu weit und mussten in Neckarsulm in einer Tiefgarage bzw. im Gebüsch übernachten. Und draußen war es zu der Jahreszeit doch sehr kühl. Aber egal, wir haben überlebt und sind am nächsten Tag heimgetuckert.

Der FC St. Pauli stieg ab, aber wir freuten uns indes auf unser erstes Spiel am Millerntor. Beim zweiten Heimspiel gegen den 1. FSV Mainz 05 waren wir dabei! Karten waren noch immer kein Problem. (Vorher gab es für uns schon zwei 0:0 zu sehen, in Fürth und gegen Gütersloh, mit einem Schiedsrichter aus Nordkorea, warum auch immer.) Ich verfolgte das Spiel 90 Minuten am Geländer am Aufgang Gegengerade/Block 1 hängend. Wir gewannen 2:0 durch Tore von Juri Sawitschew und Jens Scharping. Natürlich wurde danach noch angemessen gefeiert und wir lernten die ersten Leute aus Hamburg flüchtig kennen.

Spielbesuche und Kontakte wurden regelmäßig und gehörten irgendwann genauso zum Alltag bzw. Wochenende wie ein Punkrockkonzert. Einmal waren wir freitags bei einem Konzert von Molotow Soda, es müsste in Mannheim gewesen sein. Tommy – Sänger der „Mollis" und heute die gute Seele und der Mann für (fast) alles im AFM-Büro – fragte einfach von der Bühne herunter während des Auftritts, ob jemand am nächsten Tag zum St. Pauli-Spiel nach Aachen führe und noch Platz hätte. Da genau das unser Plan war, fuhr er nach dem Konzert mit zu Frank von LAK, schlief dort auf dem harten Boden und am nächsten Tag machten wir uns früh morgens auf Richtung niederländische Grenze. Dass wir dort verloren haben, versteht sich ja fast von selbst.

Gemeinsam mit zwei Freunden schmiedete ich dann um 2000/2001 herum den Plan, nach Hamburg zu ziehen. Leider war ich am Ende zwar der einzige (einer ist nachgekommen), kündigte aber dennoch meinen sicheren Job bei einer Firma für Showtechnik und schaffte es mit Glück (eine Wohnung in der Stresemannstraße in Altona-Nord wurde frei) und Geschick (gegenüber der Maklerin und Hausverwaltung) am 1. November 2001 hierher. Ich hab es nie bereut. Man kann eindeutig sagen, dass der FC St. Pauli mein Leben verändert hat.

Auch – oder besonders – heute gibt es in vielerlei Hinsicht Überschneidungen zwischen der St. Pauli-Fanszene und der Punk-Szene, sowohl was reine „Konsumenten", als auch aktive Fans, Bands/Musiker, Veranstalter und Betreiber von Kneipen und anderen Auftrittsorten angeht. Die sicher einflussreichste und bekannteste Band mit starkem St. Pauli-Bezug waren früher und sind seit einigen Jahren wieder Slime, die man nun wohl niemandem mehr vorstellen muss.

„Das erklärt deine Begeisterung für das Konzert heute!" stellte Freddy fest. Wie aufs Stichwort ging in diesem Moment die Musik los. Die vier ließen den Kicker links liegen und waren schon bald in den Pogomob eingetaucht, begeistert darüber, dass Hamburg selbst unter der Woche solch tollen Konzerte zu bieten hat.

Vom Hafenklang aus ging es ins Shebeen, denn seit Freddy das Gespräch über die Kneipen geführt hatte, wollte sie auch die anderen Lokalitäten mal wieder häufiger besuchen. Als dort geschlossen wurde, zog das Grüppchen weiter in die Tortuga-Bar. Aber auch hier ging es nicht mehr lange und gegen 2.00 Uhr war Schicht im Schacht. Schnell waren die guten Vorsätze über den Haufen geworfen und das Jolly wurde angesteuert. Andi schlief auf einer Bank im hinteren Raum ein, so dass Karlo und Freddy mit ein paar anderen Verbliebenen am Tresen allein waren. Freddy realisierte jetzt erst, was für ein heimischer Ort diese Kneipe für sie alle war, denn wer würde sonst riskieren hier einzuschlafen?

Karlo wunderte sich, dass Päckchen mit Spielkarten auf dem Tresen lagen. Heute sei der wöchentliche Spieleabend gewesen, klärte ihn die Tresenkraft auf. Davon wusste Karlo noch gar nichts. Aus der Ecke sprach ihn jemand an: „Das lohnt sich, kommt da mal vorbei." Die Person stellte sich als Knobi vor uns pries den Spieleabend ausführlich an. Vor sich hatte er einen verschweißten Packen mit Flyern liegen. „Worum geht's da?" fragte Freddy neugierig. „Das sind die neuen für St. Depri." Karlo kannte die Kampagne, während Freddy zugeben musste, dass sie zwar schon viel davon gehört hatte aber nicht wusste, wie die Sache eigentlich entstanden war. Knobi freute sich, ihr das ausführlich erklären zu können.

Dieser Text ist Dir gewidmet, Michel.
Du wirst mich stets begleiten, denn ich werde Dich niemals vergessen.
Deine Freundschaft war ein großes Privileg, für das Dir mein ewiger Dank zuteilwird.
(1986–2014)

Rückblick

Leere. Zu viele Emotionen, als dass ich sie verarbeiten könnte. Trauer, Wut, Unverständnis, Angst, Hilflosigkeit, Verzweiflung, Mitleid – all das und noch mehr prasselt erbarmungslos auf mich ein und mündet in Leere. Nur Schritt für Schritt kann ich Deinen Verlust verarbeiten, die Schmerzen ertragen. Ich bin nicht allein. Lasse mich treiben im Strom der Emotionen. Lasse mich auffangen im Netz des zusammenrückenden Umfelds. Finde Trost. Fasse neuen Mut.

Trotz! Ich suche nach dem rettenden Strohhalm für mich. Dein Tod kann doch nicht völlig sinnlos gewesen sein! Wenn wir Dir nicht helfen konnten, dann vielleicht anderen. Wenn es nur ein Mensch ist, dem wir jetzt helfen können, dann könnte ich vielleicht irgendwo einen Sinn erkennen. Dies bleibt ein Wunsch – und doch gibt es mir Halt, Hilfe zu bieten. Es ist mein Strohhalm.

St. Depri

von Knobi

Seitdem sind 21 Monate ins Land gestrichen. St. Depri hat sich etabliert und ist kaum mehr wegzudenken. Gegründet aus einem Gefühl der Ohnmacht heraus, sind wir nun weit davon entfernt, dass uns in nächster Zeit der Atem ausgehen könnte – allen Widrigkeiten zum Trotz. Ich neige wahrlich nicht zur Lobhudelei, aber bisher ist St. Depri mit *Erfolgsgeschichte* doch recht treffend beschrieben. Für mich ist es ein wichtiger Stützpfeiler im Leben geworden. Und gemessen am Zuspruch, den wir regelmäßig bekommen, geht dies keineswegs nur mir so. Das fühlt sich sehr schön an.

Ich habe nicht unbedingt damit gerechnet, dass wir dieses Kind so selbstverständlich schaukeln würden. Gehofft? Ja, selbstverständlich. Und doch begleiteten mich lange Zeit auch die Zweifel. Umso schöner, dass diese sich nicht bewahrheitet haben, sondern sogar eindrucksvoll widerlegt werden konnten.

Zum Erfolg beigetragen hat zweifellos das Umfeld, in dem St. Depri sich bewegt. Sankt Pauli ohne *do it yourself* ist ja nur sehr schwer vorstellbar, und die Zuversicht, Themen erfolgreich beackern zu können, ist hier vermutlich deutlich stärker ausgeprägt als anderswo. Die offensichtlichsten Beispiele sind die Bereiche Antirassismus/Antifaschismus, sowie der Kampf gegen Sexismus und Homophobie. Der Gedanke, sich auch der Thematik Depressionen annehmen zu können, liegt somit ja nicht allzu fern. Leider bedurfte es dennoch erst eines sehr lauten Knalls, um die Idee wirklich anzupacken. Deisler, Enke, Biermann – das Problem hat zwar bekannte Namen und Gesichter, aber es ist doch wieder nur eines jener unangenehmen Themen, die es nicht längerfristig in den Fokus schaffen, wenn nicht entsprechend nachgeholfen wird.

Depression. Gehört hat das jede*r schon einmal. Und doch ist der Begriff für viele noch immer nicht greifbar, mangelt es vielerorts an der nötigen Akzeptanz, wird das Krankheitsbild viel zu oft bagatellisiert. Von kurzfristiger, flächendeckender Hilfe ganz zu schweigen. Wartezeiten von mehreren Monaten sind leider die Regel statt unrühmliche Ausnahme.

Neben konkreter Hilfe für die Betroffenen geht es St. Depri daher auch darum, zu informieren und das Krankheitsbild im Fokus zu behalten und nicht aus den Augen zu verlieren. Umso wichtiger ist daher der trialogische Ansatz, was bedeutet, neben dem Fachpersonal und den Betroffenen auch die Angehörigen als dritte wichtige Partei im Boot zu haben und so die Zahl der Informierten zu erhöhen. Es gilt, das Bewusstsein dafür zu schärfen, dass es sich bei der Depression um eine Krankheit handelt, eine potentiell tödliche noch dazu! An diesem Punkt setzte dann auch eine unserer ersten großen Kampagnen an: Die Toilettenkabinen aller Tribünen des Stadions (inkl. Peripherie, also auch jene im Clubheim, im Fanladen und in den Fanräumen) wurden mit verschiedenen, von St. Depri selbst entworfenen Plakaten bestückt, die auf das Krankheitsbild Depression aufmerksam machen und den Blick dafür schärfen wollten.

In erster Linie jedoch leistet St. Depri direkte Hilfe in Form eines möglichst niedrigschwelligen und vielgestaltigen Angebots. Herz und Seele ist dabei der monatliche (Info-)Stammtisch im Fanladen. Allein mit der Vermittlung von Informationen wären wir aber vermutlich auf verlorenem Posten. Die anderen Bausteine unseres Angebots sind nicht minder wichtig und orientieren sich direkt an den Bedürfnissen der Betroffenen.

- An erster Stelle vermitteln wir therapeutische Erstgespräche, um Betroffene möglichst zeitnah und unkompliziert in eine Therapie/Behandlung zu bringen.
- Wir bieten ein wöchentliches Sportprojekt an, welches den Betroffenen die Möglichkeit gibt, sich zu bewegen und körperlich zu verausgaben und dergestalt gegen die Depression anzukämpfen. Dies geschieht unter sporttherapeutischer Aufsicht, ist also professionell betreut. Es bietet gleichzeitig die Möglichkeit, bei Spaß und Spiel mit anderen Betroffenen in Kontakt zu kommen und sich so gemeinsam etwas Gutes zu tun.
- Es gibt das Patenprojekt „Aufraffer“, welches sich an all jene richtet, denen infolge ihrer Depression der Mut, die Kraft und/oder die Motivation abhandengekommen sind, die Heimspiele Sankt Paulis oder auch zum Beispiel unseren Stammtisch zu besuchen. Dieses Angebot hat vor allem zum Ziel, die Betroffenen wieder in ein soziales Umfeld zu locken, ihnen eine Alternative zur heimischen Isolation zu bieten. Letztere erscheint vielen leider als besonders reizvoll, bietet sie doch Ruhe vor allem und jedem. Aber es ist eine trügerische Ruhe, die über kurz oder lang die Symptome der Depression nur weiter verstärkt.
- Unser Projekt „Brieföffner“ ist ein weiterer Baustein. Es soll Betroffenen helfen, sich ihrer Post zu stellen. Nicht selten beginnen Erkrankte, an der Belastung des täglichen Brieföffnens zu verzweifeln, daran zu ersticken, und stellen es dann ein. Mit jedem ungeöffneten Brief wächst aber der Druck und die Belastung nimmt weiter zu – ein Teufelskreis, der überdies auch unabhängig von der Depression schwere Folgen haben kann. Beispielsweise, wenn Rechnungen, Mahnungen, Behördenschreiben etc. unbeachtet bleiben und unter Umständen einen Rattenschwanz an Folgeproblemen nach sich ziehen. Hier versuchen wir, prophylaktisch anzusetzen. Wir wollen einen vertraulichen [!] Rahmen anbieten, um mit der Post zu uns kommen zu können, um mit dieser schwierige Aufgabe nicht allein sein zu müssen.

Ich habe selbst viele Jahre lang unter wiederkehrenden und immer intensiveren depressiven Schüben gelitten und St. Depris Hilfe in Anspruch genommen. Indirekt sogar bereits lange vor unserer Gründung, war es seinerzeit doch eine spätere Mitbegründerin, die mich an die Hand nahm und mir einen Ersttermin beim Psychiater verschaffte. Dort wurde ich medikamentös eingestellt, dies brachte aber nur bedingt Linderung. Die Intensität der depressiven Episoden hat dadurch zwar abgenommen, aber die Ursachen blieben untherapiert. So ergab es sich, dass auch ich mich irgendwann hilfesuchend an St. Depri wandte und um Vermittlung eines Erstgesprächs bat. Glücklicherweise stimmte die Chemie zwischen meiner Therapeutin und mir auf Anhieb und ihr Terminkalender vertrug überdies einen weiteren Patienten. Bis heute gehe ich im Wochentakt zu ihr in die Therapie. In Kombination mit dem beim monatlichen Stammtisch erworbenen Fachwissen aus den Vorträgen unserer Experten und den Erfahrungen der anderen Betroffenen machte ich dann auch weitere, kleine Fortschritte. Allerdings ist St. Depri kein Allheilmittel. Ich machte zwar Fortschritte, aber selbst einmal wöchentlich für 50 Minuten in eine Therapiesitzung zu gehen, erwies sich als noch nicht ausreichend. Insbesondere, weil mich eine Vielzahl kleinerer Rückschläge in eine besonders schwere und auch durch suizidale Gedanken gekennzeichnete Krise stürzten. Infolgedessen stand ich dann unter verstärkter Beobachtung aller Beteiligten (Psychiater/Therapeutin/persönliches Umfeld, das ich in vollem Umfang über meinen Zustand informiert hatte), bis ich kürzlich für acht Wochen in einer auf (unter anderem) Persönlichkeitsstörungen und Ängste spezialisierten Klinik untertauchen konnte. Dort sollte die Behandlung der Ursachen meiner Depressionen intensiviert werden und ihre Aufarbeitung auf ein breiteres Fundament gestellt werden. Mit vollem Erfolg, denn es geht mir nach diesem Aufenthalt so gut wie seit vielen Jahren nicht mehr.

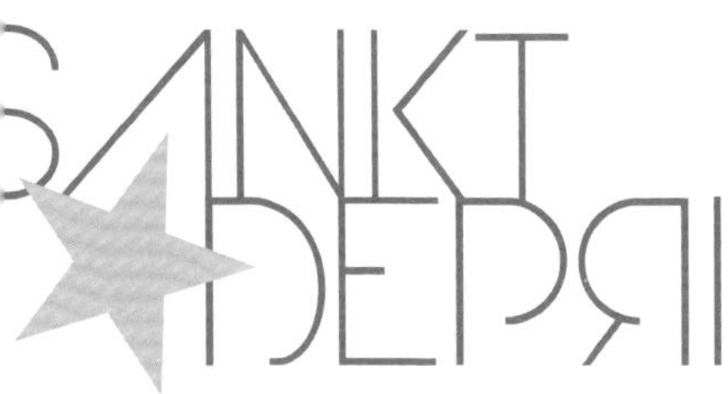

Ich schreibe dies in dieser Ausführlichkeit keineswegs, um St. Depri kleiner zu reden, als es ist. Aber es wäre auch nicht richtig, womöglich Hoffnungen zu schüren, dass allein mit dem Besuchen der Stammtische und einem Erstgespräch das Problem gelöst sein könnte. St. Depri bietet sehr wohl wichtige Hilfe, ist aber nur *ein* therapieförderlicher Teil der Lösung.

Zwischenzeitlich hat St. Depri schon vielen Leuten geholfen und mit jeder weiteren Person fühlt es sich noch besser und schöner an, was dort aus diesem schwarzen Loch der Gefühle Ende des Jahres 2014 erwachsen ist. Der Verein steht auf breiter Basis, hat ein viele Köpfe umfassendes Orgateam und es gibt immer wieder neue Ideen, wie das Angebot weiterentwickelt und ausgebaut werden kann, um noch größere Hilfe zu bieten und noch mehr Menschen zu erreichen. Letzteres erhoffen wir uns auch in anderen Städten, weshalb für die kommenden Jahre geplant ist, das Projekt in verschiedenen Städten vorzustellen und Anreize zum Nachmachen zu geben. Im Sommer 2016 fuhr eine kleine Delegation auf den Football Supporters Europe-Sommerkongress in Izmir, 2017 geht's dann nach Belgien.

Es ist ein stetiger Kampf, es bedarf auch jetzt noch häufig großer Überzeugungsarbeit und es gibt immer noch viele kleine Baustellen, die wir gerne endlich abhaken würden. Aber es hat ja auch niemand behauptet, dass der Kampf leicht werden würde. In diesem Sinne: Wir kämpfen weiter!

Freddy ließ sich nach Knobis Erklärungen ein paar Flyer geben. Sie kannte ein paar Leute, denen es nicht so gut ging. Es war ja auch nachvollziehbar, dass in dieser Welt Leute mal nicht mit ihrem Alltag klarkamen. Auch Alkohol und Drogen spielten in ihrem Umfeld eine große Rolle. In diesem Moment fiel ihr positiv auf, dass das Jolly keine Kneipe war, wo man für alkfreie Getränke blöd angeschaut wurde oder man sich Sorgen machen musste, abgefüllt zu werden. Falls das doch mal passierte, hatte immer jemand ein Auge drauf und griff ein. Wie es Knobi beschrieben hatte: Man achtete hier aufeinander und half sich gegenseitig, das Leben zu bewältigen. Freddy freute sich, dass es Kampagnen wie diese gab.

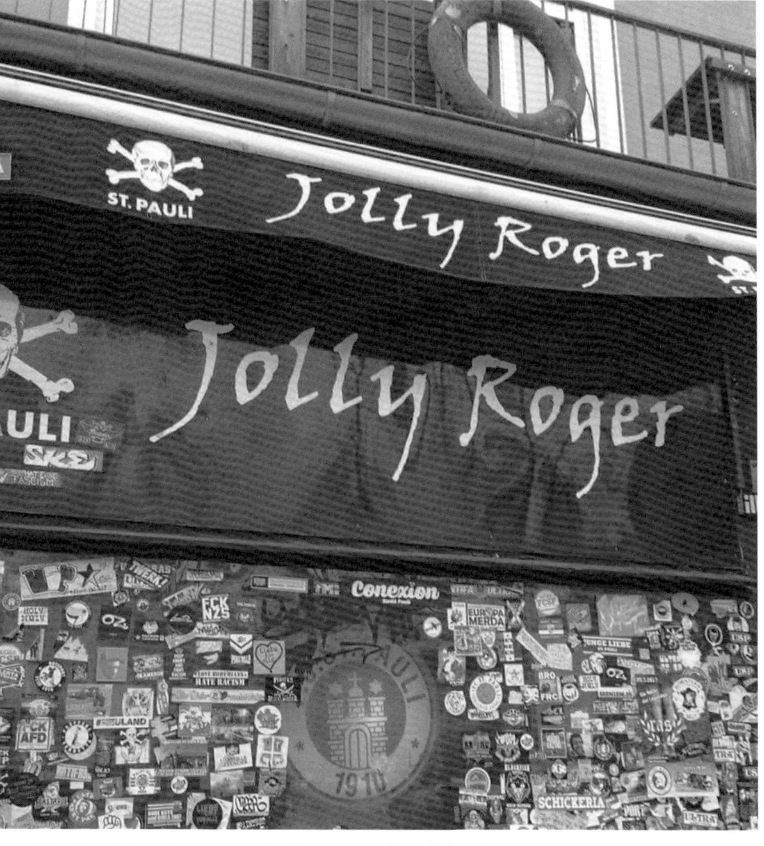

Für die aktive Fanszene ein Zuhause: Das Jolly Roger.

Hamburg im Frühjahr
–
Der Beziehungsverein

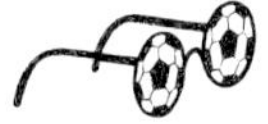

In Hamburg war mittlerweile der Mai angebrochen. Die Saison klang langsam aus und es machte sich bereits eine sommerliche Stimmung breit. Karlo, Freddy und der Rest des Fanclubs hatten sich im Fanladen getroffen, um eine kleine Aktion für den Tag der Befreiung, den 8. Mai, vorzubereiten. Karlo wollte die alten Entwürfe mit „remember history – fight fascism" auffrischen und daraus ein Banner oder etwas ähnliches entwickeln, aber Freddy musste ihm diese Idee ausreden. Mittlerweile hatte sie den gleichen Spruch in einem der zahlreichen Fanzines gefunden, die sie im Fanladen studiert hatte. Das Heft berichtete über das Antira Turnier und das Alerta Netzwerk. Freddy belehrte Karlo: „Das ist natürlich ein guter Spruch, aber der wurde schon einmal für eine ganze Choreo benutzt. Ich fände es besser, wenn wir uns was Neues ausdenken." „Zeig mal das Heft", wollte Karlo sich selbst überzeugen. Freddy kramte das besagte Zine aus den Untiefen des Fanladens hervor und reichte es ihm. Karlo vertiefte sich in die Lektüre und konnte so gleich seine Wissenslücken in punkto Antira-Turnier schließen. Als Einleitung war in dem Heft ein Artikel von Heiko und Carsten über die Geschichte des Turniers.

Die Geschichte des Antira – „In Europa kennt Euch keine Sau!"

von Carsten Kupisch & Heiko Schlesselmann

Dieser Schmäh-Gesang des großen Stadtrivalen war schon immer Nonsens. St. Pauli und seine Fankultur ist weltweit bekannt – oder berüchtigt, je nach politischer Einstellung der jeweiligen Fanszenen. Was 1989 mit der Gründung des Millerntor Roar und des Fanladens St. Pauli ein Jahr später begann, setzt sich bis heute fort. Nach der bundesweiten Vernetzung von antifaschistischen Fußballfans durch BAFF (1993 gegründet), begann ab 1998 die internationale Vernetzung mit den Besuchen von St. Pauli-Fans der Mondiali Antirazzisti in Italien (antirassistische Fan-Weltmeisterschaft). Weiterhin gab es persönliche Besuche bei und Austausch mit diversen antirassistischen Fangruppen (mit Celtic seit Anfang der 1990er Jahre, mit Athletic Bilbao ab 1996, Cliftonville FC, NAC Breda u. a.). Über die Jahre wuchsen die Mondiali Antirazzisti auf eine Größe von bis zu 150 teilnehmenden Teams und 6.000 Personen. BAFF benannte sich von „antifaschistisch" in „aktiv" um. Beim Be-

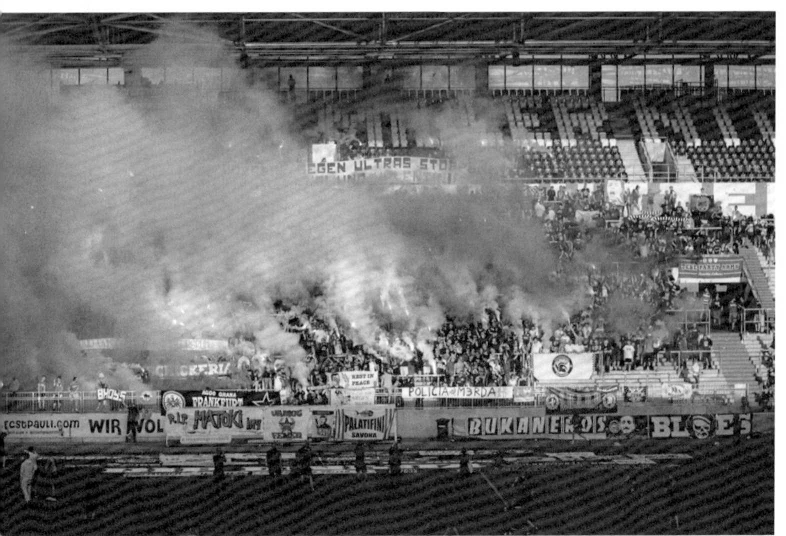

Gruppenfoto Antira 2016.

such der Mondiali war man oftmals verwundert, was für Fangruppen anreisten (u. a. Rapid Wien oder Borussia Dortmund), und die an sich lobenswerte Vernetzung mit Migranten-Teams sprengte schließlich den Rahmen und führte zu einer „Ballermannisierung". Es entwickelte sich der Wunsch, mit einem eigenen Antira-Turnier unserem Bedürfnis nach Vernetzung der europaweit aktiven, linken Gruppen Rechnung zu tragen. Die große und aktive Fan-Basis bei St. Pauli und die Logistik und Organisationskraft des Fanladens machten aus der Idee ein jahrzehntelanges Erfolgsprojekt.

2003 war der FC St. Pauli mit dem Abstieg in die 3. Liga sportlich am Boden. Ohne die Fans wäre der Verein insolvent gewesen. Diese Situation führte dazu, dass das Turnier problemlos auf dem offiziellen Trainingsgelände an der Kollaustraße stattfinden konnte. Wir nannten es bewusst „Einladungsturnier", um die Gruppen selbst auswählen zu können und die Entwicklung der Mondiali zu verhindern. Das erste antirassistische Einladungsturnier fand im Jahr 2004 statt und wurde vom Fanladen allein organisiert. Einige Kontakte zu den Teams kamen über BAFF, einige über St. Pauli-Fanclubs in den jeweiligen Städten oder über persönliche Kontakte seitens des Fanladens oder Ultrà Sankt Pauli.

Manche Kontakte ergaben sich auch eher zufällig und führten dann zu langjährigen Freundschaften innerhalb der Szenen. Im Dezember 2004 zum Beispiel fuhren einige St. Paulianer mit Athletic Bilbao zum Auswärtsspiel bei Standard Lüttich. Mit Herri Norte Taldea, einer Fangruppe von Athletic, wurden die Kneipen der Innenstadt bevölkert und eine gewisse Anspannung war zu spüren, da Lüttichs Anhängerschaft als eher grob galt, mit den Hools und Ultras von Leverkusen befreundet war und in der UEFA-Cup-Runde zuvor den VfL Bochum zerlegt hatte. In einer der Altstadtkneipen öffnete sich die Tür und sechs bis acht breitschultrige Einheimische kamen auf uns zu und bestellten einen Drink an der Theke. Der Grimmigste von allen hatte auf seinem Parka mit Fellkragen einen Che Guevara-Aufnäher. Das machte die Kontaktaufnahme einfacher und es blieb beim Austausch von Freundlichkeiten, der Bekanntschaft mit „Sneed" und der Einladung zum zweiten Antira 2005. Nach dem 1:7 Auswärtssieg von Athletic ging es zu Fuß zurück in die Stadt, während die Basken in ihre Busse nach Hause stiegen. Die Polizei ließ uns nur „auf eigene Gefahr" durch die Kette Richtung Innenstadt. Als wir das Stadion umrundeten, wussten wir auch warum. Hunderte Standard-Anhänger standen vor den Kneipen am Heimblock und blickten in unsere Richtung. In der ersten Reihe unsere neuen Bekannten. Es knisterte in der Luft und wir nickten uns nur kurz zu. Beim zweiten Antira-Turnier bestätigte Sneed, dass nur ein Wort oder ein Spottgesang den Kessel zur Explosion gebracht hätte. Seit 2005 ist Lüttich mit Hellside 81, BAF und Ultras Inferno beim Antira zu Gast, und auch außerhalb der Turniere gibt es regelmäßige Besuche.

Auch die konstante Teilnahme der antifaschistischen Fans von Bohemians Prag begann zufällig auf einem Parkplatz vor dem Stadion von Teplice in Tschechien. Wir besuchten im März 2004 das Auswärtsspiel von Glasgow Celtic FC in Teplice. Nach der üblichen Auswärtsniederlage der Grün-Weißen ging es zurück in die „Stadt". Vor dem Stadion wartete eine Gruppe Skinheads mit grün-weißen Schals an ihrem 9-Sitzer und sprach uns auf St. Pauli an. Kontaktdaten wurden ausgetauscht und die Bohemians zum ersten Antira-Turnier ein paar Wochen später eingeladen. Spontan rückten die reiselustigen Prager zum Turnier an und überraschten uns nicht nur durch ihre Ankunft, sondern auch mit dem Getränkewunsch nach acht Bier um 9.00 Uhr morgens am Anreisetag.

Das erste Antirassistische Einladungsturnier im Jahr 2004 fand auf dem Trainingsgelände des FC St. Pauli an der Kollaustraße mit diesen 31 Teams statt:
FA Hannover / Hannover 96
Bohemians Banditos / Bohemians Praha
Bologna Antirazzista / Bologna F.C. 1909
Brigadas Amarillas / Cadiz C.F.
Brigate Neroazzurre Atalanta / Atalanta Bergamo
Cercle d'Amis Ultra Bremen / SV Werder Bremen
Copenhagen Antifascists / Bröndby & FC Kopenhagen
Diablos / FC Sachsen Leipzig
Easton Cowgirls / Bristol
Erwin Fanzine / Kickers Offenbach
Fanclub Sprecherrat / FC St. Pauli
Fanladen St. Pauli / FC St. Pauli
Fans ohne Verein / Ex-Göttingen 05
Filmstadt Inferno 99 / SV Babelsberg 03
Forca Levant / Levante FC
Freak Brothers Ternana / Ternana Calcio
Funteam / Roter Stern Leipzig
Garngad C.S.C. / Glasgow Celtic FC
Herri Norte Taldea / Athletic Bilbao
Lila Laune Fanzine / Tennis Borussia Berlin
Lost Boyz Flingern / Fortuna Düsseldorf
Republica Internationale (Men) / Leeds
Republica Internationale (Women) / Leeds
Roter Stern Frauenteam / Roter Stern Leipzig
SK Slavia Praha
St. Pauli Frauenteam / FC St. Pauli
St. Pauli Girls / FC St. Pauli
Übersteiger Fanzine / FC St. Pauli
Ultrà Sankt Pauli / FC St. Pauli
Ultras Veneziamestre / Veneziamestre FC
Zürcher Südkurve / FC Zürich

Wir versuchten, bei unserem Turnier das Augenmerk auf aktive, antifaschistische Fangruppen zu legen. Es gab immer wieder viele Diskussionen um einzelne Gruppen, ob sie in ihrer Fanszene überhaupt ernst genommen werden und ob wir nicht genau solche Gruppen stärken sollten. Bis heute gilt die Mischung als gelungen und eine Aufweichung ist nicht zu erkennen.

Was 2004 mit der Organisation durch den Fanladen begann, wurde von Jahr zu Jahr auf breitere Füße gestellt. Nach dem Übersteiger-Magazin und der Frauen-Fußballabteilung des FC St. Pauli kam Ultrà Sankt Pauli als starker Partner hinzu. Auch die AFM, der Verein selbst und seine Sponsoren unterstützten das Turnier personell und finanziell. Es gab eine feste Vereinbarung zwischen dem FC St. Pauli und dem Fanladen als Vertreter des Turniers über die Bereitstellung eines vereinseigenen Turniergeländes oder die Finanzierung einer externen Lösung. 2010 fand das Turnier letztmals auf den Trainingsplätzen des

FC St. Pauli und 2012 dann im Stadion von Union 03 an der Waidmannstraße statt. Danach war die Organisationsgruppe wieder gezwungen, eine neue Lösung zu finden. Nach dem Umzug des Fanladens und der AFM in die Fanräume kam aus dem Fanladen der Vorschlag, das Turnier ins Millerntor zu holen. Die Organisationsgruppe war trotz einiger Zweifel schnell überzeugt, es zumindest zu probieren. Die vorhandene Infrastruktur zu ignorieren, wäre fahrlässig. Vom FC St. Pauli bekam man die Zusage, das Millerntor kostenlos zur Verfügung zu stellen. Damit war der Weg geebnet für ein neues Kapitel des Turniers. 2016 fand dann schon das zweite Antirassistische Einladungsturnier im Millerntor statt. Diese Tatsache hat die internationalen Gäste unfassbar beeindruckt und auch für uns war es eine großartige Ausgangslage. Seitdem das Turnier im Millerntor stattfindet, hat es zwar seinen Zeltplatz-Charakter eingebüßt, ist aber ungemein gewachsen. Es bekommt nun auch eine ganz andere Aufmerksamkeit von nicht direkt beteiligten Gästen und findet mitten in St. Pauli statt. Die Anzahl der spielenden Teams hat sich von knapp 30 (2004) auf an die 50 gesteigert und die Teilnehmerzahl hat sich locker verdoppelt. Das führt natürlich zu kleineren Konflikten und an manchen Punkten war auch bei uns eine „Ballermannisierung" zu erkennen. Wir haben als Organisationsteam daher immer großen Wert auf das Rahmenprogramm gelegt und dafür auch Fußball- und Ausschankpausen durchgezogen. Es gab es zig Vorträge, Diskussionen, Ausstellungen u.a. zu den Themenkomplexen Fußball, Fans, Rassismus, Antirassismus, Homophobie, Repression, Netzwerk, Ultras und Politik, historische Stadtrundfahrten, Besuche in der KZ-Gedenkstätte Neuengamme, Zeitzeugengespräche, Graffitiwalls und Konzerte.

Ein weiteres Ziel war immer, dass alle Teams, die eingeladen werden, auch kommen können sollen und bei den Reisekosten unterstützt werden. Zelten sollte weiterhin möglich sein und die Essen- und Getränkepreise niedrig bleiben (bis heute ist der Bierpreis mit 1 Euro gleich geblieben).

Dem geneigten Leser wird nun aufgefallen sein, dass ab 2008 ein paar Jahre fehlen. Das lässt sich erklären. Beim 4. und 5. Antira-Turnier 2007 und 2008 kamen wir an personelle und organisatorische Grenzen. Bis dahin waren immer noch alle Teams vom Flughafen oder Bahnhof abgeholt und zurück gebracht worden, hunderte Teilnehmer*innen wurden an der Kollaustraße untergebracht oder verköstigt bzw. eine Pennplatzbörse hatte Hochkonjunktur. Die Verlagerung in Richtung Party & Saufen führte zu Frustration und Ermüdung besonders bei den Organisatoren des Rahmenprogramms. Im Organisationskomitee wurde lange diskutiert und im Frühjahr 2008 schließlich beschlossen, dass das Turnier ein Einladungsturnier des Alerta-Netzwerkes werden sollte. Damit begann ein sowohl räumlicher als auch konzeptioneller Umbau des Turniers. Das 2006 gegründete Alerta Network, bestehend aus den teilnehmenden (Ultrà)gruppen des Turniers, sollte mehr in die Pflicht genommen werden. Es wurde einvernehmlich vereinbart, dass das Turnier abwechselnd in Hamburg (in den geraden Jahren) und einem der anderen Alerta-Standorte stattfinden sollte. In den ungeraden Jahren soll die jeweils ausrichtende Gruppe des Netzwerks entscheiden dürfen, wie das Treffen aussieht und wer eingeladen wird.

So wanderte das Turnier bereits von Lüttich nach Venedig, von Winterthur nach Kopenhagen und soll im Jahr 2017 in Tel Aviv stattfinden. Die Anekdoten aus den verschiedenen Turnieren könnten ein ganzes Buch füllen, die Idee der weltweiten Vernetzung wird bis heute erfolgreich umgesetzt.

Danke FC St. Pauli für die kostenlose Nutzung des Millerntors!
Danke der AFM für die stetige Unterstützung des Turniers!
Danke allen Spender*innen, Helfer*innen und natürlich den Gästen, die diese Turniere zu dem machen, was sie sind!
DANKE ORGAGRUPPE!!!
Wäre die Welt nur immer so, wie an diesen Wochenenden im Mai!

Mehr Infos findet ihr hier:
www.antira-stpauli.org
www.antira-stpauli.org/html/
(alte Homepage)
www.alerta-network.org
facebook.com/antirastpauli

„Na toll, Karlo, danke für die Unterstützung“, riss Freddy Karlo mit einem ironischen Unterton aus seiner Lektüre. Während Karlo im Heft versunken war, hatte die Gruppe einen passenden Spruch gefunden und auch das Layout schon fertig. Karlo war baff, wie schnell das gegangen war und fand die Idee ziemlich überzeugend. „Das alles zu malen wird ein Haufen Arbeit, ich schlage vor, das machen die Studenten unter uns“, grinste Freddy. Karlo machte solche Arbeiten

ohnehin ziemlich gerne, also war er einverstanden und die Gruppe zerstreute sich. Karlo und Freddy liefen noch ein Stück zusammen über das Heiligengeistfeld, wo gerade die Reste des Doms abgebaut wurden. „Endlich ist der Scheiß vorbei", sagte Freddy, „jetzt kann man endlich wieder hier langlaufen. Stell dir mal vor, wenn das Antira und der Dom gleichzeitig wären. Wie die Leute gucken würden, wenn der Mob zur Demo losmacht!" Karlo bedauerte, noch nie dabei gewesen zu sein. Das letzte Turnier hatte kurz vor seiner Ankunft in Hamburg stattgefunden, und das nächste war noch eine Weile hin. Freddy versprach: „Wenn ich mal Zeit habe, erzähl ich dir gern davon, aber jetzt muss ich zur Arbeit. Oder du gehst später ins Jolly, Fabian ist da und hat gerade Besuch von Leuten aus Manchester. Die waren letztes Mal zu Gast und könnten dir auch ein bisschen was erzählen." Damit schwang sie sich auf ihr Rennrad und war weg. Karlo drehte um und ging direkt Richtung Jolly, es war 19.00 Uhr und die Kneipe schon geöffnet.

Nach kurzer Zeit erschien Fabian mit einem kleinen Grüppchen Engländer, die sich als Fans des FC United of Manchester vorstellten. Beim Bier frage Karlo einen von ihnen, der sich als Matt vorgestellt hatte, wie er das Antira 2016 empfunden hatte. Matt begann zu erzählen, und weil er so einen fiesen Manchester-Akzent hatte, musste Fabian immer mal übersetzen.

Antira Turnier 2016

von Matt/The Giddys (übersetzt und angepasst von Fabian Fritz)

Während unser Verein und viele seiner Fans nach Detroit zum Testspiel flogen, entschied sich ein kleines Grüppchen nach Hamburg zu reisen, wo am selben Wochenende das Antirassistische Turnier (Antira) am Millerntor, der Heimspielstätte des FC St. Pauli, stattfinden sollte.

Wir freuten uns sehr, dass auch wir in diesem Jahr eingeladen waren und mit unserer Teilnahme den FCUM vertreten durften. Wir reisten zu siebt an, die ersten landeten am Donnerstag, die anderen kamen am Freitag nach. Gleich am Donnerstagabend ging es mit der „Welcome Party" im Jolly Roger Pub los, der nur einen Steinwurf vom Stadion entfernt liegt. Als wir vier am Jolly ankamen, flossen die Getränke bereits ohne Unterlass, und das sicher nicht nur wegen der vergünstigen Preise für Antira-Teilnehmer. Die Bar war so überfüllt, dass die Leute bereits in Massen auf dem Gehweg davor standen. Ein wilder Mix aus Englisch mit spanischem, französischem und italienischen Akzent lag in der Luft und wir freundeten uns mit den ersten an, es waren Skinheads aus Darmstadt. Im Hintergrund zündeten die versammelten Zyprioten (Gate 9 von Omonia) Pyrotechnik, und von diesem Zeitpunkt an wurde die ganze Nacht lang lautstark gesungen. Die Party war noch in vollem Gange, als unser Grüppchen sich um 3.00 Uhr morgens der Müdigkeit hingab.

Mit dickem Schädel holten wir am Freitagmorgen unsere Nachzügler ab, die einen wirklich frühen Flug erwischt hatten, und waren ab diesem Moment als Gruppe vollständig. Nach einem kleinen Abstecher zum Hafen, wo wir Touristen-Fotos machten, und ein paar Currywürste und Makrelen später, ging es für uns endlich zum Turnier. Wegen seiner Größe hatte der FC St. Pauli erlaubt, dass es im Stadion stattfinden kann. Das Spielfeld war in drei kleine Felder geteilt worden und die Gegengerade fungierte als Gelände für Catering und die Workshops, außerdem hatten dort die angereisten Gruppen ihre Stände aufgebaut und boten Merch und Infomaterial an.

Als wir gegen Nachmittag auf der Tribüne ein gemütliches Plätzchen zum Chillen suchten, wurde uns das Ausmaß der ganzen Veranstaltung überhaupt erst richtig klar. Mit mehr als 20 Teams, die Fußball spielten und bestimmt über 500 zusätzlichen Gästen war es einfach riesig. Bis zum Sonnenuntergang hatten wir schon eine ganze Menge der Astras für 1€ getrunken und uns viele spannende Spiele angeschaut. Allmählich machten wir uns auf in die Fanräume oder den Fanladen, das konnten wir nicht so ganz auseinanderhalten. Diese selbstverwalteten Räume boten die perfekte Kulisse für das Turnier und eine gute Möglichkeit, die Party des Vorabends fortzusetzen. Das eskalierte für uns ein bisschen und so fanden wir uns nach der Fanladen-Party und der anschließenden Kneipen-Tour

Stein im Broadhurst Park, dem Stadion des FC United of Manchester.

durch das St. Pauli-Viertel gegen 5.30 Uhr in der S-Bahn auf dem Weg zu unserem Pennplatz wieder. Als wir dabei noch mal am Stadion vorbeikamen, war die Party dort immer noch in vollem Gang.

Samstagnachmittag ging es weiter wie gehabt: günstiges Bier, Sonnenschein, laute Musik und Fußball. Wir ergriffen an diesem Tag die Chance, auch selbst zu spielen und erkundeten das Stadion. Als wir mitten auf dem Feld zwischen den beeindruckenden Tribünen mit all den Menschen standen, wurde uns klar, dass die Entwicklung der Fußballkultur in England total schief gelaufen war. Allein der Gästeblock war ganz anders als bei uns. Überall waren die Reste von Tags und Aufklebern der gegnerischen Teams zu sehen und der Boden war voller Brandspuren von Pyrotechnik. Die Tore und Zäune waren wie geschaffen dafür, dass man Banner anbringen konnte und dass Vorsänger auf ihnen sitzen konnten. Man sah dem Stadion den freien Geist an, nach dem es entworfen wurde.

Die Zäune der Süd- und Nordkurve waren in Plastikfolie gewickelt worden, damit die angereisten Gruppen dort ihre Graffiti sprühen konnten. Schon am Samstag war kein Platz mehr auf diesen riesigen Flächen, Respekt dafür. Generell muss man sagen, dass die Graffiti-Szene in Deutschland und vor allem bei Sankt Pauli beeindruckend ist. Alle Kneipen, die Wände und die Straßen rund um das Millerntor sind von unterschiedlichster Kunst bedeckt. Hier kann man die Fußballkultur förmlich spüren und die Verbundenheit mit dem Viertel und die Identifikation mit dem Verein sind unübersehbar.

Am Abend erlebte ich die wohl unvergesslichsten Momente des Turniers. Zuerst machten wir das Gruppenfoto mit allen angereisten Menschen. Es dauerte fast eine Stunde, bis sich alle auf der halben Gegengerade aufgestellt hatten. Als wir uns gerade einen Platz suchten, kam auch eine englische Durchsage: „We need everyone in this block, everyone move to the right!" („Wir brauchen alle in diesem Bereich, bitte rückt weiter nach rechts!") Wir kicherten ein bisschen über das Englisch, aber es funktionierte. Über 500 Leute fanden ihren Platz, es wurden Solidaritäts- und Gruppen-Banner hochgehalten und es tauchte Pyrotechnik auf. Es entstand ein Meer aus hochgehaltenen Schals und die Leute zogen sich ihre Masken und Tücher auf. Nach einem Signal entstand eine Mauer aus Rauch, durchzogen von den Blitzen der Blinker, die Böller machten ordentlich Krach und in den anderen, leeren Tribünen brach sich das

Echo unseres Rufes: „ALERTA, ALERTA, ANTIFASCISTA!" Das alles stellte die ein bis zwei Rauchbomben, die man gelegentlich in England zu Gesicht bekommt, massiv in den Schatten.

Anschließend war es Zeit, das Stadion zu verlassen, und wir schlossen uns dem Zug Richtung Rote Flora an, wo das Konzert des Abends stattfinden sollte. Während sich die Menge draußen langsam versammelte, wurde uns nochmals das Ausmaß klar. Schnell machte noch mehr Pyrotechnik die Runde und der Anblick, wie die Leute untereinander die Bengalen verteilten und sich zuwarfen, ist mein zweiter unvergesslicher Moment. Mit Fotografen vor uns und umgeben von ein paar Ordnern aus dem Orga-Kreis setzten wir uns in Bewegung. Vor uns trugen wir ein riesiges „Fußballfans gegen Homophobie"-Banner.

Nach wenigen Minuten waren wir schon auf der Straße. Busse mussten anhalten, Autos drehten wieder um und wir liefen in zügigem Tempo Richtung Flora. Mein dritter unvergesslicher Moment war, die Leute auf der Straße zu sehen, die uns zum Teil zustimmend unterstützten, während wir mehr als 20 Minuten auf der Straße in einer dichten Rauchwolke liefen. Das war ein wirklich überwältigendes Gefühl. Wahrscheinlich ist es für die Anwohner nichts Neues, dass Ultras durch ihr Viertel demonstrieren, und

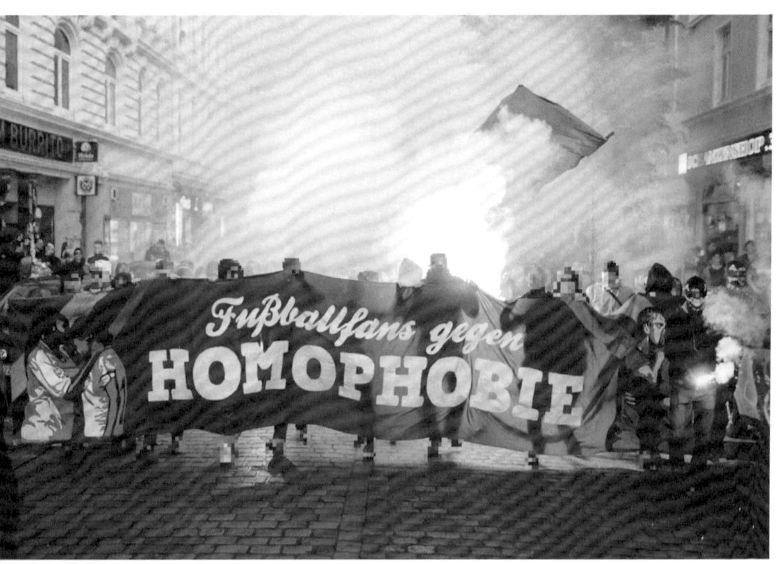

Marsch vom Antira zur Roten Flora 2016.

auch die Polizei wirkte relativ entspannt. Die Cops waren nur da, um die Straßen abzusperren, sie waren ohne Kameras, ohne Riot-Ausrüstung, es waren einfach nur ein paar Verkehrspolizisten in ihren kleinen Autos da. Unser Mob konnte also ungehindert passieren, dass war für uns Engländer wirklich etwas erfrischend anderes.

An der Flora angekommen, hing der Mob erst einmal vor der Squat rum, tummelte sich auf der Straße und kaufte an den Kiosken neues Bier. Später ging ein Großteil rein, um den Bands zu lauschen (inklusive The Oppressed aus Cardiff, die auch bei unserem antifaschistischen 0161 Festival im Miners-Club in Moston/Manchester gespielt haben).

Kurz vor Ende schlichen wir uns aus der Flora, um Ronaldo beim Sieg im Champions League Finale zusehen zu können. Wir gingen dafür in ein Hipster-Café und waren überrascht, dass man sogar dort Alkohol kaufen konnten – so wie eigentlich überall in Hamburg.

Damit der Kater am nächsten Tag nicht so schlimm sein würde, verließen einige von uns das Café Richtung Pennplatz. Der Rest machte sich für die anschließende Party auf den Rückweg in die Rote Flora, die seit 1989 besetzt ist und eigentlich ein Theater hätte werden sollen. 2013 sollte sie übrigens geräumt werden und das Theater neu gebaut, aber dank der starken Proteste unserer Genossen aus Hamburg wurden diese Pläne spätestens 2014 begraben.

Nach einer kurzen Nacht, die wir mit der einzigen DVD verbrachten, die in unserer Unterkunft aufzutreiben war (Die Hard, deutsche Version), brachen wir zum letzten Tag des Turniers auf. Dort fanden Workshops statt und auch die Siegerehrung. Anschließend besuchten wir noch das Spiel des Sankt Pauli Frauenteams auf den Plätzen nebenan. Mit uns zusammen schauten sich circa 400 Leute das Spiel an, dass mit 1:1 in die Verlängerung ging und siegreich für den FCSP endete. Es war eine Freude, den Support für das Team zu sehen. Der Mob sang ein lautes: „Hey! Hey! Hey!“ und die Frauen bedankten sich anschließend mit einem Händeschlag.

Anschließend ging es zu einem letzten Mahl ins Backbord (R.I.P.), wo viele Menschen aus der aktiven Fanszene im Service arbeiteten. Unser Abschied verlief dann leider total unorganisiert und überstürzt, aber in uns allen blieb das Gefühl von Sankt Pauli. Ein besonderer Verein im Herzen einer einzigartigen Gegend in dieser großen Stadt.

Nach den Erzählungen wandte sich Karlo an Fabian: „Da wäre ich ja zu gerne dabei gewesen, das klingt nach einem einmaligen Erlebnis." „Ja, das ist es", entgegnete Fabian, „aber in einem Jahr ist es ja schon wieder so weit."

Zusammen mit der Manchester-Crew wurden anschließend zahlreiche Getränke vernichtet und man erzählte sich Geschichten. Karlo fand es ziemlich verwunderlich, dass die Engländer statt zu ihrem Testspiel nach Detroit zu reisen, lieber nach Hamburg gekommen waren. Matt erklärte, dass sie keines der Liga-Spiele verpassen würden, aber die Möglichkeit, sich in Hamburg zu vernetzen, war ihnen einfach wichtiger gewesen als das Spiel in den USA. Außerdem sei Amerika für sie auch nicht ganz so spannend, und, zugegebenermaßen, waren die Flüge auch einfach zu teuer. Nach Hamburg hingegen käme man ja mit etwas Glück schon für 30 Euro.

Karlo, dem es manchmal noch an Taktgefühl mangelte, erzählte stolz von seiner Reise in die USA während der Winterpause. Matt schien nicht sonderlich interessiert, also wandte Karlo sich Fabian zu. Als er von New York berichtete, wurde er unterbrochen. „Warst du auch beim New Yorker St. Pauli Fanclub?" Karlo bestätigte, dass er Sören kennengelernt hatte, der ihm alles über den Fanclub erzählt hatte. Ein Spiel hatte er natürlich in der Winterpause nicht sehen können. Er berichtete Fabian, was er erfahren hatte.

East River Pirates – Sankt Pauli Fanclub in New York

von Sören Thode

Wieso gibt es einen FCSP Fanclub in New York? Das ist die Frage, die einem als St. Pauli Fan, der im Big Apple lebt, am häufigsten gestellt wird. Und auch wenn alle glauben, dass die East River Pirates bestimmt von Exil-Deutschen gegründet wurden, sieht die Sache ganz anders aus: Sämtliche Gründungsmitglieder waren nämlich Amerikaner!

Gefunden hat sich die Gruppe im November 2008 übers Internet, in einem Fußball-Forum. Darunter waren Celtic-Supporter und die Borough Boys, Fans von Cosmos New York, die dafür kämpften, wieder ein großes Team in zu haben und *soccer* populärer zu machen. Lauter Fußballverrückte also. Unter ihnen: David Barkhymer, der eine Zeitlang in Deutschland gelebt hatte. Ein

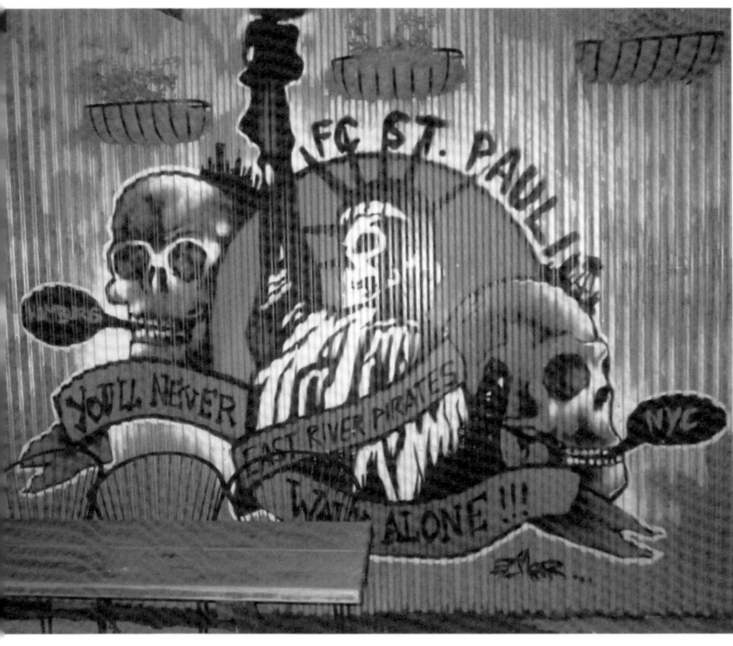

Im Hinterhof der East River Bar in Williamsburg.

Freund hatte ihn zu einem Spiel des FC St. Pauli mitgenommen, wo ihn, beeindruckt von der Leidenschaft der Fans, sofort das St. Pauli-Fieber packte.

Diese Gruppe beschloss also, einen Verein ins Leben zu rufen. Die ersten Spiele sah man sich noch gemeinsam in einer Celitc-Bar in Queens, dem *Celtic Woodside Club* an, aber schnell war klar, dass zukünftig eine eigene Kneipe als „Zentrale“ dienen sollte. Die Wahl fiel nach langer Suche auf die *East River Bar* in Williamsburg, direkt unter der Williamsburg Bridge in Brooklyn. Dort wurden ab März 2009 die ersten Spiele gezeigt, damals noch auf einem Fernseher, der in einer Ecke der Bar hing (und dort heute noch hängt). Damals kamen höchstens drei oder vier Leute zu den Spielen und es traten häufiger mal technische Probleme auf. Abwechselnd musste immer einer das Spiel streamen, mit der entsprechenden Software aufnehmen, auf DVD brennen und dann in die East River Bar tragen. Manchmal saßen wir dann zusammen, heiß auf das Spiel – und dann lief die DVD nicht richtig. Ein weiterer Nachteil dieses Verfahrens: Einer von uns kannte immer schon das Ergebnis!

Eine der Besonderheiten unseres Fanclubs ist ja, dass wir die Spiele nicht live sehen, weil niemand von uns Lust hat, um sieben Uhr morgens schon in der Kneipe zu sitzen und Bier zu trinken. Stattdessen versuchen wir, an Spieltagen den ganzen Tag facebook und anderen entsprechenden Internet-Seiten fernzubleiben, um zu verhindern, dass wir das Ergebnis erfahren. Was manchmal gar nicht so einfach ist, schließlich sind die Spiele an Samstagen und Sonntagen häufig schon abgepfiffen, wenn wir in New York aufwachen. Abends in der East River Bar tun wir dann einfach so, als ob wir das Spiel live verfolgen würden. Wer das Ergebnis aus Versehen doch schon kennt, behält es unbedingt für sich – man kann sich hier ansonsten sehr unbeliebt machen. Auch wenn wir die Spiele mittlerweile auf einer Leinwand sehen können, gehören die technischen Probleme noch nicht der Vergangenheit an: Weil die Internetverbindung in der *East River Bar* nicht die beste ist, hakt die Ausstrahlung über die „Flimmerkiste“ mal mehr, mal weniger. Es kann also schon mal vorkommen, dass ein Spiel bei uns statt 90 Minuten drei Stunden dauert.

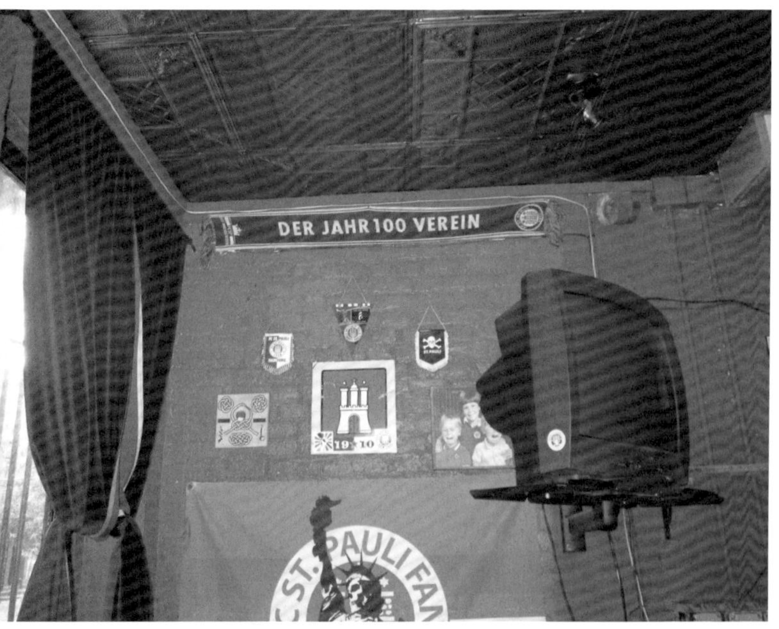

Der legendäre Fernseher in der East River Bar. Heute gibt's eine Leinwand.

Nachdem wir begonnen hatten, uns regelmäßig in der *East River Bar* zu treffen, beschlossen wir, uns offiziell als Fanclub registrieren zu lassen. Wer sich den Namen East River Pirates ausgedacht hat, weiß niemand mehr genau, aber wir wollten ein offizieller Fanclub mit Brief und Siegel sein. Damals entstand auch das Logo mit der abgewandelten Freiheitsstatue mit Totenkopf und Pirates-Schärpe. In diesem ersten Jahr waren wir eine relativ kleine Gruppe. Das änderte sich, als uns im Herbst 2009 der Hamburger Journalist Sven Sakowitz besuchte und im Dezember einen Artikel über uns bei Spiegel Online veröffentlichte. Nun setzte ein regelrechter Boom ein und zahlreiche Sender und Zeitungen berichteten über uns. Dann stieg St. Pauli auch noch in die Bundesliga auf, und plötzlich wurde die *East River Bar* bei jedem Spiel von Einheimischen und Besuchern überrannt.

Ebenfalls im Dezember 2009 fand unsere erste Charity-Party zugunsten von Viva con Agua statt – mit einer stillen Auktion und Auftritten von lokalen Bands. Schon bei diesem ersten von bislang vier Events, kamen rund 90 Leute in die East River Bar. Der größte Preis, den wir jemals im Lostopf hatten, wurde 2012 gestiftet: Damals gab es eine Kreuzfahrt mit einem der Aida-Schiffe von Hamburg nach New York zu ersteigern. So kamen an diesem Abend insgesamt etwa 7.000 Dollar zusammen! Einfach großartig ist die Unterstützung, die wir jedes Mal für diese Events erhalten haben: Bands wie Slime und Panteón Rococó schickten T-Shirts und CDs, viele Hamburger Unternehmen aus dem St. Pauli-Umfeld und auch der Verein selbst steuerten Preise bei.

Neben den jährlichen Auktionen sammeln wir auch bei jedem Spiel in der East River Bar Geld für einen guten Zweck, über den wir gemeinsam abstimmen – aufgeteilt in lokale und in internationale Projekte. Darunter waren beispielsweise die Afrika-Hungerhilfe, die Haiti-Erdbebenopfer und Lampedusa-Flüchtlinge, aber eben auch der Fanladen, das FC St. Pauli-Museum oder hier in New York Hilfe für Obdachlose oder das Brooklyn Bookmobile-Projekt. Insgesamt kamen in den verschiedenen Töpfen so über die Jahre sicherlich 20.000 Dollar zusammen.

Im Jahr 2011 gab es gleich drei Events, die wir als Pirates zusammen auf die Beine stellten: Zum einen ein Fußball-Turnier hier in New York, bei dem Mitglieder des Celtic-Fanclubs, der Borough Boys, des New Yorker HSV-Fanclubs und eben wir gegeneinander antraten. Leider hat damals der HSV gewonnen, aber wir hatten trotzdem unseren Spaß. Das nächste Event war ein Rummelpott-Laufen von Bar zu Bar, bei dem wir die Gäste um Kohle für Viva con Agua angeschnorrt haben. Und im Dezember fand dann wieder unser Viva con Agua Charity-Event statt, erneut mit einer Auktion und Bandauftritten. Im selben Jahr war auch der damalige Vereins-Präsident Stefan Orth zum ersten Mal zu Gast, der im Jahr darauf mit seiner ganzen Familie erneut anreiste und mit uns gemeinsam am 4. Juli den Unabhängigkeitstag feierte. Ein Wiedersehen mit Ralph Gunesch, der uns erstmals 2011 besucht hatte, gab es 2012, und diesmal hatte er noch Fabian Boll und Markus Thorandt im Schlepptau. Überhaupt haben über die Jahre viele bekannte Gesichter bei uns vorbeigeschaut – Spieler wie Lasse Sobiech, Robin Himmelmann oder zuletzt Jan-Philipp Kalla. Der aktuelle Präsident Oke Göttlich war bereits drei Mal hier, Thees Uhlmann drehte mit Unterstützung einiger Pirates sein Video zu „Und Jay-Z singt uns ein Lied" und spielte ein Akustik-Set in der Bar, Nick Davidson, Autor des ersten englischsprachigen Buchs über den FC St. Pauli (Pirates, Punks & Politics), plauderte über seine Liebe zum Verein.

Beim regulären Publikum der *East River Bar* sorgen die St. Pauli-Fans indes immer wieder für Verwunderung. Da wir uns am Eingang der Bar versammeln und dort die Spiele auf der Leinwand verfolgen, kommen die „normalen" Gäste zwangsläufig bei uns vorbei. Und staunen nicht schlecht, wenn sie erfahren, dass wir uns ein Spiel eines deutschen Teams der 2. Bundesliga ansehen, sofern sie denn überhaupt schon mal von dieser gehört haben. Schließlich stehen uns sitzen bei uns gern mal 30 Leute und feuern die Mannschaft lautstark an, an den Wänden hängen jede Menge Schals und Fahnen und beinahe jeder trägt ein St. Pauli-Shirt. Irritierend ist für viele dieser Nicht-Sanktpaulianer auch, dass die Stimmung mit jeder Spielminute besser wird – und das völlig unabhängig vom Ergebnis. Dazu tragen zum einen die mit viel Enthusiasmus angestimmten Fangesänge bei, die wir teilweise abgewandelt haben. So singen wir zur Melodie von „Come on you boys in brown" häufiger mal „Toshi, du geiles Stück" zu Ehren unseres japanischen Fanclub-Mitglieds Toshi, der gleichzeitig als eine Art Maskottchen fungiert, oder bei „Wir sind Zecken" statt der Zeile „… schlafen unter Brücken oder in der Bahnhofsmission" eben „… oder bei Chris auf dem Klo", wofür eine Anekdote der Auslöser war, die hier lieber nicht erzählt werden soll.

Ein anderer Grund für die sich stetig steigernde Stimmung könnte auch der stetig steigende Pegel sein. Irgendein Wahnsinniger kam auf die Idee, bei jedem Tor von St. Pauli müsse mit einem Kurzen, einem „Shot", angestoßen werden – was aber genauso oft auch ohne Tor passiert. Der ausgeschenkte Shot muss in diesem Fall unbedingt Knob Creek-Whiskey sein, auf den die Wahl damals fiel, weil er das hässlichste Etikett hatte. Aus diesem Grund heißt die Ecke der East River Bar, in der wir sitzen und die vor den Spielen immer mit zahlreichen Fahnen und Schals geschmückt wird, auch „Knob Kurve" – was seit kurzer Zeit sogar auf einer am Tresen angebrachten Plakette zu lesen ist.

Bei den Pirates geht es aber um viel mehr als um Fußball und Saufen. Die Mitglieder des Fanclubs verstehen sich als eine Community, in der man füreinander da ist. Und so planen wir auch Unternehmungen zusammen, die mit dem FC St. Pauli gar nichts zu tun haben. Wir waren schon gemeinsam ein Wochenende lang Snowboarden, haben zusammen ein Wochenendhaus gemietet, Ausflüge zu den Spielen der New York Cosmos gemacht und uns Celtic-Spiele angesehen. Allerdings ist natürlich auch klar, dass in einer Stadt wie New York eine hohe Fluktuation herrscht. Zurzeit hat uns gerade eine Abwanderungswelle erwischt; viele Pirates verlassen die Stadt, um in die Heimat oder zu neuen Ufern aufzubrechen. Aber ganz sicher feiern bald neue Pirates in der Knob Kurve. Denn ganz gleich ob aus Deutschland, Japan, Brasilien oder Kuba: In einer Stadt wie New York ist fast jeder auf der Suche nach einer Ersatzfamilie. Und was könnte es Schöneres geben, als ein Mitglied der St. Pauli-Familie zu sein?

„Das würde ich auch gerne mal sehen", sagte Fabian, „aber ich war noch niemals in New York." Es würde sich lohnen, versicherte Karlo und ergänzte: „Krass fand ich, dass sogar in New York auch die Freundschaft zu Celtic ausgelebt wird." Fabian wunderte das weniger, war dies doch die bei weitem größte Freundschaft des Vereins, die auf vielen Ebenen und von ganz unterschiedlichen Fangruppen getragen wurde. „Früher gab es auch mal Kontakte zu Köln, aber dafür bin auch ich zu jung,

und es ist schwer jemand zu finden, der dazu mal was erzählen will", erklärte Fabian. „Das Gleiche gilt für die diese Blutbrüder-Sache mit Union Berlin, da redet einfach keiner mehr drüber."

Karlo kramte in seinem Rucksack und zog eine Zeitung hervor: „Aber über die Babelsberg-Freundschaft wird was berichtet", sagte er, „in der Jungle World war heute dieser Artikel von Rico Noack. Kennst du den?" Rico hätte 2015 ein Buch über den SV Babelsberg 03 veröffentlicht und schreibe seitdem immer mal wieder zu Fußball-Themen, wusste Fabian. „Zeig mal her", sagte er. Karlo reichte Fabian die aufgeschlagene Zeitung und dieser begann zu lesen.

Scheiß St. Pauli oder zwei Mal Küsschen links

von Rico Noack

Wenn dir St. Pauli auf den Geist fällt

Ich bin ein einfacher Mann von der Straße und meine Worte wurden nicht in der örtlichen Manufaktur gedrechselt. Man möge mir sämtliche Unzulänglichkeiten in Formulierung und Stil verzeihen, sich nur auf den Bodensatz meiner Gedanken beschränken und das schale Astra aussüffeln. Aber mit Genuss, natürlich.

Ich bin Ossi. Zwar trage ich keine „Sport im Osten"-Shirts und es ist mir auch sonst ziemlich gleich, in welch beschissenem Teil von Deutschland ich zur Welt gekommen bin. Die geographische Verortung scheint aber nicht ganz unwichtig zu sein – jedenfalls für einen bestimmten Teil der St. Pauli-Fans. Die „Kühe und Schweine aus Ostdeutschland" lassen grüßen. Dazu später.

In Berlin mit einer vitalen Staatsfeindlichkeit sozialisiert und einem Hang zu Flutlicht, Stadion und Remmidemmi, galt es für mich, einen Verein zu finden. Einen, der mich fortan begleiten und dabei gewisse emanzipatorische Mindeststandards mitbringen sollte. Sprich: no Faschos, keine Ballermannmusik in der Halbzeitpause, und die übrigen Fans sollten nicht prolliger als ich sein. Zeitlich befinden wir uns kurz vor dem Millenniumswechsel. Der umständliche Weg zum Fußballclub St. Pauli kann beginnen.

Das hier ist Fußball

In Hamburg fantechnisch beim fraglichen Verein zu landen, ist in etwa so überraschend, wie sich beim Frisör die Haare schneiden zu lassen. Was, schließlich, soll man denn sonst machen? Zu einem Verein gehen, der sich selbst als Dino bezeichnet? Bei dem niemand gerade weiß, wie das Stadion heißt? Nein, ihr lieben Menschen dort oben, das wolltet ihr nicht. Die Entscheidung fiel nicht gerade schwer.

Befindet man sich hingegen in der Hauptstadt auf der Suche nach einer fußballerisch und fankulturell ansprechenden Heimat, muss man sich über folgende Grundvoraussetzungen absolut im Klaren sein: Es ist schwierig. Lässt man TeBe außen vor und möchte nicht gleich zu Beginn der Fußballfankarriere im Amateurbereich starten, gibt es nur eine Möglichkeit. Die einzige Möglichkeit. Dass „Berlins geilster Fußballverein" (Eigenwerbung Babelsberg 03) dabei außerhalb der Stadt-, ja sogar der Landesgrenze liegt, wird aus Zuneigung schlussendlich mitgekauft.. Für diesen Verein habe ich mich entschieden bzw. wurde ich entschieden. Und so hatte auch ich fortan regelmäßig mit St. Pauli zu tun. Nicht gleich mit realen Fans aus Hamburg, das sollte erst später kommen, sondern mit einem weit verbreiteten Pro-St.-Pauli-Gefühl. Mit der Historie und dem bestehenden Umfeld meines Vereins hatte dies zu tun, in zunehmendem Maße dann auch mit Verbindungen zwischen Aktiven beider Clubs. Für mich war St. Pauli genau genommen erst mal angeheiratete Verwandtschaft. (Aber gut, es hätte schlimmer kommen können. Chemnitz oder so.) Gemeinsamkeiten beider Vereine sind dann auch deutlich zu erkennen. Verbindungen in das linke Milieu, aufbauend auf starker Verwurzelung in den Hausbesetzerbewegungen der jeweiligen Städte sind evident, identitär und sehr nach meinem Geschmack. Babelsberg und St. Pauli – zwei Mal Küsschen links.

Bullenwagen klaun und die Innenstadt demolieren

Die Braun-Weißen waren auch vorher keine Unbekannte, sie waren nur nicht richtig greifbar. Doch die Klischees eilten ihnen gewissermaßen voraus. Mit zunehmender Polit-Sozialisierung verband ich den Verein automatisch mit Antirassismus, Hafenstraße und Weltfrieden. Letztgenannter Punkt darf eher abstrakt und global verstanden werden, schließlich warteten auch Spiele gegen Hansa, Hertha und Co., sportliche Vergleiche mit begrenztem Pazifismuspotenzial. Eine gewisse „Stress-Resilienz" bzw. Wehrhaftigkeit schrieb ich den St. Pauli-Fans auch damals schon zu. Und zumindest in diesem Punkt sollten sich meine Vorurteile als nicht ganz verkehrt herausstellen.

Mit diesem insgesamt doch übersichtlich ausgestatteten Differenzierungsvermögen ging ich aber zumindest davon aus, dass der Kiez und seine Bewohner*innen einmütig hinter dem Verein stehen würden. Was für ein Schock, als ich das erste Mal einen gewissen *Sportpub* mit dem Namen *Tankstelle* in der Nähe des Hans-Albers-Platzes betrat. Naja, ich wusste es eben nicht besser. Aber ich lernte dazu. Vor allem von und mit den Totenkopf-Anhänger*innen selbst: Welch ausufernden Vortrag musste ich mir anhören, als ich es wagte, bei der Benennung des FC St. Pauli das „FC St." wegzulassen. Eine Gedenkstättenfahrt mit dem Fanladen nach Polen erlaubte es den anwesenden Ultras, mir eine ausgedehnte Darstellung ihrer anti-morgenpostlichen Geisteshaltung zu präsentieren. Dieser Kardinalsfehler einer unzulässigen Verkürzung des Vereinsnamens, er sollte mir nie wieder passieren.

We love St. Pauli

Die Ultras meines Vereins haben mit ihresgleichen aus Hamburg ganz eigenen Geschichten und Anekdoten. Für mich ist an dieser Stelle interessanter, wie die breite Masse der Fans beider Vereine miteinander interagiert. Spoiler: Man scheint sich zu mögen. Gelegenheiten zur Demonstration dieser Zuneigung gab es mehrfach bei Spielen der Vereine gegeneinander. Und ja, es hat tatsächlich etwas Magisches, wenn der FC in die Stadt kommt. Wie durch Zauberei erscheinen im Stadion Menschen, die sonst nie da sind! Sie kom-

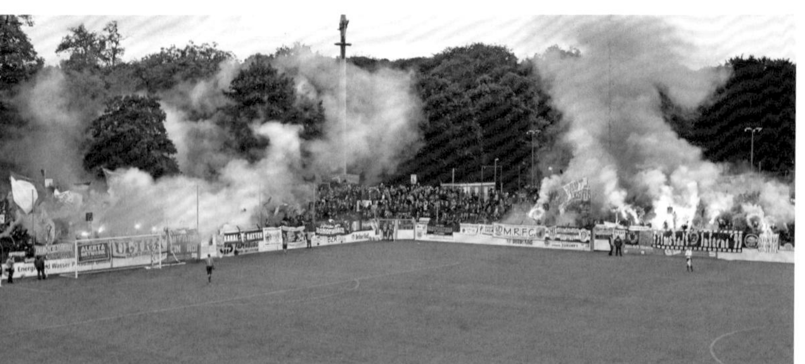

Testspiel im Karl-Liebknecht-Stadion: SV Babelsberg 03 vs FC Sankt Pauli am 13. Juli 2012.

men zuhauf aus ihren schicken Coworking-Spaces und Agenturen gekrabbelt, aber warum sollten sie auch nicht? Sie nehmen niemandema etwas weg und haben auch das Recht, neunzig Minuten lang *nonestablished since 1910* zu leben. Sie, die in Berlin-Brandenburg ansässig sind und sich vielfach im Gästeblock wiederfinden, bekomme ich bei weiteren Spielen meines Vereines nicht mehr zu Gesicht. Aber selbstverständlich sollen sie das Spiel ebenso sehen dürfen wie meine extra aus Hamburg angereisten Freunde, die auch sonst zu allen Spielen kommen. Es ist ähnlich wie beim Crack – die Mischung macht's. Wer nun aber Backpulver und wer Kokain ist, dürfen die Konsumierenden selbst entscheiden. Und davon gibt es bei diesen Spielen viele im Stadion.

Ich dagegen halte mich lieber an meine engen Kiezkicker-Freund*innen. Es ist immer wieder ein Erlebnis, ihnen begegnen zu dürfen, ungeachtet der Tatsache, dass es ihnen kindliche Freude bereitet, mir meine ostzonale Herkunft auf den Broiler zu schmieren. Aber schließlich könnten sie ohne adäquate Begrüßung meinerseits mittlerweile auch nicht mehr leben.

In diesem Sinne – Scheiß St. Pauli! (Aber kommt bald wieder, Freunde!)

Fabian gab die Zeitung zurück. „Und, was denkst du?", fragte Karlo. Fabian meinte, der Artikel passe vom Stil her ganz gut zu dem Babelsberg-Buch. „Aber ‚Scheiß St. Pauli'? Das ist doch nicht witzig", stieß Karlo hervor. „Ach, das darfst du nicht so eng sehen. Das kommt aus der Zeit, wo die St. Pauli-Fans das selbst mitgesungen haben, wenn der Gegner es angestimmt hat. Selbstironie. So ein bisschen wie ‚Wir sind Zecken'. Heute kommt das allerdings nicht mehr so gut an. Alles hat eben seine Zeit", meinte Fabian. Karlo hatte wenig Verständnis. Ricos Artikel hatte ihn verwirrt. „Und wie war das jetzt mit den Ultras der beiden Vereine?", wollte er wissen. Dazu konnte Fabian noch etwas mehr sagen, hatte er doch mit vielen von ihnen gesprochen.

Wie der Wind und das Meer

von Fabian Fritz

Fragt man die „Alten“ von Ultrà Sankt Pauli (USP) und der Babelsberger Ultrà-Gruppe Filmstadt Inferno 1999 (FI99), dann gibt es unendlich viel zu erzählen – vorausgesetzt natürlich, es sind ein paar Bierchen im Spiel. Um nun endlich einmal nachvollziehen zu können, wie es zu der Freundschaft dieser beiden Fanszenen und -gruppen eigentlich kam, habe ich weder Zeit noch besagtes Bier gespart und mich mit Zettel und Stift auf die „Alten“ gestürzt. Die Informationen sind natürlich nur vage, manche Legende von damals gilt heute als Wahrheit und keiner von denen kann wirklich genau sagen, was das Bier 2001 gekostet hat, oder ob der Sanssouci Döner besser war als der beim Karli-Bistro. Wichtig ist und bleibt, woran die Menschen sich erinnern und was sie heute in dieser Freundschaft leben. Das habe ich zusammengetragen.

Aufwind: der Anfang ab 2001

Alles begann irgendwann vor 2001. Die einen meinen, der Kontakt sei entstanden, weil der Übersteiger immer mal wieder Gastberichte der Babelsberger abdruckte, andere sagen, der Sankt Pauli Fanclub Wilder Westen habe mit einem Besuch der Nulldreier in Frankfurt den Grundstein gelegt. Fest steht, dass es vor allen offiziellen Kontakten wohl erste Zusammentreffen durch das Hoppen beim jeweils anderen gab und man sich dabei begutachtete. Schließlich kam man ins Gespräch. In der Saison 2001/02 ging es dann richtig nach vorne. Alles sind sich darüber einig, dass ein Testspiel der beiden Vereine, das im Hamburger Stadion Am Borgweg stattfand, ein Highlight zu Anfang dieser wunderbaren Beziehung war. Es war am 8. November 2001, der Winter war bereits angebrochen und der Rasen im Millerntor sollte geschont werden. Carpe Diem (CD), also die Gruppe, aus der im drauffolgenden Jahr USP entstand, lieferte einen ganz ansehnlichen Support mit Pyrotechnik ab, genau wie die Nulldreier. Die Ultras von Babelsberg und Sankt Pauli standen auf der gleichen Geraden. Während des Spiels, welches übrigens 1:1 ausging, starteten die mit drei Bussen angereisten Babelsberger eine Polonaise rund ums Spielfeld. Sankt Pauli zog nach, und am Ende trafen sich beide am Bierstand. Dort vereinte man sich mittels eines klassischen Pogos zu einer großen, gemeinsamen Polonaise.

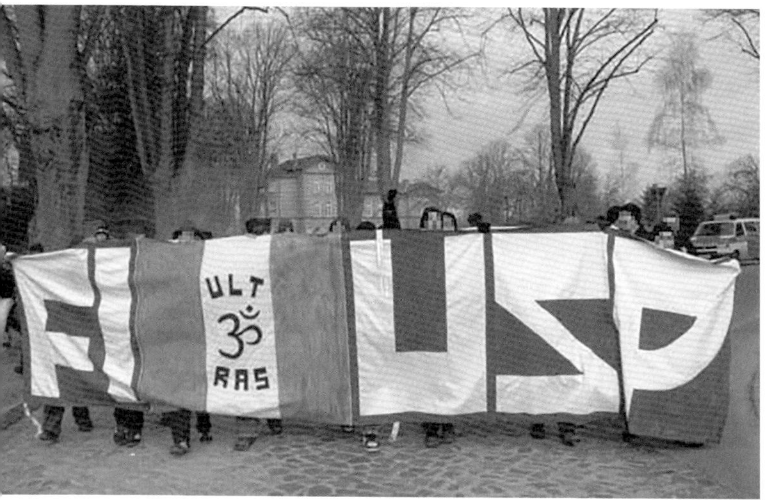

Filmstadt Inferno & Ultrà Sankt Pauli in Schönberg am 22. Februar 2004.

Im Dezember desselben Jahres ging es weiter: Am 19. Dezember spielte Bielefeld nachmittags in Babelsberg, und abends sollten die Braun-Weißen bei Tante Erna zu Gast sein. Diese Gelegenheit wurde genutzt: Zwei Fanladen-Busse, vor allem mit CD an Bord, fuhren zum Karl-Liebknecht-Stadion nach Potsdam. Nach dem Spiel wurden die Gänge der Busse mit Babelsbergern aufgefüllt, die in großer Zahl mitkamen zu Hertha. Babelsberg, zu diesem Zeitpunkt in der 2. Bundesliga, unterlag Bielefeld 0:2, während Sankt Pauli in der 1. Liga ein 2:2 gegen Hertha erzielen konnte. In der darauffolgenden Saison wurden die Kontakte weiter ausgebaut und man besuchte sich gegenseitig. Dabei stachen vor allem die Spiele der Babelsberger gegen Osnabrück und Wattenscheid heraus. In Osna war am 12. April 2003 ein Auto voll Sankt Paulianer dabei, aber leider standen da schon alle Signale auf Abstieg von Nulldrei und man verlor auch 3:1. Zwar konnte Babelsberg sein letztes Saisonspiel gegen Wattenscheid 09 5:3 gewinnen, aber der Abstieg in die Oberliga war trotzdem besiegelt. Dabei standen den Potsdamern gut 30 angereiste USPler samt Umfeld zur Seite. Fußballerisch zwar ein Tiefpunkt, war es doch der erste große Besuch der neuen Ultrà-Gruppe von Sankt Pauli bei einem Spiel der Babelsberger.

Dass man schwere Zeiten zusammen besser durchstehen kann, zeigte auch das Spiel der Babelsberger in Schönberg am 22. Februar 2004. Nicht nur die 4:1 Niederlage war bitter, sondern auch die Begleitumstände. Seit ihrer Ankunft am Bahnhof wurden die Babelsberger und die rund 70 mitgereisten Sankt Paulianer von der Polizei provoziert und selbst das SEK wurde aufgefahren. Als dann zur Halbzeit Pyrotechnik gezündet wurde, eskalierte die Situation zum bisher schlimmsten Polizeieinsatz gegen Babelsberg. 36 Menschen im Gästeblock gingen in Gewahrsam. Was allerdings auch zu diesem Spiel gehört, ist die Entstehung des bekannten Bildes mit dem gemeinsamen Banner von USP und FI99 mit dem Om-Zeichen in der Mitte, an das sich bestimmt viele erinnern.

Doch gab es auch Erfreuliches in der Oberliga-Zeit. So wurde damals eine Tradition begründet. Die Babelsberger beschlossen, vor ihrem Spiel am 19. September 2004 in Neustrelitz zu zelten. Fünf USPler schlossen sich an. Seitdem waren bei jedem Spiel in Neustrelitz Sankt Paulianer dabei, sofern der eigene Spielplan dies zuließ.

Am Rande sei erwähnt, dass das Filmstadtinferno anfangs auch Spiele des Frauen-Teams von Turbine Potsdam supportete. Als diese am 16. Mai 2004 gegen den HSV spielten, waren dementsprechend auch USPler mit vor Ort, um die vier Busse aus Potsdam zu unterstützen.

Flaute: wenig Kontakt ab 2005

Die Zeit ab 2005 war durch wenige gegenseitige Besuche geprägt. Das kann verschiedene Gründe gehabt haben. Zum einen hatte in beiden Gruppen ein Generationswechsel stattgefunden, und vor allem auf USP-Seite interessierten sich die Jüngeren mehr für die internationalen Kontakte und die Freundschaft nach München. Es kann aber auch an der sportlichen Situation gelegen haben, da Babelsberg in der Oberliga ja zum Teil mit der S-Bahn auswärts fuhr. Zwar waren auch in dieser Zeit bei den Spielen fünf oder auch mal zehn USPler regelmäßig dabei, aber Besuche größerer Gruppen blieben aus. Wahrscheinlich sorgte das Testspiel der Vereine im Februar 2007 am Karli wieder für Aufwind, denn ab 2009 kam die Freundschaft dann wieder richtig in Gang. Auf beiden Seiten gab es wieder Leute, die sich für den jeweils anderen Verein interessierten. Sie wurden vor allem von denen mitgezogen, die die Freundschaft über die Jahre am Leben erhalten hatten.

Seit 2009 besuchte man sich wieder zu fast allen Spielen gegenseitig mit einer konstanten Zahl an Leuten, entsprechend der Gruppengröße waren es von Sankt Pauli immer etwas mehr. Vor allem, wenn Babelsberg Gegner mit Konfliktpotential erwartete, stand USP den Freunden im Karli zur Seite. Egal, ob gegen Chemnitz (11. April 2009), Rostock (1. Mai 2009), Erfurt (2. August 2009), Lok Leipzig (3. August 2013 – ein ganzer Bus aus Hamburg), Magdeburg (8. November 2013) oder Cottbus (15. April 2015) – Sankt Pauli war immer da. Eine lustige Anekdote trug sich am 29. Oktober 2011 beim Spiel gegen Osnabrück zu. Kaum hatten die angereisten USPler ihr Banner aufgehängt, kam aus dem Gästeblock nur noch „Scheiß Sankt Pauli" und riss über das ganze Spiel nicht ab. Auf der Rückfahrt musste die Hamburger Gruppe sich leider einen Zug mit Osna teilen und wurden von der Polizei in einem eigenem Abteil untergebracht. Als Osna dann ausgestiegen war, kam wohl ein junger Typ von den Handball-Ultras aus Flensburg, die ebenfalls im Zug waren, zu USP und fragte, ob die Info der Polizei richtig sei. Diese hatten den Flensburgern gesagt: „Hier sind 25 gewaltbereite Sankt Pauli Ultras im Zug, die mit dem Wochenendticket durch Deutschland fahren, um Leute aufzumischen." Nachdem Osna geschützt worden sei, könne die Polizei für die Flensburger nun nichts mehr tun und würde sie ihrem Schicksal überlassen. USP tat ihnen natürlich nichts und trank nur ihren Wodka leer.

Aber auch auswärts war Sankt Pauli häufig dabei. So haben sich die Spiele der Babelsberger in Jena zu einem festen Anlaufpunkt für USPler entwickelt, und USP war immer mit rund 20 Leuten da. Die ganze Sache fand ihren unrühmlichen Höhepunkt mit dem Angriff der Horda Azzuro Sektion aus Weimar auf eine Autobesatzung von Sankt Pauli am 8. Oktober 2012, bei dem aber zum Glück nichts Wesentliches passierte oder verloren ging. Hier wurde der Zusammenhalt der beiden Gruppen noch mal sehr deutlich und man achtete danach noch mehr aufeinander. Sehr lustig war der Besuch von USP beim Auswärtsspiel in Unterhaching im November 2012, da standen nämlich sogar etwas mehr Sankt Paulianer im Auswärtsblock als Nulldreier. Allerdings sei hier fairerweise gesagt, dass das zahlreiche Erscheinen dem vorangegangenen Besuch bei den Freunden von Hapoel Tel Aviv beim Spiel gegen Viktoria Plzen geschuldet war, von dem man auf den Rückweg war. Schön muss wohl auch das Auswärtsspiel in Münster am 18. Mai 2013 gewesen sein, bei dem gut 20 USPler den Wunsch des Gästeblocks nach Freibier durchzusetzen halfen. Fast schon als Klassiker wurden die Besuche mit Babelsberg während ihrer Spiele in Bremen auf Platz 11 beschrieben, wo aufgrund der geringen Entfernung zahlreiche Hamburger dabei waren.

Die absoluten Highlights lagen aber wohl abseits des Ligabetriebs. So gilt das Testspiel im Juli 2012 als bisheriger Höhepunkt der Fanfreundschaft. Auf beiden Seiten gab es eine Pyro-Show, die ihresgleichen sucht, und beide Gruppen feierten zusammen bis in die Nacht ein rauschendes ULTRASH-Fest. 2013 gab es ein weiteres Testspiel in Potsdam, das auch schön war, aber wohl nicht ganz an 2012 heranreichte. Ein Höhepunkt der politischen Zusammenarbeit war die Deutschland-Tour von Partizan Minsk (R.I.P.) im März 2013, die hauptsächlich von Mitgliedern dieser beiden Gruppen organisiert wurde. Leider hatte Sankt Pauli hier wenig Glück, weil das Spiel wegen Schnee ausfallen musste, aber dafür reisten dann viele Hamburger zum Abschlussspiel ans Karli.

Auch jenseits der Fußballplätze haben die Gruppen viel miteinander zu tun gehabt. Zu jedem Potsdamer ULTRASH reisten größere Gruppen aus Hamburg an. Zum zehnjährigen Bestehen von USP feierte man zusammen mit allen anderen Gästen in Hamburg ein großes Fest und wurden von den Babelsbergern mit einer Leinwand beschenkt, die die Choreo des Testspiels 2012 zeigte. Im Gegenzug schenkte USP dem FI99 dann ein Segelboot und einen Freundschaftsschal zum 15. Geburtstag. Mittlerweile gibt es diverse Banner, besagten Schal und Klamotten, die die Freundschaft auch nach außen deutlich sichtbar machen sollen. Eines der alten Banner ging leider an Dresden verloren. Das Ursprungsmotiv von „smarter than you“ wurde in Babelsberg geklaut und am Tag darauf gegen Sankt Pauli in Dresden präsentiert. Aber auch so was hat die Freundschaft verkraftet und sonst gab es wohl eigentlich nie Ärger.

In voller Fahrt: Homies for life

Heute kann man schon von alten Freunden sprechen. Die Gruppen kennen ihre Geschichten, ihre Problemchen und gehen gerne zusammen was trinken. Wo auch immer sie gemeinsam sind, hängen sie aufeinander, egal ob beim Antira-Turnier oder bei gegenseitigen Besuchen. Sie haben mittlerweile gemeinsame Freunde wie Düsseldorf, Minsk, die Sektion Bretagne von Marseille und ein paar einzelne Bremer. Bei Sankt Pauli wird die Freundschaft mittlerweile nicht mehr nur von USP gepflegt. Fanclubs wie Hinchas oder VIII. Damen tragen den Kontakt mit. Auf Babelsberger Seite sieht es ähnlich aus. Bei den Heimspielen des FCSP ist permanent eine Babelsberg-Fahne auf der Gegengeraden zu sehen. Projekte wie Viva con Aqua bei Babelsberg oder die Astrastube als Catering-Dienst im Karli hätte es sicher ohne die Freundschaft nicht gegeben. Wahrscheinlich hätte auch das Präsidium des FC Sankt Pauli dem SV Babelsberg 03 niemals Asyl in Hamburg angeboten, als im Januar 2015 der Streit mit der Stadt um das Stadion zu eskalieren drohte.

Es gibt viele schöne Dinge, die zwischen den beiden Vereinen laufen. Man denke nur mal an das Testspiel der beiden Frauenteams an der Feldstraße 73 oder das Spiel von Welcome 03 gegen den FC Lampedusa Hamburg. Bei diesen Spielen waren zahlreiche Aktive aus beiden Fanszenen zu Gast, und dies unterstreicht einen der wohl wichtigsten Aspekte dieser Freundschaft, der zuletzt auch in den Besuchen von USP bei den Spielen in Zwickau und Cottbus deutlich wurde. Beide Fanszenen sind klar antifaschistisch, Politik und Fußball gehören für sie zusammen. Es ging nie nur um das gemeinsame Saufen oder darum, sich abzufeiern, weil man zusammen ein krasser Mob ist, der Leute beklaut. Sie haben immer politisch zusammengearbeitet, sich kritisch hinterfragt und den Spaß dabei nie zu kurz kommen lassen. Die Freundschaft hielt auch in den schlechten Zeiten und sie wird mit Sicherheit auch in Zukunft bestehen. Die beiden Gruppen werden weder den Nazis noch der Polizei, noch den Ultras der anderen Vereine den Gefallen tun, sich mal nicht mehr zu mögen und füreinander einzustehen. Wie es auf den Schals und Bannern steht, so soll es immer sein: Babelsberg & Sankt Pauli – Antifa Ultrà.

„Das klingt wiederum wirklich nett. Ich muss auch unbedingt mal nach Potsdam fahren", sagte Karlo. In diesem Moment kam Gregor ins Jolly. Wie immer, wenn jemand die Kneipe betrat, drehten sich alle Köpfe in Richtung Tür. Das hatte wohl damit zu tun, dass in der Vergangenheit auch häufiger mal ungebetene Gäste in die Kneipe gekommen waren. Gregor begrüßte die beiden: „Na, ihr habt wohl

auch kein Zuhause?" Alle lachten und Karlo bestellte Gregor auch ein Bier. Sie kamen schnell wieder auf das Babelsberg-Buch von Rico zu sprechen. Gregor meinte, er hätte es sehr gerne gelesen und stellte die Überlegung an, ob man so etwas nicht auch mal für den FC St. Pauli schreiben sollte. „Jetzt fang du nicht auch noch damit an", sagte Fabian freundschaftlich. „Freddy hatte neulich schon so eine Idee." Gregor entgegnete: „Aber stell dir mal vor, man könnte da die ganzen unbekannten Themen reinpacken! Also all das, worüber bisher nichts oder nur wenig geschrieben wurde!" „Zum Beispiel?", fragte Fabian. „Na, sowas wie … ähm, ach ich weiß auch nicht", sagte Gregor. „Doch, mir fällt was ein!", schob er nach. „USP hat doch diese Freundschaft mit München. Da weiß man kaum was drüber. Über Babelsberg gab es ja dieses Buch, aber über die Freundschaft zur Schickeria, da weiß keiner außerhalb von USP was." Karlo mischte sich ein: „Ja, wie kam das eigentlich? Man trifft ja manchmal Leute, die rufen ‚Scheiß Millionäre' und so. Wie konnte denn da eine Freundschaft entstehen?" Fabian hatte auf dem letzten Antira mit Leuten aus München im Jolly darüber geredet. Nun berichtete er Karlo und Gregor davon.

Eine Freundschaft – Zwei Welten
Ultrà Sankt Pauli und die Schickeria

von Schickeria München

Am 12. Juli 2003 findet im Millerntor-Stadion das sogenannte Retter-Spiel zwischen dem FC Sankt Pauli und Bayern München statt. Dem Kiezclub fehlen 1,9 Millionen Euro, die vom DFB als Sicherheit für die Erteilung der Drittliga-Lizenz verlangt werden. Das Benefizspiel spült Geld in die Kasse und trägt dazu bei, die Situation des FC Sankt Pauli in die Öffentlichkeit zu tragen und schließlich den notwendigen politischen Druck für die rettende Bürgschaft zu erzeugen. Auf dem Spielfeld lassen sich Corny Littmann und Uli Hoeneß Arm in Arm miteinander fotografieren, das braune Retter-Shirt, das der Bayern-Präsident übergezogen hat, kann jedoch nicht darüber hinwegtäuschen, dass hier zwei Welten aufeinanderprallen. Wollten wir die unterschiedlichen Welten dieser beiden Clubs und ihrer Präsidenten beschreiben, müssten wir jeweils tief in die Klischeekiste greifen. Jedoch liegt die Gegensätzlichkeit so sehr auf der Hand, dass wir uns das an dieser Stelle sparen. Interessanter in

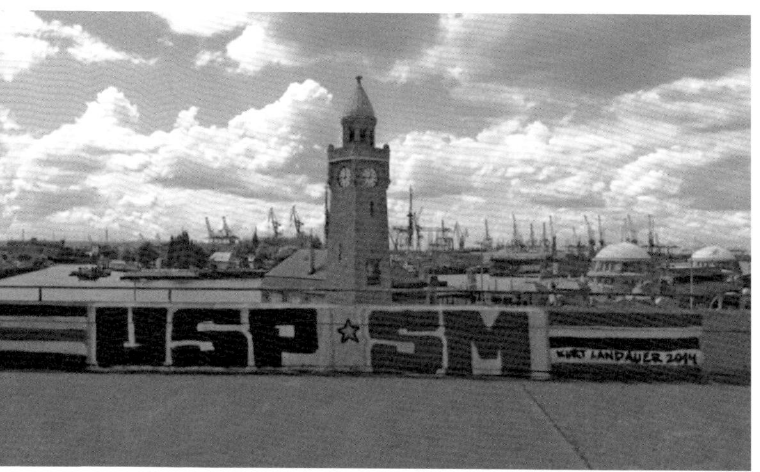

Bezug auf unsere Geschichte ist vielmehr ein Spruchband, das Ultrà Sankt Pauli an ihrem damaligen Standort auf der Gegengerade zeigen: WAS IHR NICHT KAUFEN KÖNNT, VERBIETET IHR.

Die mit dem Spruchband übermittelte Kritik richtet sich gegen die Vereinsführung des FC Bayern, die kurz zuvor rund 500 Jahreskarten für die folgende Spielzeit gekündigt hat. In der Münchner Fanszene ist diese Episode als „Sommertheater" im kollektiven Gedächtnis abgespeichert. Auf der Meisterfeier im Sommer 2003 wird der Vorsänger der Südkurve von einem Verkehrspolizisten verhaftet, dem die Feierlichkeiten auf einer zentralen Münchner Straßenkreuzung zu lange dauern. Der Alleingang des Ordnungshüters führt zu einer kurzen und heftigen Konfrontation zwischen Fans und Polizei. Die Verantwortlichen an der Säbener Straße wissen zu diesem Zeitpunkt noch nicht so richtig, was sie mit dem recht neuen Phänomen „Ultras in München" anfangen sollen und wollen den Vorfall nutzen, in einem Rundumschlag alle kritischen und ihnen suspekten Fans rauszuschmeißen. Anhand von Listen aus Kartenbestellungen von Fandachverbänden und den Informationen von einer zwielichtigen, als Spitzel angeworbenen Person aus der Ultras-Szene wird eine Liste von 500 Personen erstellt, die im weitesten Sinne mit Ultras, aktiver Fanszene und kritischen Fans zu tun haben. Diesen Personen wird für die folgende Spielzeit 2003/04 die Jahreskarte gekündigt. Gleichzeitig wird in den Medien eine Schmutzkampagne „Terror aus dem Fanblock" losgetreten und von Morddrohung gegen Vereinsvertreter fantasiert. Zum Glück für die Fanseite ist dieses Vorgehen dermaßen überzogen, dass die Kündigungen nach einigen Erklärungen seitens der Schickeria und anderer Fanorganisationen und dank positiver Berichterstattung in den Lokalmedien sowie bundesweiter Solidarität aus den Fankurven zurückgenommen werden. Die Schickeria geht gestärkt aus der Affäre hervor, mit der Erkenntnis, dass ein Haufen jugendlicher Fans dem großen FC Bayern die Stirn bieten kann. Darauf gründet sich in gewisser Weise der Spirit des „Gegen den Strom", das Selbstverständnis „ein anderes Gesicht des FC Bayern" zu sein, das die Gruppe seither noch durch den einen oder anderen Konflikt mit den Offiziellen ihres Clubs und den Behörden getragen hat, an dem andere zerbrochen wären.

Zum Retter-Spiel fährt auch eine Handvoll Ultras aus München nach Hamburg, um mit Spruchbändern im Gästeblock ebenfalls auf ihre Situation aufmerksam zu machen. Nach dem Spiel geht die Delegation aus München noch mit ein paar Ultras von Sankt Pauli was trinken. Der erste Schritt des Kennenlernens. Aus der Solidarität unter Ultras hat sich eine Freundschaft entwickelt, die heute seit bald 15 Jahren besteht.

Was macht eine solche Freundschaft unter Ultras im Allgemeinen und die Freundschaft zwischen Schickeria und USP im Speziellen aus? Eine wichtige Grundlage sind sicherlich immer die persönlichen Beziehungen zwischen einzelnen auf beiden Seiten. Egal ob es sich dabei um Personen handelt, die sich über Jahre kennen, die sich bei den unterschiedlichsten Anlässen immer mal wieder über den Weg gelaufen sind und die nun viele gemeinsame Erlebnisse verbinden, oder um junge, neue Leute, die sich gegenseitig gerade erst kennenlernen und einen intensiven Austausch pflegen. Zweiter Eckpfeiler einer guten Freundschaft ist eine gemeinsame Basis, was Werte und Einstellungen zu Themen wie Ultras und Politik angeht, Respekt und Verständnis füreinander. Die Freundschaft zwischen Schickeria und Ultrà Sankt Pauli ist sicherlich auch sehr vom wechselseitigen Austausch und dem voneinander Lernen geprägt. Und aus der Münchner Ultras-Krone bricht sicherlich kein Zacken, wenn man eingesteht, dass man im Laufe der Jahre sehr stark davon profitiert hat, in der braun-weißen Kurve zu Gast sein zu dürfen. Eine Freundschaft ist sicher auch nicht immer einfach und umso wertvoller, wenn sie auch mal schwere Zeiten übersteht. Und letztendlich macht eine Freundschaft auch das gemeinsam Erlebte aus, die gemeinsamen Fahrten und Kämpfe, die Reisen durch Europa zu den Europacup-Spielen des FC Bayern, gemeinsame Feiern und viele Geschichten, die in der Erinnerung derjenigen geschrieben stehen, die diese Freundschaft leben.

Mondiali Antirazzisti 2005 – Liebe geht durch den Magen

2005 besucht die Schickeria das erste Mal die Mondiali Antirazzisti in Montecchio und schlägt die Zelte direkt neben Enfants Terribles auf. Man ist sich von Anfang an sehr sympathisch und hängt über das verlängerte Wochenende viel miteinander rum. Dabei wird der ein oder andere Joint geraucht und das ein oder andere alkoholische Getränk konsumiert, in erster Linie Birra Moretti und Limoncello. Viele der damals entstandenen Kontakte bestehen bis heute und bildeten in schweren Stunden das Rückgrat der Fanfreundschaft. Liebe geht eben durch den Magen …

Mit den Eindrücken der Mondiali und des, wenn auch bislang nur aus Erzählungen bekanntem Antira – die Schickeria wird aufgrund von Terminüberschneidungen erst 2007 selber daran teilnehmen können – reifen in München die Überlegungen, ein eigenes antirassistisches Turnier auszurichten. Im Sommer 2006 findet das erste Antirassistische Einladungsturnier um den Kurt-Landauer-Pokal der Schickeria München statt, das bis heute jährlich ausgerichtet wird und von Beginn an von USP und anderen Sankt Paulianern besucht wird. Das Turnier ist von zentraler Bedeutung bei der Wiederentdeckung des zu diesem Zeitpunkt weitestgehend in Vergessenheit geratenen Bayern-Präsidenten Kurt Landauer und der Etablierung eines antirassistischen Grundkonsenses in der Münchner Südkurve, für den die Schickeria einige Kämpfe austragen musste. Die Gäste aus Hamburg sind unverzichtbarer Teil des „Kurts“ und der freundschaftlichen und familiären Atmosphäre während der Turnierwochenenden. Unvergesslich die von Sankt Paulianern initiierten Duschbier-Partys. Liebe geht durch den Magen …

Scheiß St. Pauli

Es ist kein großes Geheimnis, dass die Fanszene des FC Bayern in den 1990er Jahren, wie fast alle anderen Fanszenen auch, von einem rechtsoffenen Lifestyle geprägt war. Insofern ist es nicht verwunderlich, dass es auch heute in der Fanszene des FC Bayern Personen gibt, die wenig Sympathie für den FC Sankt Pauli haben. Dies aber alleine mit im besten Fall konservativem Politikverständnis erklären zu wollen, ist sicherlich zu einfach. Gegen die Freundschaft zwischen Schickeria und USP zu sein, wurde und wird in München auch gerne vorgeschoben, um Kritik an der Schickeria generell zum Ausdruck zu bringen. Eigentlich richtet sie sich gegen die Art des Fanseins oder die klare politische Linie, für die die Gruppe steht. Besonders gerne wird das Feindbild Sankt Pauli stellvertretend für eine offene Schickeria-Kritik bemüht, wenn man sich diese eigentlich nicht herausnehmen kann. Andere haben ein vorurteilsbehaftetes Bild von Sankt Pauli: Das alternative Image des Kiezclubs sei zum Teil aufgesetzt und Marketing. Dies ist genauso eindimensionales und klischeebeladenes Denken, wie andersherum Bayern München als reinen Kommerzclub zu sehen. Es lässt außer Acht, wie vielseitig und komplex sowohl der FC Sankt Pauli als auch der FC Bayern sind. Persönlicher Austausch über die befreundeten Gruppen hinaus hat in den letzten Jahren schon maßgeblich dazu beigetragen, Ressentiments auf beiden Seiten abzubauen, während 2009 der Antagonismus zwischen der Schickeria und den St. Pauli-Hassern noch handgreiflich eskaliert ist. Damals, in der Halbzeitpause der Europacup-Begegnung Girondins Bordeaux – FC Bayern, ging von Teilen der Fanszene wegen der über der Schickeria-Fahne hängenden USP-Zaunfahne ein Angriff auf die Ultras aus. Aufgrund der anschließenden Auseinandersetzung wurde zwischen dem Block der Ultras und dem Bereich der anderen Fraktion eine Polizeikette gezogen.

Gemeinsam halten wir den Kurs, egal wie stark die Stürme sind

Am 5. Mai 2007 treffen an einem Autobahn-Parkplatz bei Würzburg zwei Schickeria-Busse auf Busse des Supporters Club Nürnberg, die unter anderem von einer Handvoll Ultras Nürnberg besetzt sind. Bei den Auseinandersetzungen werden von beiden Seiten Flaschen geworfen, eine trifft die Busfahrerin eines Nürnberger Busses am Kopf und verletzt sie schwer, sie verliert ein Auge. Einige Münchner Ultras kommen noch am selben Tag in U-Haft, andere werden in den folgenden Tagen verhaftet. Insgesamt 20 Personen werden mit dem Vorfall in Verbindung gebracht und strafrechtlich verfolgt, die meisten davon sind zumindest für ein paar Wochen in Haft. Ein Mitglied der Gruppe bleibt ein halbes Jahr eingesperrt – es stellt sich allerdings im Gerichtsverfahren heraus, dass derjenige nicht beteiligt war, er wird am Ende freigesprochen. Der Flaschenwurf selber kann keiner Person zugeordnet werden. Eine dumme Kurzschluss-Tat einiger Leute hat somit unverzeihliche und nicht wieder gutzumachende Konsequenzen und löst Ereignisse aus, deren Folgen bis heute die Münchner Ultras-Szene prägen.

Direkt nach dem Vorfall distanziert sich der Verein von der Schickeria und spricht für alle Insassen des Busses Stadionverbote aus. Medial und in der Fankurve steht die Schickeria mit dem Rücken zur Wand, es ist ungewiss, ob die Gruppe jemals wieder einen Fuß auf den Boden bekommen wird. Fast der gesamte Kern der Gruppe hat Stadionverbot, zusammengenommen mit anderen Stadionverboten aus Duisburg über 100 Personen. Weite Teile des recht großen Umfeldes kehren der Gruppe den Rücken zu. Die Gruppe organisiert über ein halbes Jahr keine Stimmung, ein kleiner Kern ist aber trotzdem immer präsent und kämpft sich zurück. Für diesen Kern sind die Besuche in der farbenfrohen Kurve des FC Sankt Pauli, die Gastfreundschaft in Hamburg, Besuche im Viertel und die Solidarität von USP und Co. enorm wichtig. All das gibt in einer schweren Zeit viel Kraft.

2015 sind Ultrà Sankt Pauli nach einer Auseinandersetzung in Lübeck damit konfrontiert, dass viele Mitglieder Stadionverbot erhalten. Die Schickeria versucht mit einer kleinen Aktion unter dem Motto GEMEINSAM HALTEN WIR DEN KURS, EGAL WIE STARK DIE STÜRME SIND, den Freunden etwas Mut zu zusprechen und ein kleines bisschen von der Solidarität zurückzugeben.

Unsre ganze Sympathie – gilt dem FC Sankt Pauli …

Würde man die Geschichte von Ultrà Sankt Pauli erzählen, müsste der Schweinske Cup Erwähnung finden, bei dessen Besuch man in den Jahren um 2010 herum das besondere Flair von Sankt Pauli, die Kreativität und den authentischen Style von USP förmlich greifen konnte. Die Schickeria hat in einem Interview dafür einmal folgende Worte gefunden:

„Wann immer wir bei Euch im Block zu Gast sind, spüren wir etwas von dem Flair, das uns früher regelmäßig zum Hoppen gezogen hat und das wir heute auch bei Freundschaftsbesuchen in Civitanova und San Benedetto bewundern. Für uns ist USP irgendwie sehr nahe dran am Original. Sicher kein Wunder, hattet Ihr doch schon lange vor uns gute Kontakte nach Italien, so dass in früheren Zeiten auch einfach mal Lieder aus Bergamo ins Deutsche übersetzt und fortan auch für den FCSP geträllert wurden. Ganz abgesehen davon, dass wohl gegen kaum eine andere Gruppe die ‚Copy kills Ultras'-Keule weniger angebracht wäre, finden wir das auch nicht verwerflich. Denn bei Euch wirkt das eben alles nicht wie eine blasse Kopie, sondern absolut echt. Ihr habt einen eigenen Stil, seid innovativ und es ist wahrscheinlich gerechtfertigt zu sagen, dass Ihr für einige Jahre die absoluten Trendsetter in Deutschland wart und auch heute immer wieder mit coolen Choreos, treffenden Spruchbändern und coolen Songs für Aufsehen sorgt.

Diese Authentizität rührt sicher auch vom besonderen Umfeld in eurem Habitat. Subkulturelle Vernetzung ist für Euch kein modisches Zierwort des modernen deutschen Ultras, sondern eine Selbstverständlichkeit, die keiner besonderen Erwähnung bedarf. Sicher kein Wunder, betrachtet man die Geschichte der Fanszene des FCSP und ihre Verankerung im Viertel. Auch, wenn München besser ist als sein Ruf und auch nicht nur sauber und geschleckt daherkommt, werden wir natürlich bei jedem Spaziergang durchs Viertel ein klein wenig neidisch."

Während Ultrà Sankt Pauli und alles, wofür sie stehen, zum Verein FC Sankt Pauli und dem Kiez hundertprozentig passt, ist das Verhältnis der Schickeria zur eigenen Fankurve, dem eigenen Verein und dem Mainstream der eigenen Stadt von Widersprüchen, Konflikten und der Suche nach Kompromissen geprägt. Auf diesem Weg ist die Freundschaft nach Sankt Pauli für die Münchner Ultras unglaublich wichtig. Eine Freundschaft – Zwei Welten …

„Ja siehst du, genau die Magie, die in solchen Zeilen steckt, die müsste man mal in ein Buch bringen. Ich glaube, das ist das, was Gregor meint", kommentierte Karlo das soeben Gehörte. Bevor sie weiterreden konnten, kam auch Freddy ins Jolly und setzte sich zu den Boys. Sie hatte das fertige Banner ihres Fanclubs für den 8. Mai dabei. Nicht ohne Stolz zeigte sie es herum und betonte, dass auch Karlo mitgewirkt hatte. Auf dem Banner war ein großes Buch zu sehen, darüber beugten sich FCSP-Fans. Darunter stand in großen Buchstaben:

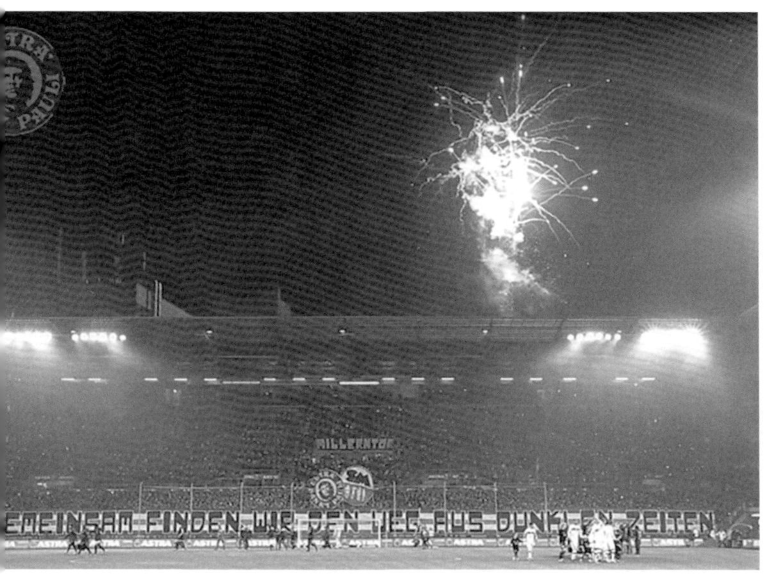

„Gemeinsam finden wir den Weg aus dunklen Zeiten": Freundschafts-Choreo beim Spiel FC St. Pauli – FSV Frankfurt am 19. Februar 2016.

„Read Books – Fight Fascism". Die anderen drückten ihren Respekt aus. Schnell merkte Freddy aber, dass das Thema Buch auch hier wieder auf der Tagesordnung stand und erklärte: „Ich meinte doch neulich auch, dass man ein Buch über den Verein schreiben sollte. So kam ich auch auf die Idee mit dem Banner. Mit Büchern erreichst du halt viele Leute!" Karlo wandte sich an Fabian: „Weißt du, wenn ich ein Buch über den Verein schreiben würden, würde ich mal all diese unbekannteren Themen in den Vordergrund rücken. Ich habe in der letzten Zeit so vieles über den Verein gelernt, was ich noch nicht wusste. Zum Amateursport beispielsweise, aber auch zu machen Fangruppen und so." Freddy stimmte zu, dass es über manche Bereiche viel zu wenig gab. Karlo wurde schon ganz aufgeregt: „Wisst ihr, was man auch machen könnte? Man kann doch einfach die Leute aus den Bereichen fragen, ob sie selber was schreiben!" Fabian nickte nachdenklich und legt den Kopf zur Seite – sein Interesse war geweckt. Dann runzelte er die Stirn: „Aber wie verbindet man die ganzen Themen?" Gregor schlug vor: „Na, ganz einfach. Du kreierst einfach ein paar totale Klischee-St. Paulianer. So mit Saufi-Saufi und Politik und dem ganzen Kram. Halt total übertrieben, den ganzen Tag nur besof-

fen und auf alles sagen die ‚Rotfront' und sowas. Die machen nur Politik und alles läuft immer super dabei. Wie sich Externe halt einen ‚Pauli'-Fan vorstellen!" Während er „Pauli" sagte, machte er mit seinen Fingern die Anführungsstriche in der Luft nach. „Sankt Pauli!", ermahnte Karlo ihn streng. Alle schauten ihn doof an. Offensichtlich hatte er den Witz mal wieder nicht verstanden. Doch Karlo redete weiter: „Das ist doch auch brauchbar, damit die St. Pauli Leute, die das lesen, sich da irgendwie wiederfinden. Und wenn es irgendwelche Kartoffeln von anderen Vereinen lesen, dann kotzen die direkt ab, weil es für sie die totalen Klischee-Zecken sind!" Karlo musste lachen und Fabian spann den Faden weiter: „Wisst ihr, was super daran wäre?" Gregor schaute ihn an und sagte nur: „Ne." Fabian ließ sich nicht beirren: „Wenn das Buch schlecht oder langweilig wird, dann kann einen keiner als Autor dafür kritisieren, weil man dann ja auch alle Gastautoren kritisiert!" Die vier kicherten leicht besoffen vor sich hin. „Vielleicht machen wir das mal, wenn wir alt sind", sagte Fabian. Freddy erhob ihre Flasche und rief:

„Darauf Prost und Rotfront!"

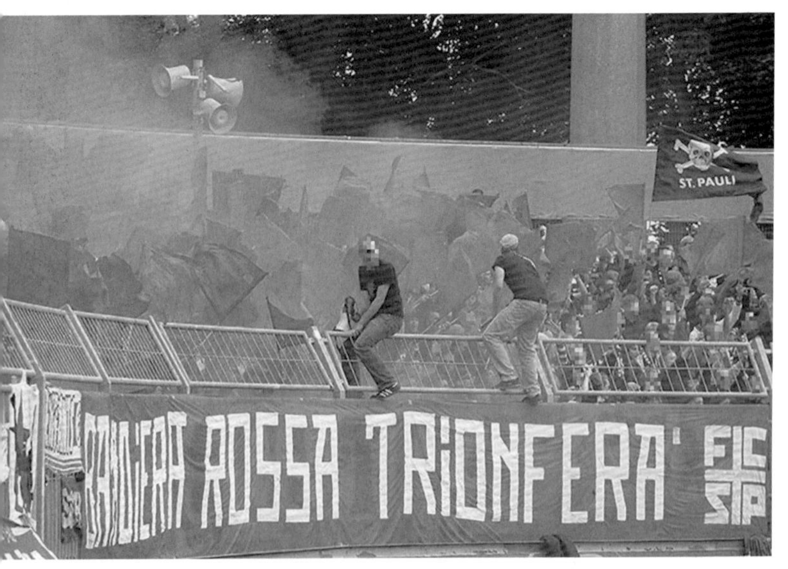

nd now for something
ompletely different

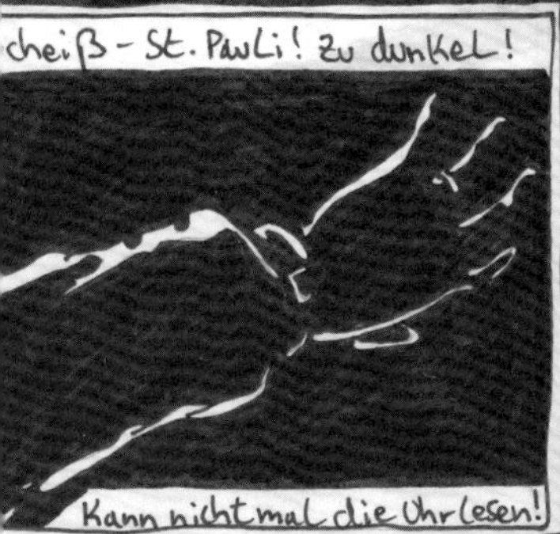

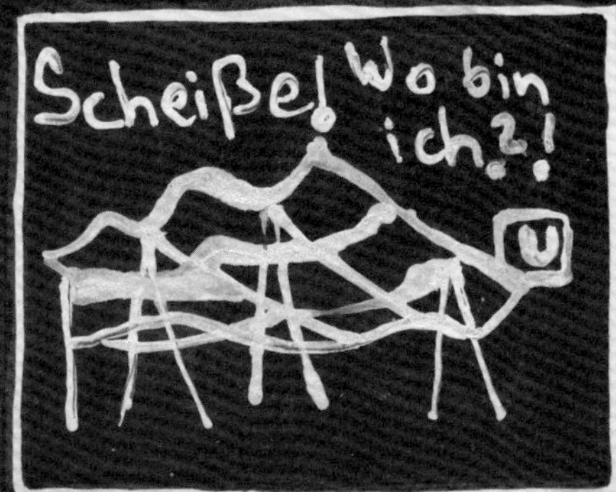

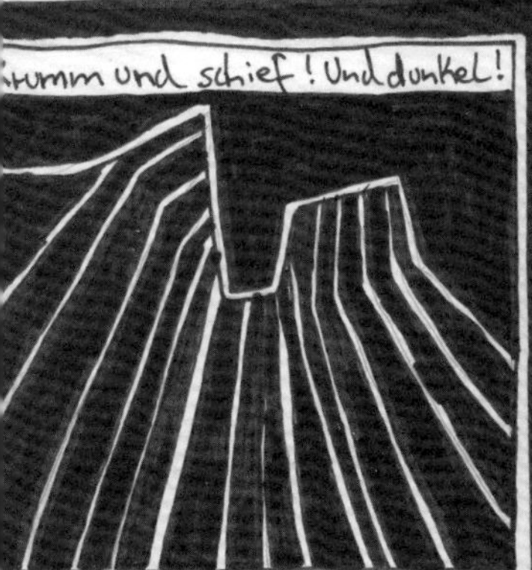

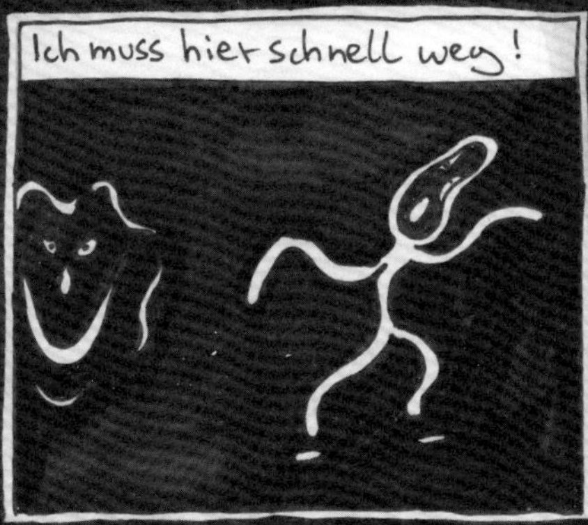

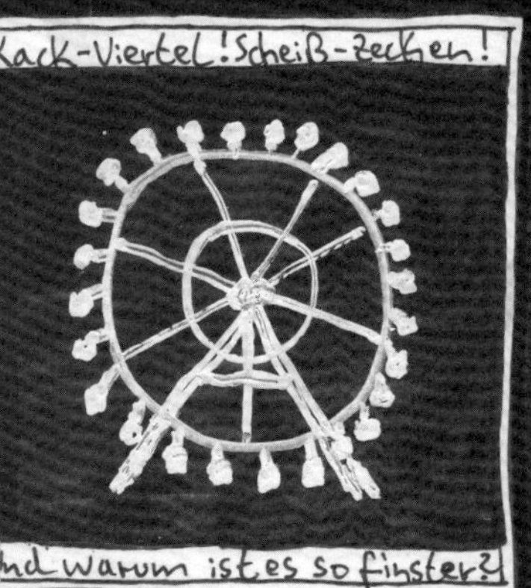

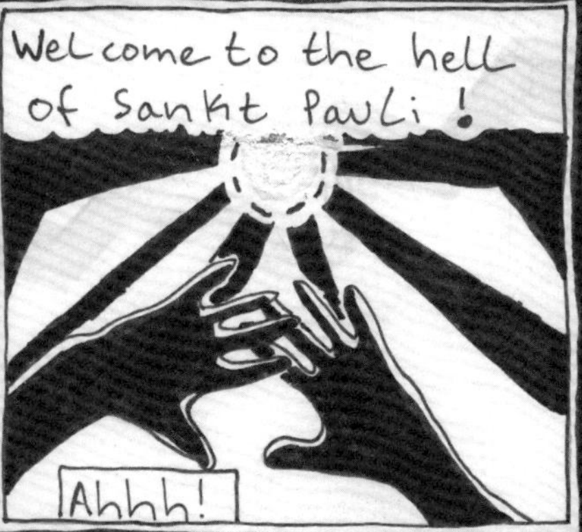

Toni G.

Die Verfasser*innen in der Reihenfolge ihres Auftretens

Jörn Kreuzer hat 2008 als „Jubiläumspraktikant" beim FCSP angefangen und arbeitet mittlerweile in der Medienabteilung des Vereins. Fußballgeschichte(n) sind seine Leidenschaft. Er schrieb seine Masterarbeit über Antisemitismus im Fußball der Weimarer Republik und spielt für die Schachabteilung des FCSP.

Michi Frunsch, Baujahr 1965 und St. Pauli-Fan seit 1993. Bis 1995 Nordkurve, dann bis 2000 Meckerecke, seitdem Gegentribüne. Vereinsmitglied seit 1996. Im Internet am Herumtexten seit 1997. Von 1998 bis 2004 einer von vielen Gastautoren für die – leider nicht mehr existierende – vereinsübergreifende Fußball-Seite „Blutgrätsche".

Patrick Gensing, Jahrgang 1974, ist Journalist. Sein Opa hatte ihn am 13. April 1985 erstmals mit zum Millerntor genommen, weil es der ältere Herr nicht ertragen konnte, dass sein Enkel Bayern-Anhänger war. Seit diesem Tag ist Gensing Fan des FCSP.

Roger Hasenbein ist seit 2007 im Aufsichtsrat. Seit 1999 Mitglied der Arbeitsgemeinschaft Interessierter Mitglieder (AGIM) und Vorstandsmitglied bei 1910 e.V. seit dessen Gründung.

Christoph Nagel, Jahrgang 1973, Historiker, freier Autor, Lektor und Kommunikationsfachmann, Vorstandsmitglied des Fördervereins 1910 – Museum für den FC St. Pauli e.V. und seit über zehn Jahren Redakteur der offiziellen Stadionzeitung VIVA ST. PAULI. Er veröffentlichte mehrere Bücher zur Geschichte des Vereins, darunter die Jubiläumschronik „FC St. Pauli. Das Buch" (zus. mit Michael Pahl) und jüngst das „FC St. Pauli Album" (2016).

Sönke Goldbeck, Jahrgang 1976 und seit den Neunzigern im Stadion, kam über sein Engagement für die Berücksichtigung von Faninteressen beim Bau des Millerntor-Stadions in das Museumsprojekt. Hier ist er im Vorstand u. a. für Projektmanagement und die Infrastruktur zuständig. Zudem ist er Mitglied des Aufsichtsrats des FCSP und in verschiedenen Fangremien aktiv.

Karsten Meincke, Jahrgang 59, Bibliothekar. Gründungsmitglied bei Fanräume e.V., 1. Spiel am Millerntor 1974, Besitzer einer lebenslangen Dauerkarte.

Nik Elsholz ist als „Bufdi" beim FC St. Pauli und unter anderem im AK Refugees tätig.

Hans Hansen steht seit den 1980er Jahren in der Meckerecke und hat alles schon gesehen und erlebt.

Lucky Punch, zehn Jahre Ultra, jetzt was anderes, immer Antifa.

Claus Teister ist die sozialpädagogische Leitung des Nachwuchsleistungszentrums des FC St. Pauli e.V. Seit 1987 geht er an Spieltagen regelmäßig in die Gegengerade. Seit ihrer Gründung am 10.11.1999 Mitglied der AFM.

Matthias (Bodo) Bodeit, 50 Jahre alt, Punkmusiker, Betriebsrat und Gewerkschafter. Seit Ende der Achtziger Jahre FC St. Pauli-interessiert, seit Ende der Neunziger dauerhafter Heimspielgeher, Mitglied der FC St. Pauli Tischtennisabteilung, neun Jahre Vorsitzender des FC St. Pauli Amateurvorstands und heute als Assistent des Amateurvorstands im Rahmen eines Minijobs beschäftigt.

Kai Czarnowski, 1971 in Heide/Holstein geboren und seit 1988 St. Pauli-Fan. Sonderpädagoge und Trainer der FCSP 1. Frauen von 2004 bis 2017.

Uwe Toebe, freier Journalist, seit 2000 Beobachter des Frauenfußballs des FC St. Pauli und Herausgeber des Blogs www.toebes-katarsis.de.

Sanna Barudi ist seit 2011 aktives Mitglied und Spielerin der FC St. Pauli 1. Frauen. Neben ihrem Lehramtsstudium engagiert sie sich als Trainerin ehrenamtlich für die Mädchenabteilung.

Mr. Spitzfindig, aktiver Fan und Autor für verschiedene Fanzines.

Maik Krükemeier, Jahrgang 1976, sitzt bei Heimspielen im Block 2 der Gegengerade, betreibt den Blog des Übersteiger-Fanzines und moderiert den Podcast MillernTon.

FC Lampedusa Die Coaching Crew besteht zurzeit aus vier Frauen, die das Team ehrenamtlich managen, organisieren und trainieren und die auch den Artikel in diesem Buch verfasst haben.

Michael Pahl, Jahrgang 1973, ist Historiker und Journalist, Vereinsvorsitzender von 1910 – Museum für den FC St. Pauli e.V. und zusammen mit Christoph Nagel (s. o.) Autor der offiziellen Jubiläumschronik „FC St. Pauli. Das Buch" (Hoffmann und Campe).

Raphael Kansky, Jahrgang 1972, selbstständig, lebt auf St. Pauli seit 1997, Dauerkarte seit 1988 (aktuell Stehplatz Gegengerade), 270 Auswärtsfahrten, war aktiv u. a. in der AGiM, BallKult, BAFF, Fanzine Splitter, Weinbar Sankt Pauli, derzeit Schreiber fürs Fanzine Kiezkieker. Liebt Musik, hasst Nazis.

Ronny Galczynski, Freiberuflicher Journalist, Buchautor (u. a. „FC St. Pauli Vereinsenzyklopädie", „Millerntor", „Frauenfußball von A – Z") und Dokumentar. Vom 7. – 11. Lebensjahr Jugendspieler beim FC St. Pauli, seit 27 Jahren Dauerkartenbesitzer (immer GG), Gründungsmitglied des Übersteigers. Seit 2006 verheiratet mit einer Spanierin, die er bei einem Heimspiel der U23 am Millerntor kennengelernt hat. Seine siebenjährige Tochter spielt Fußball beim SC Victoria, sein einjähriger Sohn spielt Handball mit allem, was er zwischen die Finger bekommt.

Justus Peltzer, geboren 1978, verfolgte sein erstes Fußballspiel 1991 im Gelsenkirchener Parkstadion: Im 3. Relegationsspiel gegen die Stuttgarter Kickers verlor St. Pauli und stieg ab. Er blieb trotzdem Fan. Heute Mitglied des Fanclubs „PARAMATICS SANKT PAULI – DER PARAMAT". Seit 2008 arbeitet er im Fanladen St Pauli, seit 2013 Fanbeauftragter des FC St Pauli.

Rolling Stone ist aktiver und leidenschaftlicher Fan und lebt sein Leben für den FC Sankt Pauli.

Henning Heide (Jahrgang 1979) ist Gründungsmitglied von Ultrà Sankt Pauli. Erster Stadionbesuch im Mai 1995, in der kommenden Saison die erste Dauerkarte, auswärts erstmals im Juni 1999. Mit Ausnahme einer kurzen Phase des emotionalen Abstands hat er weder seiner Gruppe noch seinem Verein in den letzten 20 Jahren den Rücken gekehrt. Heute erscheint das Band der Bindung dicker als je zuvor.

St. Pauli Skinheads bestehen seit 1996 und stellen den offiziell mitgliederstärksten Fanclub.

Thorsten Fischer, seit 25 Jahren Dauerkartenbesitzer und in diversen Ehrenämtern rund um den Verein aktiv, u. a. im Vorstand von Ballkult e.V.

Ben/Kiezkieker, 42 Jahre, 33 Jahre FCSP, 15 Jahre Fanzines.

Andreas Rommel ist 2001 zu seinem Verein gezogen, steht im Block 1, ist Mitglied im Fanclub „Südzecken", Vereinsrat von Ballkult e.V. und engagiert sich noch ein bisschen hier und da. Außerdem trinkt er gerne Bier.

Knobi, einfach Knobi.

Heiko Schlesselmann, 1985 erstmals am Millerntor, 1989 erste Dauerkarte, seit 1993 Mitglied im Verein. Von 2000 – 2008 Fanbeauftragter und seit 2008 Mitglied im Ehrenrat des Vereins.

Carsten Kupisch, ehemaliger Fanladen Mitarbeiter, der froh ist, die Vogelperspektive verlassen zu haben.

Matt, aktiver Fan des FC United of Manchester und Gründungsmitglied der supportenden Fangruppe „The Giddys".

Sören Thode, Überseespediteur. Seit dem Relegationsspiel gegen Stuttgarter Kickers im Jahr 1991 begeisterter Anhänger des FCSP. Offizieller Vereinsbeitritt in 2003. Aktives Mitglied FC St. Pauli Fans New York aka East River Pirates im Frühjahr 2009.

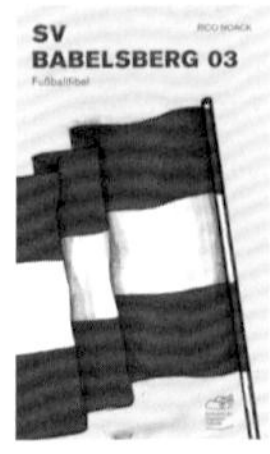

Rico Noack ist Diplom-Politologe aus Berlin, in erheblichem Maße mit dem Verein Gesellschaftsspiele (Bildungsarbeit im Kontext von Fußball und Gesellschaft) involviert und glaubt überhaupt, dass der Fußball und das Drumherum politisch sein dürfen. Er ist Autor der SV Babelsberg 03 Fußballfibel.

Schickeria München ist die 2002 gegründete Ultrà-Gruppe des FC Bayern München.

Toni G., seit über zehn Jahren Hofnarr, Comiczeichner und Karikatourist von USP.

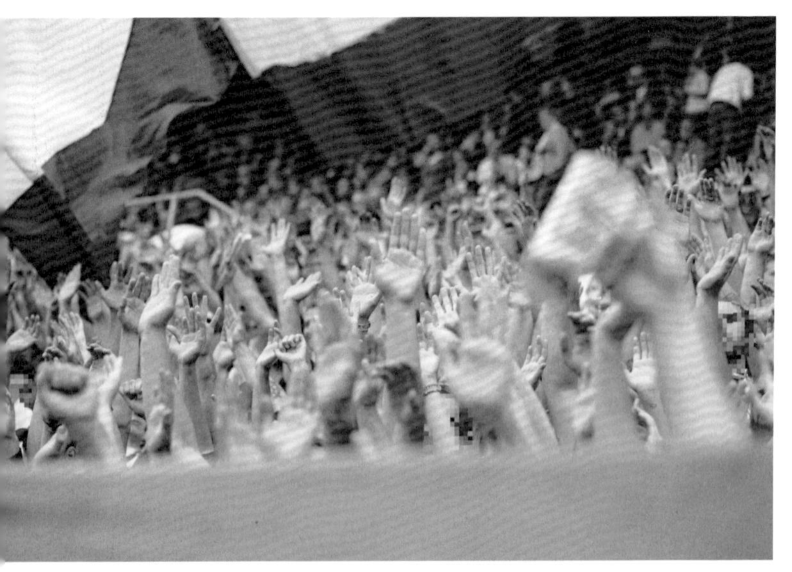

In der Reihe Bibliothek des Deutschen Fußballs sind bereits erschienen:

Bd. 1 1. FC Union Berlin (Jörn Luther)
Bd. 2 SV Babelsberg 03 (Rico Noack)
Bd. 3 BFC Dynamo (Marco Bertram)
Bd. 4 FC Energie Cottbus (Jens Batzdorf)
Bd. 5 1. FC Lokomotive Leipzig (Freundeskreis Probstheida)
Bd. 6 BSG Chemie Leipzig (Alexander Mennicke)
Bd. 7 1. FC Magdeburg (Jente Knibbiche)
Bd. 8 F.C. Hansa Rostock (Marco Bertram)
Bd. 9 1. FC Nürnberg (Benjamin Wolf)
Bd. 10 FC Rot-Weiß Erfurt (Matthias Klaß)
Bd. 11 1. FC Köln (Andreas Merkel)
Bd. 12 SG Dynamo Dresden (Uwe Leuthold)
Bd. 13 FC Sankt Pauli (Fabian Fritz & Gregor Backes)
Bd. 14 SV Waldhof Mannheim (Andi Nowey)
Bd. 15 FC Carl Zeiss Jena (Jörg Dern & Toni Schley)